Paul Dehn

Von deutscher Kolonial- und Weltpolitik

EHV
HISTORY

Paul Dehn

Von deutscher Kolonial- und Weltpolitik

ISBN/EAN: 9783955643560

Auflage: 1

Erscheinungsjahr: 2013

Erscheinungsort: Bremen, Deutschland

EHV
HISTORY

Von deutscher Kolonial- und Weltpolitik

Von

Paul Dehn

Zweite Auflage

Berlin
Allgemeiner Verein für Deutsche Literatur
1907

Inhaltsverzeichnis

Zur weltwirtschaftlichen Entwickelung.

Einem mittelalterlichen Bürger hat Goethe in seinem
Faust die charakteristischen Worte in den Mund gelegt:

> „Nichts besseres weiß ich mir an Sonn= und Feiertagen,
> Als ein Gespräch von Krieg und Kriegsgeschrei,
> Wenn hinten weit in der Türkei
> Die Völker aufeinander schlagen."

Diese Zeiten sind vorüber. Heute sieht es auf der
Erde anders aus. Die Menschheit erscheint fast wie ein
großer Organismus. Wenn da an der einen oder andern
Stelle Schmerzen ausbrechen, empfindet es die Gesamt=
heit. Fällt heutzutage irgendwo ein Kanonenschuß, dann
erregt er allerwärts Alarm. Ein Krieg, selbst in fernster
Ferne, wirkt unmittelbar auf Europa zurück, nicht nur
auf die Diplomaten und Politiker, sondern noch empfind=
licher auf das ganze Geschäftsleben, verschlechtert den
Goldstand, dämpft die Unternehmungslust, macht den
ganzen Verkehr unsicher. Wenn es an den Börsen von
Kalkutta oder Newyork kracht, kracht es auch in London
und Berlin. Eine gute Ernte in Amerika, wie sie das
Jahr 1906 gebracht hat, wirkt bis auf die entlegensten
Industriebezirke Europas und Deutschlands belebend zurück.
An allen Kulturfortschritten sind alle Völker beteiligt,
alle sozialen Sorgen und Kämpfe werden ihnen gemeinsam.

Das ist es, was Weltwirtschaft genannt wird, ein
Zustand der Solidarität unter den Völkern in wirtschaft=
licher, politischer und selbst in sozialer Hinsicht.

Worin besteht diese internationale Solidarität? Wirt=
schaftlich in der Abhängigkeit der Völker voneinander bei
der Deckung ihres Bedarfes an solchen Gütern, die sie
nicht selbst erzeugen, wie bei dem Absatz solcher Waren,
die sie über den eigenen Bedarf hinaus herstellen, ferner
in ihrer Abhängigkeit von dem Mittelpunkt der Welt=
wirtschaft, von dem Weltmarkt und seinen Konjunkturen.

Aus der wirtschaftlichen hat sich eine politische und
soziale Solidarität der Völker heranzubilden begonnen.

Entstanden ist die Weltwirtschaft mit ihrer Soli=
darität aus den Bedürfnissen der europäischen Völker nach
Erzeugnissen fremder Zonen, gefördert wurde sie durch
ihren Wandertrieb, ausgebaut endlich durch ihre Aus=
dehnungskraft.

Zur Weltwirtschaft drängte die ganze Entwickelung,
nachdem allmählich alle Länder entdeckt und in den Ver=
kehr einbezogen waren. Von Jahr zu Jahr wird die
Weltwirtschaft umfangreicher, ihre Solidarität inniger.

In der Geschichte des Verkehrs lassen sich zwei große
Abschnitte unterscheiden. Bis vor hundert Jahren waren
die Verkehrsmittel ungenügend, mühsam und langwierig.
Für die Beförderung kannte man nur Lasttiere, Strö=
mungen, Windrichtungen und die menschliche Kraft. Der
Verkehr war nur ein gelegentlicher, ein individueller.
Seit hundert Jahren ist darin eine tiefgreifende Wandlung
eingetreten durch das Heranziehen der Naturkräfte, von
Dampf und Elektrizität, durch die Gestaltung eines organi=
sierten Massenverkehrs. Jetzt kann jeder sozusagen jeden
Tag nach Amerika oder Ostasien Reisen oder Sendungen

machen. Das war früher nicht der Fall, man mußte eine Gelegenheit abwarten oder selbständig eine Fahrt veranstalten.

Bis vor hundert Jahren war der Güterverkehr namentlich mit dem Auslande im wesentlichen ein Luxusverkehr. Befördert wurden nur hochwertige Güter, Schmuck, Gold, Edelsteine, Zobelpelze, Gewürze und andere feine Genußmittel, nur in verhältnismäßig geringen Mengen, nur für die ganz Reichen. Später traten dazu Kaffee, Tee, Zucker, Tabak, Kakao usw. Zu Ende des 18. Jahrhunderts vollzieht sich nun langsam der Umschwung zum Massenverkehr. Europa kann diese Genußmittel nicht selbst erzeugen, hat aber immer größeren Bedarf danach trotz zeitweiliger Verbote, trotz späterer Steuern. Auch der ärmere Mann verlangt sie. Europa bezieht steigende Mengen davon, kann aber natürlich nicht in barem Gelde zahlen, sonst wäre es bald verarmt, sondern zahlt im Austausch durch Fabrikate aller Art, hauptsächlich durch Werkzeuge und Kleider, die stets und überall Abnecht finden. Um dieselbe Zeit beginnt man rechtzeitig, oder richtiger — dazu gedrängt, den industriellen Wert der Baumwolle als einen geeigneten Rohstoff für die Massenherstellung von Kleidern zu erkennen. Baumwolle kann sozusagen in unbeschränkten Mengen erzeugt werden. Gleichzeitig gelangt man zu einer rascheren Verarbeitung des neuen Rohstoffes, die Spinn- und Webemaschinen werden erfunden. Der Güterverkehr wächst zusehends.

Europa verbraucht immer mehr Kaffee, Tee usw., und um seinen Bedarf zahlen zu können, erzeugt es immer mehr Waren zum Austausch. Was ist die Folge? Die alten Verkehrsmittel, die Lasttiere, Strömungen und

1*

Windrichtungen genügen nicht mehr. Größere Güter=
massen müssen befördert werden, und sie müssen rascher
befördert werden. Neue Verkehrskräfte werden erforder=
lich. Dieses Bedürfnis empfand Fourier, der phan=
tastische französische Sozialist, richtig. Er ahnte, was
notwendig war. Für seinen Zukunftsstaat verkündete er
die Anwendung neuartiger, erstaunlicher Verkehrsmittel.
Man werde Löwen aus der Wüste züchten und zähmen,
damit sie die größeren Lasten leichter bewältigen, und
Walfische dressieren, damit sie die Schiffe rascher durch
die Wogen ziehen.

Inzwischen wurde die neue Kraft gefunden, als der
Verkehr sie benötigte und weil er sie benötigte: die
Dampfkraft, diese Grundlage des modernen Verkehrs, diese
Befreierin des Menschen von der Scholle, diese Vermitt=
lerin aller wirtschaftlichen und geistigen Güter. In ihr
vereinigen sich die wichtigsten Fortschritte des mo=
dernen Verkehrs, denn sie befördert schnell, billig und
massenhaft.

Nun konnten Gütererzeugung und Güterverkehr so=
zusagen ins Unendliche gesteigert werden und nahmen
einen erstaunlichen Aufschwung, vor allem im über=
seeischen Verkehr seit dem andauernden Rückgange der
Seefrachten mit Hilfe der Dampfschiffahrt.

Als Cobden die Freihandelslehre verkündigte, ging
er von der Auffassung aus, daß der englischen Land=
wirtschaft gegen die überseeische Konkurrenz stets ein natür=
licher Schutz verbleiben würde. Damals waren die See=
frachtsätze hoch, und selbst Sachverständige wie Adam
Smith und Friedrich List hielten die Ausfuhr lebenden
Viehes von Deutschland nach England auf dem Seewege
für ausgeschlossen.

Inzwischen ist man durch die tatsächliche Entwickelung eines besseren belehrt worden. Nicht nur lebendes Vieh wird zur See auf weite Entfernungen hin verfrachtet, sondern auch geringwertiges Gut. Es gibt kein Erzeugnis, das nicht seewärts auf weite Entfernungen hin versandt werden kann und versandt wird.

Deutschlands handelspolitische Lage.

In der neuzeitlichen weltwirtschaftlichen und welt=
politischen Entwicklung ist Deutschland groß und stark
geworden. Aus trübseligen Zuständen heraus hat es sich
glänzend entfaltet, durch den Zollverein den Grund gelegt
zu seinem wirtschaftlichen und nationalen Gedeihen, sich
unter der Führung Wilhelms des Ersten und seines Bis=
marck zu einem mächtigen Reiche konsolidiert, mit Hilfe
einer unternehmungslustigen und arbeitstüchtigen Be=
völkerung eine konkurrenzfähige Industrie geschaffen und
sich durch seine stolzen Handelsdampfer und Kriegsschiffe
wachsende Seegeltung errungen.

Neben den beiden großen Weltreichen Großbritannien
und der Nordamerikanischen Union tritt Deutschland als
das Weltreich des europäischen Festlandes kraftvoll hervor.

Deutschlands wirtschaftliches Aufsteigen fällt min=
destens zeitlich mit dem Einsetzen der Bismarckschen Schutz=
zollpolitik zusammen. Unvermeidliche Rückschläge traten
ein. Die ganze Entwicklung geht aber entschieden weiter
aufwärts.

Der Gesamtwert der deutschen Gütererzeugung be=
läuft sich nach halbamtlichen Mitteilungen auf rund
50 Milliarden Mark jährlich. Präsident Dr. van der
Borght vom Statistischen Amt schätzte im Jahre 1906

den Bruttowert der deutschen landwirtschaftlichen Erzeugung auf 15 Milliarden Mark und den Bruttowert
der deutschen gewerblichen Erzeugung auf 36 Milliarden Mark. Nur die Nordamerikanische Union und
Großbritannien haben noch höhere Zahlen aufzuweisen.
Deutschlands Ausfuhr war im Jahre 1906 auf 6,5,
seine Einfuhr auf 8,4 Milliarden Mark gestiegen.
Wie Graf Posadowsky feststellte, hat sich seit dem
Jahre 1886 in keinem europäischen Staate die durchschnittliche Zunahme der Ein- und Ausfuhr so gesteigert
wie innerhalb des deutschen Wirtschaftsgebietes.

Ein Vergleich dieser Zahlen, so ungenau sie immerhin sein mögen, zeigt vor allem die überwiegende Bedeutung des heimischen Marktes für das gesamte deutsche
Erwerbsleben. Die Ausfuhr tritt dagegen stark zurück.
Überdies ist sie durchschnittlich weniger gewinnbringend.
Viele Geschäftsleute pflegen für das Ausland billigere
Preise zu stellen. Nicht wenige Kartelle geben den Überschuß ihrer Erzeugung zu niedrigeren Preisen an das
Ausland ab. Ein großer Teil der deutschen Industrie-
ausfuhr, wie namentlich die Erzeugnisse der Hausindustrie
und der Konfektion, wird erst ermöglicht durch die Minder-
wertigkeit der Arbeitsbedingungen und stellt sich dar als
eine Ausfuhr von Arbeitskraft auf Kosten der Volks-
gesundheit.

Allein die deutsche Ausfuhr ist notwendig und verdient, soweit sie auf gesunder Grundlage beruht, nach-
drückliche Förderung, da sie Gegenwerte schafft zur Bezahlung der deutschen Einfuhr.

Wie alle Kulturstaaten, so ist auch Deutschland mit
seiner Ausfuhr von Industrieerzeugnissen und Rohstoffen, Genußmitteln und bis zu einem gewissen Grade

in Lebensmitteln abhängig vom Auslande — in letzter
Hinsicht nicht entfernt so abhängig wie England, dessen
Lebensmittelvorräte nur für sieben Wochen ausreichen,
im allgemeinen aber doch abhängiger als die meisten
übrigen Kulturstaaten.

Auf die Sicherung seines Außenhandels, seiner
großen Ausfuhr und seiner noch größeren Einfuhr muß
Deutschland sorgsam und weitblickend bedacht sein. Diesem
Zwecke dienen zunächst die Handelsverträge.

In den Jahren 1904 und 1905 hat das Deutsche
Reich mit neun europäischen Staaten (Österreich=Ungarn,
Rußland, Italien, Belgien, Rumänien, Schweiz, Ser=
bien, Bulgarien, Schweden) Tarifverträge auf die Dauer
von 12 Jahren abgeschlossen und für den Güteraustausch
mit diesen Staaten feste Verhältnisse bis 1917 geschaffen.
Aber von dem deutschen Außenhandel des Jahres 1905
mit rund 13,3 Milliarden Mark entfällt nur ein Drittel
mit rund 4,6 Milliarden Mark auf die europäischen Tarif=
vertragsstaaten. Zwei Drittel des deutschen Außen=
handels verteilen sich auf Staaten, mit denen Deutschland
nur in einem mehr oder minder gesicherten Meist=
begünstigungsverhältnis steht. Unkündbar ist das Meist=
begünstigungsverhältnis mit Frankreich auf Grund des
Frankfurter Friedens, dauernd mit der Türkei, Ägypten,
Marokko, Abessinien und China infolge internationaler
Abmachungen, kündbar mit den übrigen Staaten. Ver=
tragslos besteht es mit Großbritannien und einigen seiner
Kolonien.

Zum größeren Teile beruht der deutsche Außenhandel
auf einer vertragsmäßig nicht genügend gesicherten
Grundlage.

Die unkündbare Meistbegünstigung mit Frankreich.

Deutschlands Handelsbeziehungen mit Frankreich sind festgelegt durch die unkündbare Meistbegünstigung des Frankfurter Friedens. In Artikel 11 verpflichteten sich die deutsche und französische Regierung, „ihren Handels=beziehungen den Grundsatz der gegenseitigen Behandlung auf dem Fuße der meistbegünstigten Nation zugrunde zu legen." Alle Zugeständnisse, die einer der beiden Staaten an England, Belgien, Holland, Schweiz, Österreich=Ungarn und Rußland macht, treten ohne weiteres auch für den beiderseitigen Verkehr in Kraft. Praktisch gilt diese Bestimmung aber in bezug auf alle Vertragsstaaten. Denn wenn Deutschland oder Frankreich Zollzugeständnisse an Italien oder an die Nordamerikanische Union macht, so haben auf diese Zollzugeständnisse infolge der ver=tragsmäßigen Meistbegünstigung auch die in Artikel 11 genannten Staaten Anspruch und deshalb mittelbar auch Deutschland oder Frankreich selbst.

Die Meistbegünstigung des Frankfurter Friedens zwischen Deutschland und Frankreich ohne Zeitbegren=zung war ein handelspolitisches Novum. Bismarck hatte ursprünglich die Verlängerung des damals laufenden Handels= und Meistbegünstigungsvertrages mit Frankreich um zehn Jahre, bis zum Jahre 1881, vorgeschlagen. Dar=

auf wollte Pouyer-Quertier, der französische Unter=
händler, nicht eingehen, weil er mit Rücksicht auf die ver=
mehrte Staatsschuld Frankreichs eine Erhöhung der fran=
zösischen Einfuhrzölle für unvermeidlich hielt.

Schließlich einigte man sich über die unkündbare
Meistbegünstigung. Bismarck gab seine Zustimmung, weil
er annahm, daß die ewige Meistbegünstigung beiden Teilen
zugute kommen und das Hervortreten handelspolitischer
Gegensätze verhüten würde. Noch anfangs 1881 äußerte
Bismarck zu Mitgliedern des Volkswirtschaftsrates:

„Würde Deutschland heute bei Frankreich anfragen,
ob es diesen Vertrag mit der Meistbegünstigungsklausel
aufheben wolle, so würde es sich sofort mit Freuden dazu
verstehen, denn es würde dann in die Lage kommen, in
seinem Zolltarif Revanche gegen uns zu nehmen."

Tatsächlich haben die französischen Schutzzöllner die
unkündbare Meistbegünstigung des Frankfurter Friedens
von Anfang an mit unfreundlichen Augen angesehen und
darin eine lästige Fessel für ihre Handelspolitik erblickt.
Nur als beim Abschluß der Caprivischen Handelsverträge
die Möglichkeit erörtert wurde, ob nicht ein Ausgleich zu
finden sei, der es dem Deutschen Reiche gestatte, gewisse
Zollermäßigungen an Österreich=Ungarn zu gewähren,
ohne sie zugleich für Frankreich in Kraft setzen zu müssen,
erhoben sich in Frankreich schutzzöllnerische Stimmen zu=
gunsten des Artikels 11 und traten für seine unveränderte
Aufrechterhaltung ein. Ende Oktober 1890 schrieb die
Pariser „Nation":

„Der Frankfurter Friede ist, wie er ist. Er kann un=
möglich umgeändert werden. Wenn Deutschland den Ar=
tikel 11 beseitigen will, dann kann man den ganzen Ver=

trag zerreißen. Wir werden nicht so einfältig sein, eine für uns so vorteilhafte Klausel fallen zu lassen."

Um dieselbe Zeit erklärte Herr Pouyer-Quertier, der handelspolitische Unterhändler Frankreichs vom Jahre 1871:

„Bona fide kann Deutschland den Artikel 11 nicht streichen. Wenn es zu einer solchen Maßregel griffe, so wäre das so gut wie eine Kriegserklärung."

Seit Anfang der neunziger Jahre zeigte sich die französische Regierung bestrebt, die Meistbegünstigungs= klausel, wenn auch nicht gerade zu umgehen, so doch für Deutschland möglichst wertlos zu machen. Frankreich kün= digte 1892 die alten und schloß keine neuen Tarifverträge mehr ab, um nicht auch dem Deutschen Reiche Zoll= ermäßigungen einräumen zu müssen, sondern begnügte sich damit, zwei Zolltarife aufzustellen, einen General= tarif mit höheren Zöllen für die Nichtvertragsstaaten und einen Konventionaltarif mit niedrigen Sätzen für die Ver= tragsstaaten. In der Regel vermied es Frankreich, wei= tere Zugeständnisse zu machen, mußte aber zuweilen doch Ausnahmen zulassen. Überdies gelangte Frankreich durch die Caprivischen Handelsverträge ohne Gegenleistung in den Genuß der damaligen deutschen Zollermäßigungen.

Diese Handelspolitik hatte für Frankreich, wie die Handelsstatistik erwies, greifbare Vorteile zur Folge. Bis zum Jahre 1890 war die Ausfuhr Deutschlands nach Frankreich mehr oder minder höher gewesen als die Aus= fuhr Frankreichs nach Deutschland. Langsam verminderte sich sodann die deutsche Ausfuhr nach Frankreich, wäh= rend die französische Ausfuhr nach Deutschland stieg. Im Jahre 1891 balancierte der beiderseitige Güteraustausch. Frankreich bezog von Deutschland für 297, Deutschland

von Frankreich für 295 Millionen Mark Waren. Nach
1890 ging die deutsche Ausfuhr nach Frankreich emp=
findlich zurück und erhob sich erst in den letzten Jahren
wieder bis auf 293 Millionen Mark, während Frank=
reichs Ausfuhr nach Deutschland bald eine Zunahme zeigte
und auf 409 Millionen Mark im Jahre 1905 anwuchs.
Frankreich bezieht von Deutschland u. a. jährlich für
40 Millionen Mark Koks und Steinkohlen, meist unter
den deutschen Preisen, Deutschland von Frankreich Kamm=
zug, Weine usw.

Erst seit dem Inkrafttreten der neuen Bülowschen
Handelsverträge ist die handelspolitische Lage Deutsch=
lands auch gegenüber Frankreich verbessert worden. Bei
Abschluß dieser neuen Verträge gewährte Deutschland an
Frankreich auf Grund des Frankfurter Friedens die Meist=
begünstigung in Gestalt seines Vertragstarifes. Aber
dieser Vertragstarif brachte mit der größeren Spezifikation
des deutschen Generaltarifs eine ganze Reihe von Zoll=
erhöhungen. Dadurch fühlten sich französische Interessen=
kreise betroffen und haben in Frankreich eine erneute Ver=
stimmung gegen die deutsche Handelspolitik und gegen die
Meistbegünstigungsklausel des Frankfurter Friedens her=
vorgerufen. Ist doch behauptet worden, daß manche
deutsche Zollerhöhungen sich besonders gegen französische
Erzeugnisse richteten. Diese Behauptung ist unzutreffend.
Wie deutsche Sachverständige glaubhaft versichern, hat bei
der Spezialisierung und Erhöhung des neuen deutschen
Zolltarifes eine besondere Tendenz gegen die französische
Einfuhr nicht mitgewirkt. Indessen liegt es in der Natur
der Dinge, daß bei dem Inkrafttreten des neuen deutschen
Vertragstarifes französische Interessen nicht besonders
begünstigt werden konnten, weil Frankreich an den

Handelsvertragsverhandlungen gar nicht teilnahm, keine Forderungen erhob und keine Zugeständnisse anbot.

Inzwischen hat die französische Regierung einen Versuch gemacht, auf einem Umwege eine Art von Revanche zu nehmen. In den langwierigen Vertragsverhandlungen mit der Schweiz hat Frankreich seinen bisherigen Zollsatz auf gestickte Spitzen von 800 auf 1400 Frcs. erhöht, um ihn später wieder auf 1050 Frcs. zu ermäßigen. Diese Erhöhung trifft natürlich nicht nur die Spitzen schweizerischer Herkunft, sondern alle Spitzen, besonders auch diejenigen Plauens, das eine ansehnliche Ausfuhr nach Frankreich aufzuweisen hat. Wie es heißt, soll die französische Regierung noch andere Zollerhöhungen vorbereiten, von denen hauptsächlich deutsche Erzeugnisse betroffen werden. Nach Lage der Dinge muß man sich deutscherseits diese französischen Zollerhöhungen ebenso gefallen lassen, wie man französischerseits den deutschen Vertragstarif mit seinen Zollerhöhungen hinzunehmen genötigt war. Alle bisherigen Zollerhöhungen, die deutschen wie die französischen, hielten sich innerhalb des Rahmens der Meistbegünstigungsklausel des Frankfurter Friedens und ließen sich nicht beanstanden, so unangenehm sie auch beiderseits empfunden werden mochten.

Von Plauener Interessentenkreisen ist damals die Frage aufgeworfen worden, ob die unkündbare Meistbegünstigung des Frankfurter Friedens zweckmäßig sei, ob sie nicht die Gefahr politischer Spannungen in sich trüge. Ja, es wird behauptet, daß diese Meistbegünstigungsklausel für beide Völker zu einer Quelle des Mißtrauens geworden sei, dessen Beseitigung angestrebt werden müsse. Nach einem Vorschlage des Syndikus der Plauener Handelskammer sollten die Beziehungen zwischen Deutschland und

Frankreich durch einen Tarifvertrag geregelt werden. Ein solcher Vertrag biete keine besonderen Schwierigkeiten; eine Verständigung über die Weinzölle sei sehr wohl möglich. Auch könnte man die beiderseitigen Industrie= interessen ausreichend wahren. Mit der unkündbaren Meistbegünstigung müsse gebrochen werden.

Was die Plauener Interessenten vorschlugen, läßt sich kaum durchführen. Die Abänderung eines so wichtigen Vertrages, wie es der Frankfurter Friede von 1871 ist, erscheint von vornherein bedenklich, selbst wenn es sich nur um eine untergeordnete Bestimmung handelte. Keinesfalls könnte die Initiative dazu von deutscher Seite ausgehen. Politische Gründe sprechen dagegen. Über= dies würde Frankreich schon aus einer deutschen Anregung dieser Art Kapital schlagen, um daraufhin Zugeständnisse zu erlangen. So lange in Frankreich der Frankfurter Friede als ein unabänderliches Ganzes angesehen wird, muß man auch in Deutschland daran festhalten. Die un= kündbare Meistbegünstigung des Frankfurter Friedens hat ihre Schattenseiten, sie legt die Handlungsfreiheit der beiden Mächte in handelspolitischen Angelegenheiten auf unabsehbare Zeit fest, aber sie bildet einen Teil des Friedensvertrages, an dem nicht gerüttelt werden darf.

Sie hat zur Folge gehabt, daß seit dem Jahre 1871 handelspolitische Verhandlungen zwischen Deutschland und Frankreich überhaupt nicht geführt wurden. Man be= gnügte sich beiderseits mit der ausbedungenen Meistbegün= stigung. Damit konnte und mußte man sich begnügen, so lange die Beziehungen der beiderseitigen Regierungen kühl blieben. Indessen ist es durchaus keine logische Folge des Artikels 11, auf handelspolitische Abmachungen unter= einander für alle Zukunft zu verzichten. Es erscheint sehr

wohl denkbar, daß bei freundlicher Gestaltung der beider=
seitigen Beziehungen die beiden Regierungen sich über die
Abänderung von Zollsätzen verständigen, die von beson=
derem Interesse für ihren Handel oder für ihre Industrie
sind. Das würde für beide Länder den Vorteil bieten,
handelspolitische Interessen, die bisher in Ermangelung un
mittelbarer Verhandlungen nicht wahrgenommen werden
konnten, zu befriedigen. Vorerst scheinen aber noch nicht
alle Vorbedingungen dazu vorhanden zu sein.

Das Verlangen nach Beseitigung des Artikels 11
kann durch deutsche Initiative nicht erfüllt werden. Sollte
Frankreich einen dahingehenden Antrag stellen und
Deutschland zustimmen, so würde das Zustandekommen
eines Tarifvertrages zwischen Deutschland und Frankreich,
wie ihn die Plauener Handelskammer für zweckmäßig hält,
immerhin noch nicht sichergestellt sein. Vielmehr könnten
im Falle einer Nichteinigung zwischen den beiden Reichen
unangenehme handelspolitische Differenzen ausbrechen und
schließlich einen Zollkrieg hervorrufen, der auch nicht ohne
politische Rückwirkungen bleiben würde.

Hierdurch ist jedenfalls vorläufig die Aufrechterhal=
tung des Artikels 11 geboten. Mindestens wird dadurch
formell, im wesentlichen auch materiell der Fortbestand
eines erträglichen handelspolitischen modus vivendi
zwischen beiden Reichen auch ohne politische Entente ge=
sichert. Besondere Abmachungen, wie sie die Plauener
Handelskammer zugunsten ihrer Spitzenindustrie gegen=
wärtig für wünschenswert erachtet, lassen sich nötigen=
falls, wenn beiderseitige Geneigtheit dazu vorhanden
sein sollte, auch unter der Geltung des Artikels 11
treffen.

Das Handelsverhältnis zu England.

Seitdem England im Jahre 1897 auf Chamberlains Andrängen, um sich die Bahn zur Schaffung eines groß=britischen Zollverbandes freizumachen, seine Handels=verträge kündigte, da sie auch die Kolonien in die Meist=begünstigung gegenüber den Vertragsstaaten einschlossen, hat es sich zu dem Abschlusse neuer Verträge nicht herbei=gelassen. Nach dem Ablauf wiederholt verlängerter Handelsvertragsprovisorien mit Deutschland sah sich die Reichsregierung veranlaßt, zuerst Ende 1903, sodann Ende 1905 im Wege deutscher Gesetzgebung dem britischen Reiche die Meistbegünstigung zuzusprechen, damit in dem großen beiderseitigen Güteraustausch keinerlei Störung eintreten konnte. Dieses eigentümliche vertragslose Verhältnis, das in der englischen Zollfreiheit seine Erklärung findet, läuft Ende 1907 ab und wird voraussichtlich verlängert werden, so lange die zollfreie Einfuhr nach England bestehen bleibt.

Mit keinem Lande steht Deutschland in so lebhaftem Güteraustausch wie mit England. Deutschland sandte im Jahre 1905 für 1057 Millionen Mark Waren nach Eng=land und bezog von dort für 784 Millionen Mark. Der Überschuß der deutschen Ausfuhr wird freilich mehr als ausgeglichen, wenn man die britischen Kolonien in Be=

tracht zieht, von denen Deutschland für etwa 256 Millionen Mark mehr einführt, als es dorthin ausführt. Darüber sehen die englischen Schutzzöllner hinweg, um die Gefahr, ja die Überlegenheit der deutschen Ausfuhr über die englische zu behaupten.

Im Hinblick auf die Gestaltung des deutsch-englischen Güteraustausches äußerten die „Times" Anfang Oktober 1906, daß England im Grunde genommen an Deutschland nur Rohstoffe und Maschinen zur Stärkung der deutschen Konkurrenz liefert, dagegen überwiegend von Deutschland Industrieerzeugnisse bezieht, die aus den von England gelieferten Rohstoffen mit den von England gelieferten Maschinen erzeugt werden. „Sind wir," frug das deutschfeindliche Blatt, „in bezug auf unsere industrielle Leistungsfähigkeit schon soweit unter die Deutschen gesunken, daß wir nur noch als ihre Holzhauer oder Wasserzieher handeln können, daß wir sie mit einem Markt für ihre Erzeugnisse versorgen müssen, die wir nicht selbst anfertigen können?" Diese Ansicht erklärten die „Times" für absurd, um alsdann für die Gestaltung des deutsch-englischen Güteraustausches den deutschen Zolltarif verantwortlich zu machen, der willkürlich mit dem fremden Handel verfahre. Der deutsche Zolltarif zwinge die Engländer, ihre Schuld an Deutschland durch Ausfuhr von Rohstoffen zu begleichen. Die freie Einfuhr deutscher Fabrikate nach England nehme den englischen Erzeugnissen den heimischen Markt und vermindere den eigenen Bedarf an Rohstoffen. So habe die gegenseitige Stellung der beiden Länder in einem Menschenalter eine vollständige Umwandlung erfahren. Mit Bedauern wiesen die „Times" ferner darauf hin, daß England mit seinem Freihandel ohne Zolltarif keine Grundlage für Verhandlungen

besitzt, keine Zugeständnisse bieten und keine Gegenzu=
geständnisse erwirken kann.

Tatsächlich sind die Klagen der englischen Schutz=
zöllner nicht ganz unbegründet. In dem deutsch=englischen
Güteraustausch hat sich allmählich eine erstaunliche Wand=
lung vollzogen. Es gab eine Zeit, da Deutschland von
England überwiegend Industrieerzeugnisse bezog und nach
England Lebensmittel und Rohstoffe ausführte. Diese
Zeit ist längst vorüber. Heute ist es England, das aus
Deutschland ganz überwiegend Fabrikate bezieht, und
Deutschland, das von England Rohstoffe und Halb=
fabrikate entnimmt. Von der englischen Ausfuhr des
Jahres 1905 nach Deutschland in Höhe von 784 Millionen
Mark entfielen nur 46 Millionen Mark auf fertige Fa=
brikate (Textilerzeugnisse und Maschinen), ferner 136 Mil=
lionen Mark auf Garn, das nur als Halbfabrikat
gelten kann. Was England sonst nach Deutschland aus=
führte, waren ganz überwiegend Rohstoffe und Lebens=
mittel, darunter für 108 Millionen Mark Steinkohlen,
ferner Metalle, Kautschuk, Wolle usw., auch für 36 Mil=
lionen Mark Fische.

Dagegen bestand die Ausfuhr Deutschlands nach Eng=
land zum größten Teil aus Fabrikaten. Da werden auf=
geführt für mehr als 220 Millionen Mark Textilerzeug=
nisse, für 140 Millionen Mark Zucker, für mehr als
93 Millionen Mark Eisenerzeugnisse, für 25 Millionen
Mark Farbendruckbilder, für 20 Millionen Mark Spiel=
zeug, für 18 Millionen Mark Teerfarben, für je 13 Mil=
lionen Mark Klaviere und Holzwaren usw. Darunter
mögen sich auch manche Halbfabrikate befinden, aber
die fertigen Fabrikate überwiegen. In der Entwicklung
des deutsch=englischen Güteraustausches hat demnach die

deutsche Industrie große Fortschritte und die englische
Industrie entsprechende Rückschritte gemacht. Die Ursachen dieser bemerkenswerten Wandlung sind im allgemeinen bekannt und werden im einzelnen von Sach-
verständigen noch darzulegen sein. Unter den Eisenwaren,
die Deutschland nach England sandte, sind Maschinen und
Maschinenteile im Werte von 17 Millionen Mark hervor-
zuheben, während Deutschland von England Maschinen
und Maschinenteile ebenfalls für 17 Millionen Mark bezog. Im Austausch von Maschinen besteht demnach ein
genaues Gleichgewicht, und durchaus falsch ist die Behauptung der „Times", daß Deutschland die Fabrikate,
die es nach England liefert, mit englischen Maschinen her-
stellte. In dieser Hinsicht hat sich Deutschland gegenüber
England volle Ebenbürtigkeit errungen.

Wie diese Zahlen ergeben, hat die deutsche Industrie
erfreuliche Fortschritte gemacht und bekundet ihre Konkurrenzfähigkeit hervorragend gerade auf dem englischen
Markt. Gleichwohl erscheinen die Klagen der englischen
Schutzzöllner übertrieben. Zunächst ist England für einen
erheblichen Teil seiner Ausfuhr nicht Verbrauchsland,
sondern nur Durchfuhrland. Zahlreiche fremde Industrieerzeugnisse gehen durch englische Vermittlung weiter nach
den Kolonien und nach anderen überseeischen Ländern,
selbstverständlich mit entsprechendem Gewinn. Das gilt
besonders für die Einfuhr aus Deutschland. Vermutlich
werden gerade deutsche Waren in großem Umfange weiter-
versandt, was sich leider des Genaueren nicht feststellen
läßt, weil sie vielfach adaptiert als englische Erzeugnisse
zur Wiederausfuhr kommen dürften. Hier befindet sich
England mit seinen älteren überseeischen Verbindungen
noch immer in der Vorhand, obwohl der deutsche Handel

mit Erfolg bemüht war, unmittelbare Beziehungen mit
Übersee anzuknüpfen, namentlich seitdem die deutschen
Waren bei der Einfuhr nach England den Stempel „Made
in Germany" aufweisen müssen, als deutsche Waren er=
kennbar und als solche beliebt geworden sind. Außerdem
macht England erhebliche Gewinne bei der Ausfuhr von
Rohstoffen nach Deutschland, weil diese Rohstoffe über=
wiegend nichtenglischer Herkunft sind.

England ist trotz der Nordamerikanischen Union noch
immer das reichste Land der Erde. Äußerlich erscheint
seine Handelsbilanz nicht günstig. Im Jahre 1905 belief
sich seine Ausfuhr auf 6732 Millionen Mark, seine Ein=
fuhr dagegen auf 9945 Millionen Mark. Der Überschuß
der Einfuhr über die Ausfuhr stellte sich demnach auf
3213 Millionen Mark. Dieses Defizit der Handelsbilanz
wird indessen überreichlich gedeckt durch die Eingänge der
im Auslande arbeitenden englischen Kapitalien mit min=
destens 2000 Millionen Mark, ferner durch den Gewinn
an Schiffsfrachten mit 1800 Millionen Mark, sodann durch
die beträchtlichen Provisionen aus Bank= und anderen
Kommissionsgeschäften. Die englische Zahlungsbilanz
schließt mit einem hohen Überschuß ab, der das englische
Volksvermögen von Jahr zu Jahr noch vermehrt.

Im Güteraustausch mit Deutschland findet England
unbedingt seine Rechnung. Noch steht seine In=
dustrie auf einem Höhepunkt. Wenn die deutsche In=
dustrie relativ stärkeren Aufschwung genommen hat und
größere Leistungsfähigkeit bekundet, so liegen die Ursachen
nicht in dem deutschen Zolltarif wie überhaupt nicht in
den Zöllen, deren Wirkungen allgemein überschätzt werden.
England entwickelt sich allmählich zum Rentnerstaat.
Großer Reichtum macht satt und bequem. Die Land=

wirtschaft geht zurück, weil der große Reichtum weite
Ländereien ankauft und zu Luxuszwecken verwendet. Die
Industrie arbeitet zwar weiter. Doch haben die reichen
Unternehmer keinen rechten Anreiz zu Vergrößerungen
oder Neuanlagen. Inmitten des Genießens fehlt der An=
sporn des Erwerbens. So erklärt sich der relative Rück=
gang der englischen Industrie, die von der deutschen und
noch rascher von der nordamerikanischen überflügelt wird.

In der Zeit von 1884 bis 1901 verminderte sich
Englands Ausfuhr an Baumwollwaren außer Garn von
860 auf 740 Millionen, an Kammgarnwaren von 560
auf 180, an Eisenkurzwaren von 80 auf 18, an Leinen
und Leinenwaren von 100 auf 80, an Alkalien von 40 auf
22, an landwirtschaftlichen Maschinen von 17 auf 14,
an Farbstoffen von 14 auf 7, an Glas von 11 auf 7 Mil=
lionen Mark usw.

Indessen darf man England als Industrieland keines=
wegs unterschätzen. Es wird noch lange seine große Be=
deutung behalten. Die Entwicklung zum Rentnerstaat,
in die England eingetreten ist, vollzieht sich langsam, sie
benötigt Jahrzehnte, vielleicht Jahrhunderte. Aber sie
ist logisch und natürlich, sie entspricht dem Werden und
Vergehen des einzelnen, wie der Völker und der ganzen
Menschheit.

Die offene Tür.

Was die allerjüngste Diplomatie unter der Politik der offenen Tür versteht, hat Friedrich List in den vierziger Jahren des 19. Jahrhunderts den europäischen Staaten als obersten Grundsatz ihrer Handelspolitik anempfohlen. Keiner europäischen Nation sollen in irgend einem Teile Asiens Handelsvorrechte oder Vorzugsbegünstigungen eingeräumt werden, auch nicht für neu entdeckte Inseln oder unbewohnte Länder. In seinem „Nationalen System" vom Jahre 1841 erklärte es List für ein gemeinschaftliches Interesse aller europäischen Festlandstaaten, daß die beiden Wege aus dem Mittelmeer nach dem Roten Meer und nach dem Persischen Meerbusen weder in den ausschließlichen Besitz von England kommen, noch durch asiatische Barbarei unzugänglich bleiben. List hielt die Freiheit der beiden Straßen des Suezkanals und der Bagdadbahn unter österreichischer Aufsicht am besten verbürgt.

Von der Politik der offenen Tür spricht man nur im Hinblick auf schwache exotische Länder: Mandschurei, Korea, Marokko, Ägypten, Abessinien, Siam, Persien, Liberia usw.

Unter der offenen Tür versteht man nicht den Freihandel, sondern nur den freien Handel für alle Staaten nach Maßgabe eines anerkannten Zolltarifs auf Grund

der Meistbegünstigung. Genau betrachtet, handelt es sich
nirgends um die offene Tür, sondern nur um eine mehr
oder weniger geöffnete Tür.

Die Aufrechterhaltung der offenen Tür ist schon in den
sechziger Jahren auf Grund alter Kapitulationsverträge
der Türkei auferlegt worden. Die Türkei hat die Verpflichtung, die Einfuhr aller Staaten meistbegünstigt und
gleichberechtigt zu behandeln. Auch darf sie Abänderungen
ihres Zolltarifs nur in Kraft setzen, nachdem alle Mächte
ihre Zustimmung gegeben haben. In bezug auf die
Türkei hat sich die offene Tür bewährt, weil die Souve-
ränität des Sultans nicht nur auf dem Papier, sondern
auch tatsächlich besteht, weil dort die dauernde Oberherrschaft einer einzigen Macht und damit die Monopolisierung
des türkischen Geschäfts durch eine einzige Macht ausgeschlossen ist.

Wie die Türkei, so ist auch Ägypten zur Aufrechterhaltung der offenen Tür, zur gleichen Behandlung des Handels aller Staaten verpflichtet. Von der Einfuhr nach der
Türkei entfällt nur ein Drittel auf England, von der
Einfuhr nach Ägypten, wenn man den türkischen Nachbar-
handel außer Betracht läßt, aber die volle Hälfte. Wie
erklärt sich dieser Unterschied? In Ägypten sind die Engländer die tatsächlichen Herren des Landes und bestrebt,
zunächst den ganzen großen Bedarf der Verwaltung tunlichst aus England zu beschaffen. Wären die Engländer so
engherzig wie die Japaner oder Franzosen, so würden sie
als Herren der Verwaltung Ägyptens dem fremden Handel
durch entsprechenden Druck noch empfindlicheren Abbruch
tun können — trotz des Grundsatzes der offenen Tür.
Denn dieser Grundsatz beschränkt sich lediglich auf gleichberechtigte Behandlung der fremden Einfuhr bei der Ver-

zollung und gestattet derjenigen Macht, die in dem be=
treffenden exotischen Lande maßgebenden Einfluß übt,
weitgehende Begünstigungen ihrer Angehörigen und
Sonderinteressen.

Der Grundsatz der offenen Tür versagt also gerade
da, wo er als besonders zweckentsprechend eingeführt
worden ist, zunächst in gewissen exotischen Staaten, deren
Regierungen ihre Selbständigkeit nicht behaupten konnten
und sich fremdem Einfluß fügen mußten. In solchen
Staaten verbürgt der Grundsatz der offenen Tür gar nicht
oder nicht ausreichend, was man ursprünglich voraussetzte,
die erforderliche volle Gleichberechtigung aller Staaten
an der wirtschaftlichen Entwicklung des betreffenden
Landes. Diese Erfahrung werden die Franzosen in bezug
auf Ägypten ohne weiteres als richtig zugeben. Was sich
in Ägypten zum Schaden der nichtenglischen Staaten voll=
zogen hat, würde sich in Marokko zum Nachteile der
nichtfranzösischen Staaten wiederholen, wenn es den Fran=
zosen gelingen sollte, in Marokko eine anerkannte vor=
herrschende Stellung zu erlangen.

Von zweifelhaftem Wert ist die offene Tür auch für
Korea und die Mandschurei, wie sie Japan unter dem
Druck der Mächte, insbesondere Englands, zugestanden
hat. In diesem Zugeständnis glaubte der erste Rektor
der Berliner Handelshochschule Professor Dr. Jastrow, ein
freihändlerischer Parteigänger, im fernen Osten einen Sieg
des Freihandels erblicken zu dürfen. Welche Kurzsichtig=
keit! Mit allen Mitteln war Japan bestrebt, trotz der
offenen Tür die Märkte von Korea und der Mandschurei
für sich zu erobern und den europäischen Handel daselbst
zu verdrängen. Die Mandschurei wurde zwar geöffnet,
aber der japanische Andrang war in der ersten Zeit zu

groß, so daß Angehörige anderer Nationen nicht ein
treten konnten. Später mußten sie sehen, wie die Japaner
ihnen vorausgekommen waren und überall die besten
Plätze besetzt hatten. Englische und amerikanische Sachverständige, die in der Mandschurei das Verfahren Japans
untersuchten, urteilten: Japan habe zwar bereitwillig die
Theorie der offenen Tür anerkannt, in der Praxis aber
die gleiche Bereitwilligkeit nicht betätigt.. Auf Grund
ihrer Überlegenheit durch die nähere Lage, durch
die Kultur- und Sprachenverwandtschaft wird es den
Japanern voraussichtlich gelingen, die offene Tür
für Korea und die Mandschurei illusorisch zu machen
und das europäische Geschäft daselbst zu untergraben. In
Korea beherrschen sie Gesetzgebung und Verwaltung wie
die Engländer in Ägypten. In der südlichen Mandschurei
suchen sie das Verkehrswesen wie den Bergbau zu monopolisieren und alle Fäden der wirtschaftlichen Entwicklung
in ihren Händen zu vereinigen. Bald wird der abend-
ländische Handel nur noch durch japanische Vermittlung
daselbst Geschäfte machen können und nur in Waren, die
Japan noch nicht zu liefern vermag.

Wo in schwachen exotischen Ländern eine Großmacht
überwiegenden Einfluß übt, wie England in Ägypten,
Japan in Korea usw., da werden unter dem Einfluß der
tonangebenden Macht die Erzeugnisse ihrer Angehörigen
trotz der Meistbegünstigung bevorzugt, zunächst bei Aus-
schreibung von Lieferungen für die Verwaltung, für die
Eisenbahnen usw., ferner bei Beschaffung des Bedarfs für
andere Anstalten städtischer oder privater Art, selbst für
Banken, Fabriken und Unternehmer, die sich dem Einfluß
der vorherrschenden Macht nicht entziehen können. Was
aber von allergrößter Wichtigkeit ist, bei Erteilung von

Konzessionen für Eisenbahnen, Häfen, Bergwerke usw. wird die ausschlaggebende Macht mit Erfolg darauf bedacht sein, die Bevorzugung ihrer Angehörigen durchzusetzen.

Theoretisch nimmt sich die offene Tür nicht übel aus. Praktisch ist sie aber nicht gleichbedeutend mit der unbedingten Meistbegünstigung nach allen Richtungen hin, sondern nur die Anwartschaft auf die formelle Meistbegünstigung bei der Warenverzollung.

Voraussichtlich werden in Zukunft über Theorie und Praxis der offenen Tür noch ernste Reibungen, wenn nicht blutige Kriege entstehen zwischen denjenigen Mächten, die auf Grund imperialistischer oder sonstiger Expansionspolitik gewisse wichtige Märkte minder starker Staaten monopolisieren und die offene Tür daselbst schließen, und zwischen anderen Mächten, die auf der Aufrechterhaltung der offenen Tür bestehen, weil ihnen die strittigen Staaten mit ihren Märkten wertvoll oder unentbehrlich erscheinen.

Handelsverträge statt Kolonien.

Von freihändlerischer Seite ist gelegentlich behauptet worden, daß eine kluge, weitsichtige Handelspolitik wirtschaftspolitisch wertvoller sei als der Besitz von Kolonialgebieten. In diesem Sinne hat sich Anfang 1907 vor der Volkswirtschaftlichen Gesellschaft in Berlin der Legationsrat a. D. Dr. Alfred Zimmermann ausgesprochen und am Schlusse seines Vortrages über „Wert oder Unwert kolonialer Politik" die Behauptung aufgestellt, daß der Besitz von Kolonien für aufstrebende Staaten keine wirtschaftliche Notwendigkeit sei, weil jedes Bedürfnis heute durch die Handelspolitik befriedigt werden könne. Wie ein Blick auf die handelspolitische Weltlage zeigt, ist diese Auffassung durchaus verfehlt.

Wie denken sich die Freihändler den Abschluß vorteilhafter Handelsverträge mit Ländern, die es überhaupt ablehnen, auf Handelsverträge einzugehen? Als England im Jahre 1897 seine Handelsverträge mit Deutschland und anderen europäischen Staaten kündigte, ließ es sich eine Zeitlang herbei, Handelsprovisorien zu vereinbaren, verhielt sich aber später so zugeknöpft, daß auch provisorische Abmachungen nicht mehr zustande kamen und schließlich jener vertragslose Zustand eintrat, wie er heute noch zwischen Deutschland und England besteht.

Das konservative Ministerium in England wollte keine neuen Handelsverträge abschließen, und das liberale Ministerium hat noch nicht zu erkennen gegeben, daß es bereit ist, neue Handelsvertragsverhandlungen zu führen. Die konservativen Politiker in England strebten entweder mit Chamberlain nach der Schaffung eines größerbritischen Zollverbandes auf Grund von Vorzugszöllen oder mit Balfour mindestens nach der Einführung von Industriezöllen für England, um daraufhin Handelsvertragsverhandlungen mit anderen Staaten aussichtsvoller einleiten zu können. Mögen auch dem gegenwärtigen liberalen und freihändlerischen Ministerium diese Ziele nicht vorschweben, so scheint es doch, als ob es durch Aufrechterhaltung der splendid isolation in handelspolitischer Hinsicht, d. h. der Vertragslosigkeit, dem Mutterlande wie den Kolonien freie Hand für die nächste Zukunft erhalten wolle. Kanada, Britisch-Südafrika und Neuseeland haben bereits Vorzugszölle zugunsten Englands eingeführt, Australien will folgen, und das liberale Ministerium scheut offenbar davor zurück, diese Zugeständnisse der Kolonien an das Mutterland durch irgendwelche Vertragspolitik zu durchkreuzen. Der größerbritische Zollverband ist zwar durch die letzten Wahlen in den Hintergrund gerückt worden, aber der Weg zu diesem Ziel wird durch das freihändlerische Ministerium vorsichtig offen gehalten oder mindestens durch den Abschluß von Handelsverträgen nicht verlegt. Gegenüber England und seinen Kolonien ist auf dem Wege von Handelsverträgen für Deutschland und andere Staaten vorläufig nichts zu erreichen.

Noch aussichtsloser erscheint eine bloße Handelspolitik, sei sie noch so freihändlerisch entgegenkommend, im Verkehr mit den amerikanischen Staaten. Hier liegen

die Gefahren nicht in der Erneuerung des Handels-
vertragsverhältnisses zwischen Deutschland und der Nord
amerikanischen Union. Es handelt sich um eine fernere
Zukunft, um die Verwirklichung der allamerikanischen Bestrebungen in wirtschaftlicher Hinsicht, wie sie von
Washington aus tatkräftiger als je angestrebt wird. Die
Nordamerikanische Union will die übrigen amerikanischen
Staaten in einen Zollverband mit gegenseitigen Vorzugszöllen drängen, um die europäische Konkurrenz aus
ganz Amerika leichter vertreiben und alle amerikanischen
Märkte unter ihre Kontrolle bringen zu können. Sollte
die Union ihr Ziel erreichen, so würden große wirtschaftliche und finanzielle Interessen der europäischen Völker,
namentlich der Engländer und der Deutschen, in Mittel-
und Südamerika geschädigt und vor allem die bedeutende
Ausfuhr Deutschlands und Englands nach Südamerika
bedroht werden. Diese Gefahr kann durch eine bloße
Handelspolitik, sei sie auch noch so klug und weitsichtig,
nicht verhütet werden.

Außerdem besteht die Besorgnis, daß noch andere
große Absatzgebiete sich trotz der weisesten Handelspolitik
der fremden Einfuhr mehr und mehr verschließen. In den
meisten Staaten nimmt die schutzzöllnerische Strömung
zu. Die großen Hoffnungen, die vielfach auf die Erschließung des chinesischen Marktes gesetzt werden,
dürften kaum in Erfüllung gehen. Vielmehr ist mit der
Möglichkeit verschärfter Konkurrenz auf dem Weltmarkt
auch vom fernen Osten her zu rechnen. Frankreich befindet sich auf dem richtigen Wege, wenn es sich bemüht,
ein großes Kolonialreich zu schaffen, wie es seinen wirtschaftlichen Bedürfnissen entspricht.

Will ein Reich inmitten der neuzeitlichen Weltwirt-

schaft eine gesicherte Stellung behaupten, so muß es zu=
nächst eine Industrie besitzen, die leistungsfähig und wo=
möglich konkurrenzüberlegen auf dem Weltmarkte hervor=
treten kann. Sodann muß das Reich bestrebt sein, gün=
stige Handelsverträge abzuschließen, um seinem Außen=
handel eine feste Grundlage zu geben. Diese beiden Vor=
bedingungen genügen aber noch nicht, da sie durchkreuzt
werden können durch eine imperialistische Politik anderer
Reiche, durch Vorzugszölle und Zollverbände. Deshalb
war auch das Deutsche Reich genötigt, Kolonial= und Welt=
politik zu treiben, um seine wachsenden überseeischen Inter=
essen und Beziehungen wirksamer, als es durch Handels=
verträge allein geschehen könnte, wahrzunehmen.

Deutschlands Kolonialberechtigung.

Hervorgegangen ist die deutsche Kolonialpolitik zunächst aus der politischen und nationalen Notwendigkeit, den Menschenüberschuß des deutschen Volkes dem Deutschen Reiche zu erhalten. Seit Jahren bewegt sich zwar die deutsche Auswanderung in engen Grenzen und ist seit 1897 im Durchschnitt auf 25 000 jährlich zurückgegangen. Doch war sie im Jahre 1891 auf über 120 000 gestiegen und hatte für die Jahre 1880 bis 1885 die Höhe von insgesamt einer Million erreicht. Diese Auswanderung richtete sich ganz überwiegend nach der Nordamerikanischen Union. Tüchtige Kräfte gingen dem Reiche verloren und stärkten die fremde Konkurrenz. Das war für Deutschland eine doppelte Schwächung.

In den siebziger Jahren belief sich die Bevölkerung des Deutschen Reiches auf 40 Millionen. Im Jahre 1905 ist sie auf 60 Millionen angewachsen und wird voraussichtlich in 30 Jahren 80 Millionen betragen. Mit der Bevölkerung nimmt entsprechend die gewerbliche Erzeugung zu.

Somit wird sich in Deutschland über kurz oder lang ein starkes Ausdehnungsbedürfnis unwiderstehlich geltend machen. Englische Stimmen haben die Forderung erhoben, es mögen womöglich in aller Form die Deutschen ein

für allemal auf jede Ausdehnung verzichten. Eine derartige Zumutung kann unmöglich ernsthaft genommen
werden.

Die Antwort darauf gab Fürst Bülow, als er im
Reichstage am 28. November 1906 äußerte:

„Die Frage steht nicht so, ob wir kolonisieren wollen
oder nicht, sondern wir müssen kolonisieren, ob wir wollen
oder nicht. Der Trieb zur Kolonisation, zur Ausbreitung
des eigenen Volkstums ist in jedem Volke vorhanden, das
sich eines gesunden Wachstums und einer kräftigen Entwickelung erfreut. Darum war das Deutsche Reich seit
seinem Eintritt in die Weltgeschichte, seit 2000 Jahren,
ein kolonisierendes Volk, und wir werden es bleiben,
solange wir bestehen."

An Menschen hat das Deutsche Reich größeren und
zugleich wertvolleren Überschuß als irgend ein anderes
europäisches Land. Bisher wanderte Deutschlands überschüssige Kraft namentlich in Gestalt von Kapitalisten,
Unternehmern, Technikern und Kaufleuten in die Fremde
und ließ sich dort in vielen Fällen entnationalisieren.

Ein günstiges Gebiet der Tätigkeit fanden die
Deutschen u. a. in den britischen Kolonien. Noch besteht
dort für die deutsche Einwanderung die offene Tür. Indessen machen sich bereits Stimmen und Interessen dagegen geltend. Willkommen sind die Deutschen dort nur,
wenn sie sich entnationalisieren lassen. Keinesfalls dürfen
sie sich darüber beklagen, daß man in den britischen
Kolonien trotz der freihändlerischen Politik des Mutterlandes die eigenen Staatsangehörigen und diejenigen des
Mutterlandes ebenso wie die englischen Erzeugnisse selbst
zu bevorzugen sucht. Diese Bevorzugung entwickelt sich

zu einer Zurücksetzung der Deutschen, und auch mit Rücksicht darauf sah sich Deutschland zur Gründung eines eigenen Kolonialbesitzes gedrängt.

Unter allen Umständen wird die sicherste Grundlage für die Betätigung der wirtschaftlichen Kräfte einer Nation außerhalb der engeren Reichsgrenzen immer dort bleiben, wo die nationale Flagge weht. Unter deutscher Oberherrschaft darf der Deutsche darauf rechnen, feste und günstige Grundlagen für seine Kenntnisse, Unternehmungen, Kapitalsanlagen, Handelsgeschäfte usw. zu finden.

Deutschland mußte eigene Kolonien gründen, einmal, um für seinen Volksüberschuß Ansiedlungsraum zu schaffen, und sodann, um sich die Möglichkeit zu eröffnen, tropische Erzeugnisse, Rohstoffe und Genußmittel unter deutscher Flagge zu beschaffen.

Mit Hilfe von Kolonien will auch Deutschland sich in nationaler und wirtschaftlicher Hinsicht stärker und unabhängiger machen.

Für eine Großmacht wie Deutschland sind Kolonien nicht nur ein unentbehrliches Erfordernis, sondern geradezu Lebensbedingung. Ebenbürtig steht das Deutsche Reich neben den großen Weltreichen da, seine Seegeltung wächst. Dicht bevölkert und intensiv bewirtschaftet ist das deutsche Land, und fruchtbar an überschüssiger Kraft zeigt sich das deutsche Volk. Alle Vorbedingungen kolonialpolitischer Betätigung sind demnach vorhanden. Nicht aus Ehrgeiz oder Laune, sondern aus innerem Drange heraus ist die deutsche Kolonialpolitik entstanden.

Ein Anrecht zu weltwirtschaftlicher und kolonialpolitischer Betätigung besitzt Deutschland nicht zuletzt auf Grund seiner Seeinteressen und seines Kohlenreichtums.

———

Deutschland und das Meer.

Wer zum erstenmal das Meer erblickt, ist erstaunt, ja bestürzt über seine Größe, seine Ruhe, seine Gewalt. Ins Endlose dehnt sich die Wasserfläche aus. Lebendiger als das Land erscheint das Meer dem schärfer zusehenden Auge, das nicht nur an der Oberfläche und an den Schiffen haftet. Zwar bietet das Meer dem Menschen keine Heimstätte, doch ist es ihm ein unentbehrliches Verkehrs- und Lebensbedürfnis geworden. Schon zu vorgeschichtlicher Zeit erkannten die Völker in dem Meere eine unerschöpfliche Quelle von Kraft und begannen mit der Ausbeutung dieser Kraft. Nach den Annahmen vieler Anthropologen sind sogar die Anfänge der Entwicklung des Menschen an der Meeresküste zu suchen. Dort erst soll sich der Mensch durch das Waten und Fischen im Wasser den aufrechten Gang angewöhnt haben.

Von der Küste aus mögen sich die Menschen zuerst in das Meer hinausgewagt haben, um Nahrungsmittel, Fische, Muscheln, Vogeleier usw. zu suchen. Heyck weist in seiner „Deutschen Geschichte" darauf hin, daß die ältesten Begräbnisstätten sich nirgends so sehr häufen wie an den Küsten und auf den Inseln. Am Meere fanden die Menschen geeignetere Bedingungen des Daseins als in den Urwäldern und Sümpfen des Binnenlandes.

Poseidon ist die griechische Verpersönlichung des Meeres und seiner ganzen gewaltigen Kraft. Majestätisch hält er den Dreizack in der Rechten, und mit den Zügeln in der erhobenen Linken lenkt er das stolze Viergespann der Wellenrosse vor seinem Wagen, während sein Gewand im Sturmwind flattert. Er kann zürnen, daß die Erde erschüttert, und doch ist er trotz seiner Gewalt unbehilflich und muß der Menschheit dienen. Er schlug die Erde mit seinem Dreizack und das Roß sprang hervor, sein Sinn= bild, das Sinnbild der bewegenden Kraft und der Rasch= heit, das Sinnbild des Verkehrs. Die Kraft des Meeres dient überwiegend dem Verkehr. Von dem Meere werden die Schiffe getragen, von seinen Strömungen und Winden getrieben.

Wo die Schiffahrt ihren Ursprung gehabt hat, läßt sich nicht ergründen. Als einen wichtigen Mittelpunkt frühester Schiffahrt nennt Ferdinand Freiherr v. Richthofen, der Berliner Universitätsprofessor, der Kiautschou sozusagen für Deutschland entdeckt hat, den Malaiischen Archipel. Aus der Verbreitung der Stämme dieser Rasse und der Typen ihrer Fahrzeuge schloß er, daß bei ihnen die Kunst der Schiffahrt in früherer Zeit hochgediehen sei und sich einerseits nach den Inselgruppen des Stillen Meeres, anderseits nach dem nahen Festlande Ostasiens und längs der japanischen Küste ausbreitete. Unabhängig davon ist nach seiner Meinung im Westen des Indischen Meeres gleichfalls eine Schiffahrt erwachsen, hat zu lebhaftem Verkehr geführt und muß nach einer langen Geschichte zu höherer Vollendung gediehen sein, als die Phönizier sie nach dem Mittelmeer verpflanzten und dort sogleich mit leistungsfähigen Schiffen hervortraten. Früh waren auch die Germanen mit der Schiffahrt vertraut. Voller

3*

uralter Bezugnahme auf die Wasserfahrt ist die deutsche
Sprache. Tacitus erzählt von den Meer- und Insel-
fahrten der norddeutschen Küstenvölker zur Abhaltung
ihrer Bundesfeiern. Schweden und Norwegen sind von
Süden her besiedelt worden. Auch die Anfänge der Schiff-
fahrt an den nordwestlichen Küsten liegen im Dunklen.
Jahrhunderte vor Christi Geburt bestand sie bereits, vielleicht infolge der Küstenansiedlungen germanisch-skandi-
navischer Seefahrer. An Wagemut, kühnem Unter-
nehmungsgeist und seemännischem Geschick standen, wie
Richthofen hervorhebt, die Seefahrer der skandinavischen
Fjorde voran. Mit ihren kompaßlosen Schiffen wagten
sie sich Jahrhunderte hindurch über das stürmische Meer
bis an das Mittelmeer, ja bis nach Grönland. Das ist
erstaunlich. Heyck erinnert daran, wie der brasilianische
Kleinschiffer sich mit seinem höchst ursprünglichen Segel-
floß oder mit dem einbaumartigen Kanu erheblich weit
auf das Meer hinauswagt. Mit solchen Fahrzeugen mögen
die verstreuten Inselgruppen des Stillen Meeres besiedelt worden sein. Angesichts dieser Kühnheit rühmte
Horaz denjenigen, der sich zuerst auf das Meer hinaus-
wagte:

> „Machtvoll starrte dreifach Erz
> Jenem Mann um die Brust,
> Der das zerbrechliche Floß
> Grausem Wogengewühl zuerst hingab."

Jahrtausende sind seitdem verstrichen. Große Reiche
erstanden und erblühten, sämtlich in unmittelbarer Ver-
bindung mit dem Meere und unter Heranziehung seiner
Kräfte. Alle wichtigeren Staaten liegen am Meer. Mit
Hilfe des Meeres sind auch die entlegensten Länder des
Erdballs in die Verkehrswelt einbezogen worden. Alle

Völker stehen im Güteraustausch miteinander, und der
Träger dieses weltwirtschaftlichen Güteraustausches ist im
wesentlichen das Meer, das von Jahrhundert zu Jahr=
hundert an Belebtheit zunimmt und als internationale
Straße an Schnelligkeit, Pünktlichkeit und Sicherheit den
Eisenbahnen nahezu gleichkommt, ihnen aber in bezug
auf Billigkeit weitaus überlegen ist. Gegenwärtig ver=
kehren auf dem Meere, die Kriegsschiffe nicht gerechnet,
etwa 40 000 größere Handelsschiffe, Dampfer und Segler,
mit 25 Millionen Netto=Register=Tonnengehalt und mit
einer Beförderungsfähigkeit von 61 Millionen Tonnen zu
je 1000 Kilogramm. Darunter befinden sich Dampfer von
solcher Größe, daß sie die ganze Einwohnerschaft einer
kleinen Stadt aufnehmen können.

Inzwischen war auch die Wissenschaft bemüht, das
Meer bis in seine dunkelsten Tiefen zu durchleuchten. Be=
gründet wurde die Erschließung des Meeres von der
deutschen biologischen Station in Neapel, diesem Vorbild
vieler ähnlicher Anstalten, und weiter ausgebildet durch
die deutsche Seewarte in Hamburg, die unter ihrem ge=
nialen Schöpfer Neumayer eine Pflegstätte der Förderung
praktischer Ziele der Seefahrt mit allen Hilfsmitteln streng=
wissenschaftlichen Betriebes geworden ist. Die Errungen=
schaften und Aufgaben der heutigen Meereskunde hat Richt=
hofen in seiner Rektoratsrede vom Jahre 1904 dargelegt.

Als vor vier Jahrzehnten das erste unterseeische Kabel
gelegt wurde, schritt man zunächst mit verbesserten, ge=
naueren Methoden zur Messung der Meerestiefen und ge=
langte dadurch zur Erkenntnis, daß das Meer die Wasser=
ausfüllung zusammenhängender Hohlformen an der Ober=
fläche des Planeten ist, daß in der festen Erdrinde, trotz
der großen Unebenheiten ihrer Oberfläche, eine regionale

Gleichförmigkeit in der Wasserverteilung besteht, indem
die Minderbeträge der Dichte in den aufragenden Konti=
nentalmassen durch Überschüsse der Dichte in den ver=
senkten Ozeanböden ausgeglichen werden.

Auch die Wassermasse des Meeres wurde berechnet.
Wenn die feste Erde eine glatte Kugel wäre, so würde
das darüber gleichmäßig ausgebreitete Wasser des Meeres
eine Schicht von 2500 Metern Dicke bilden und das aus
der Verdunstung des Wassers ausgeschiedene Salz auf
derselben Kugel eine Schicht von 40 Metern Dicke, d. h.
eine Schicht, die genau so groß ist, wie die über das
Meer aufragenden Festlandsmassen von Europa und
Nordamerika mit ihren Gebirgen und Hochländern, also
wie der fünfte Teil aller Festlandsmassen des Erdballs.

Auch die Eigenbewegungen des Meeres hat die
Wissenschaft erforscht. Als Zöppritz den Beweis erbrachte,
daß für die konstanten Strömungen der Urgrund in den
konstanten Winden der Passatzone und der offenen Süd=
ozeane, für die periodischen Triften dagegen auf wieder=
kehrenden Luftströmungen beruht, erschloß sich ein klarer
Einblick in den Mechanismus des großen Systems von
Kreisläufen in den Strömungsbewegungen des Ozeans.

Eingedrungen ist die Wissenschaft endlich in die ge=
heimnisvollen Tiefen des Meeres, wo in loser Verkettung
Welten von Organismen auf die Vernichtung anderer
angewiesen sind, um ihre Lebensfunktionen auszuüben,
und wo Milliarden von Keimen aufgewendet werden, um
die Erhaltung der Arten zu sichern. Mit den Säugetieren
des Meeres hat der Mensch furchtbar aufgeräumt. Seit=
dem das Schleppnetz für die Zwecke der Seefischerei
in größtem Umfange verwendet wird, kehrt es, wie Richt=
hofen sagt, als ein ungeheurer Dampfpflug die Meeres=

gründe planmäßig ab und ergänzt die zerstörende Wirkung der gigantischen Fangnetze der höheren Schichten. Nach= dem die Werkzeuge der Massenvernichtung rasch vervoll= kommnet wurden, ist das Verlangen nach einer zweck= mäßigen Bewirtschaftung des Meeres gebieterisch hervor= getreten. Die unermeßlichen Schätze des Meeres be= ruhen nicht in den vorhandenen Beständen, sondern in der Kraft ewiger Forterzeugung aus dem Bestehenden. Aufgabe der biologischen Meereskunde muß es sein, die Grundsätze für diesen wichtigen Zweig der Volkswirtschaft zunächst theoretisch festzulegen, damit daraus praktische Maßnahmen gewonnen werden können, um die Ertrags= fähigkeit der Hochseefischerei zu sichern. Jährlich bringt sie den Engländern über 180 Millionen Mark, den Deutschen (durch 220 Fischdampfer) nahezu 25, den Fran= zosen 10 Millionen Mark.

Von Bedeutung für die Seeschiffahrt ist die neueste Errungenschaft der Technik, die Funkentelegraphie, die zu einem unentbehrlichen Verkehrsmittel im Dienste der Kriegs= und Handelsflotte geworden ist. Nach den An= gaben des Staatssekretärs Krätke bestehen dafür bereits 400 Küstenstationen, und mit Radiotelegraphenapparaten sind fast alle größeren Kriegsschiffe sowie etwa 250 Handelsschiffe ausgerüstet. Die Funkentelegraphie erhöht die Sicherheit der Schiffahrt, ermöglicht es bedrängten Schiffen, nach Hilfe zu rufen, und erleichtert die Befehls= übermittlung auf weite Entfernungen im Kriegsfalle.

Wenn einmal die Kohlenvorräte der Erde zu Ende gehen oder nicht mehr abbaufähig werden sollten, dann wird sicherlich auch das Problem der Verwertung der Kraft, die in den bis zu 12 Meter hochgehenden Wellenbergen, insbesondere in Ebbe und Flut liegt, seiner endgültigen

Lösung entgegengehen. Noch ist die Energie der Meeres=
bewegungen ein großer ungehobener Schatz.

Vom Meere sagt der Chor in Schillers „Braut von
Messina":

> „Wer das grüne kristallene Feld
> Pflügt mit des Schiffes eilendem Kiele,
> Dem vermählt sich das Glück,
> Dem gehört die Welt."

Das Meer erklärte Friedrich List als den Tummel=
platz der Kraft und des Unternehmungsgeistes für alle
Völker. Wer an der See keinen Teil hat, der ist aus=
geschlossen von den guten Dingen und von den Ehren der
Welt. Wie die Geschichte lehrt, brachte der Seeverkehr
den Völkern Reichtum und Macht und die Mittel zu
innerem Fortschritt auf allen Gebieten der Kultur.

Die Erkenntnis von der politischen Bedeutung des
Meeres haben am umsichtigsten die Engländer betätigt.
Dazu wurden sie durch die Lage ihres Landes mitten im
Meer befähigt und gedrängt. „Der Anblick des Welt=
meeres macht die Menschen mutiger, unternehmender, frei=
sinniger", hat Zachariä vor hundert Jahren in seinen
„Vierzig Büchern vom Staate" gesagt. „Das freie Meer
befreit den Geist", heißt es im zweiten Teil des Goetheschen
„Faust" England kann seine Landgrenzen nicht er=
weitern; es mußte aufs Meer hinaus, um für seine Be=
völkerung und ihre Kräfte Raum zu schaffen. England
ist auf das Meer geradezu angewiesen. Deshalb war es in
den letzten Jahrhunderten durch eine kluge und kühne
Politik darauf bedacht, in erster Linie seine Seeinteressen
zu begünstigen und seine Seemacht zu stärken. Schließ=
lich errang es die Oberherrschaft zur See.

Heute ist allen Kulturvölkern die ausschlaggebende

Bedeutung der Oberseeherrschaft für die ganze Weltpolitik klar geworden. Zu den unvergleichlichen Verdiensten Kaiser Wilhelms II. gehört unzweifelhaft das Streben nach Erhöhung der Seegeltung des Deutschen Reiches in Frieden und Krieg. In der Erkenntnis, daß nur, wer Seegeltung besitzt, sich in der modernen Weltwirtschaft und Weltpolitik behaupten kann, hat er das Verständnis für den Wert und die Wichtigkeit des Meeres in dem deutschen Volke erweckt.

Deutschlands Seekante ist nur 1270 Kilometer lang, sie beträgt nur ein Viertel seiner Landgrenzen, während Frankreich nach drei Seiten hin an das Meer grenzt und über Küstenstrecken von insgesamt 3175 Kilometern verfügt.

Gleichwohl haben Seeschiffahrt und Seehandel, von England abgesehen, nirgends so großen Aufschwung genommen als in Deutschland. Weshalb? Hauptsächlich weil Deutschland durch seine großen Ströme offener daliegt und enger mit dem Meere in Verbindung steht als die anderen Reiche des europäischen Festlandes. Diese Ströme haben die Seeinteressen Deutschlands viel tiefer ins Binnenland hineinfluten lassen als anderwärts.

Ohnehin sind seit der Vervollkommnung der modernen Verkehrsmittel die Seeinteressen nicht mehr ausschließlich wie früher auf die Küstenprovinzen beschränkt. Zwar lassen sich die großen deutschen Ströme nicht gerade als Ausbuchtungen des Meeres ansehen, weil sie mit Seeschiffen nicht befahren werden können, erscheinen aber mit ihren Ufern wirtschaftlich als binnenländische Fortsetzung der Seeküste, sozusagen als mittelbares Küstengebiet. Infolge ihrer natürlichen Verbindung mit dem Meere sind die deutschen Stromhäfen wie Köln, Frankfurt a. M., Mannheim u. a. erstaunlich aufgeblüht. Mit einem jährlichen Verkehr von mehr als 10 Millionen

Tonnen Schiffsraum und mit 5 bis 6 Millionen Tonnen Gütern allein in der Ankunft steht Mannheim-Ludwigs- hafen neben Hamburg! Mannheims Verkehr ist über- wiegend überseeisch und setzt sich in der Einfuhr aus überseeischen Erzeugnissen, namentlich aus Lebensmitteln und Rohstoffen zusammen, die in Rotterdam oder Ant- werpen umgeschlagen werden.

Zwischen den Rheinhäfen von Köln abwärts verkehren regelmäßig See- und Schleppdampfer unmittelbar mit deutschen, skandinavischen, russischen und englischen Häfen.

Wie Mannheim, so zeigen auch Ruhrort, Duisburg, Düsseldorf und Köln mit ihrem erstaunlich gestiegenen Verkehr längst das Gepräge deutschrheinischer Seehäfen.

Großbritannien mit seinen vielgestaltigen Küsten liegt zwar für die Entwicklung des Seeverkehrs so günstig wie keine andere europäische Großmacht. Aber es fehlt den Engländern ein entsprechendes Hinterland, das sie sich erst in ihrem Kolonialbesitz geschaffen haben. Dagegen besitzen die deutschen Häfen ein natürliches Hinterland von großem Reichtum, das sich bis über die Grenzen Deutschlands hinaus, bis in Österreich und die Schweiz hinein erstreckt.

Bei Abwägung der deutschen Seeinteressen ist nicht zu übersehen, daß der bevölkerte und industriell vor- geschrittene Westen des Reiches unter dem Zwang der Ver- kehrswege seinen überseeischen Güteraustausch durch Ver- mittlung holländischer und belgischer Häfen vollzieht. Wie Professor Dr. Eckert in seiner Schrift über „Die See- interessen Rheinlands und Westfalens" (1906) berechnet hat, erfolgt ein Drittel der ganzen Seeeinfuhr des Deutschen Reiches und weit über ein Fünftel seiner gesamten See- ausfuhr über holländische und belgische Häfen. Der Ge-

famtwert der überseeischen Handelsinteressen für den rhei=
nisch=westfälischen Industriebezirk wird auf weit über eine
Milliarde Mark veranschlagt.

Noch ist die Überlegenheit der englischen Schiffahrt
geradezu erdrückend. Zwar besitzen die Deutschen erst=
klassige Eil= und Personendampfer, aber in bezug auf Zahl
und Tonnengehalt steht die deutsche Handelsflotte, wenn
auch an zweiter Stelle, so doch weit hinter der englischen
zurück. Anfang 1907 zählte die Geschäftsstelle „Veritas"
14 656 Dampfer mit 18,9 Millionen Registertonnen. Da=
von fielen auf England 6249 mit 9,8 Millionen, auf
Deutschland 1351 mit 2,1, auf die Nordamerikanische
Union 885 mit 1,2 und auf Frankreich 586 mit 0,7 Mil=
lionen Tonnen. Auch an den Segelschiffen mit ins=
gesamt 26 579 von 7,5 Millionen Registertonnen war
England mit 6338 und 1,8 Millionen Tonnen am
stärksten beteiligt. Daran schlossen sich die Nordamerika=
nische Union mit 3695 Schiffen und 1,5 Millionen Tonnen,
Frankreich mit 1356 und Deutschland mit 991 und je
0,5 Millionen Tonnen Gehalt. In der Zeit von 1882
bis 1905 stieg im Suezkanal nach dem Tonnengehalt der
englische Schiffsverkehr um 103, der deutsche aber um
1561 Prozent!

Die deutsche Handelsschiffahrt macht erfreuliche Fort=
schritte. Aber nicht ohne Grund konnte der englische
Handelsminister Lloyd=George Ende 1906 behaupten, daß
England von der deutschen Schiffahrt nichts zu befürchten
habe. England habe in sechs Jahren seine Handelsflotte
um mehr Schiffe vergrößert, als der ganze Wettbewerb
Deutschlands ausmache. Dadurch werden sich die Deutschen
nicht entmutigt, sondern zu immer größerer Seebetätigung
angespornt fühlen!

Deutschlands Kohlenkraft.

Von dem Riesen Antäus erzählt die Sage, daß er durch die Berührung mit der Mutter Erde seine Kraft verdoppelte und unüberwindlich wurde. Antäus ist die Menschheit. Aus der Erde zieht sie ihre Nahrung und verdoppelt sie ihre Kraft durch die Gewinnung der Kohle. Um 1700 zählte Europa etwa 100, um 1800 etwa 180 und im Jahre 1900 etwa 380 Millionen Bewohner. Dabei waren von 1800 bis 1900 mindestens 20 Millionen Europäer ausgewandert. Sonach hat sich die Bevölkerung unseres Erdteils im Laufe des vorigen Jahrhunderts mehr als verdoppelt.

Die Hauptursache dieser außergewöhnlichen Zunahme ist in der industrialistischen Entwicklung der Neuzeit zu suchen. Die wirtschaftlichen Bedürfnisse drängten zunächst zu rascheren und billigeren Beförderungsgelegenheiten und, als sie nach Erfindung der Dampfkraft in die Wege geleitet waren, zur Anwendung der neuen Kraft auch auf die Arbeitsmaschinen. Der Güteraustausch zwischen den Völkern der Erde nahm erstaunlich zu mit Hilfe der Dampfschiffe und Eisenbahnen, die immer rascher und billiger selbst auf weiteste Entfernungen hin verfrachteten. Im Laufe dieser Entwicklung erfolgte eine gegenseitige Befruchtung. Der industrielle Aufschwung nötigte zur

stärkeren Ausbeutung der Kohlenlager. Immer mehr
Eisenbahnen wurden gebaut. Sie förderten die Eisenindustrie, erleichterten die Beschaffung des Kohlenbedarfs
nach allen Richtungen hin und wurden zuletzt selbst die
stärksten Kohlenverbraucher. Mit dem Übergang der Haus-
haltungen von der Holz- und Torf- zur Kohlenfeuerung
entstand erneute Massennachfrage nach den schwarzen Diamanten. Wärme unmittelbar und Licht mittelbar spenden
sie am reichlichsten und billigsten. Ohne Kohle könnten die
meisten Maschinen nicht betrieben, Stoffe in so großem
Maße nicht erzeugt, Eisenbahnen nur wenig und teuer
gebaut, Tunnels nicht durchbohrt, Stahlkanonen nicht ge-
gossen werden.

So schöpfen aus den unterirdischen Schätzen ihres
Bodens die arbeitsfreudigen Bewohner der nördlichen
Länder, namentlich der gemäßigten Zone, gesteigerte Er-
zeugungskraft und tausend Annehmlichkeiten und Er-
leichterungen des Lebens.

Wo reiche Kohlenlager vorhanden sind, wie in England, Deutschland, Belgien und der Nordamerikanischen
Union, gruppiert sich am dichtesten eine vielgestaltige Industrie oder wird sich noch, wie in China, entwickeln.
Für die Eisengroßindustrie sind Kohlenlager geradezu die
Grundlage des Bestehens. Eine Erschöpfung der Eisen-
erzlagerstätten kann durch Heranziehung fremder Eisenerze
ausgeglichen werden. Wo aber die Kohlenlagerstätten ge-
leert sind, wird auch die Eisenindustrie wenigstens mit
ihren bisherigen Betriebsmethoden in Verfall geraten.
Auf den Kohlenlagern beruht zu einem beträchtlichen Teil
die wirtschaftliche und selbst die politische Kraft der drei
großen, industriell führenden Mächte, Großbritanniens,
Deutschlands und der Nordamerikanischen Union.

Grundlegend für den Kohlenreichtum, aber vorerst nicht maßgebend für dessen Ausbeutung ist der Flächen=raum der Kohlenlagerstätten. Nach einer amerikanischen Statistik finden sich auf der Erde Kohlenfelder unter einem Flächenraum von rund 1 500 000 Quadratkilometern. Da=von entfallen 520 000 auf China, 500 000 auf die Nord=amerikanische Union, 169 000 auf Kanada, 91 000 auf Britisch=Indien, 62 000 auf Neusüdwales, 52 000 auf Rußland, 31 000 auf England, 14 000 auf Spanien, 13 000 auf Japan, 5400 auf Frankreich, je 4600 auf Österreich, Ungarn und Deutschland sowie 1300 auf Bel=gien. Die Ausbeutung hängt ab von der Tiefe, Güte und Lage der Kohlenfelder.

* * *

Nach englischen Ermittelungen wurden im Jahre 1905 insgesamt etwa 840 Millionen Tonnen Steinkohlen im Werte von annähernd 6 Milliarden Mark zutage ge=fördert.

Steinkohlenerzeugung auf der Erde 1905

	in Mill. t	Anteil	Auf den Kopf
Nordamerikanische Union	350,8	41 Proz.	4¼ t
Großbritannien	236,1	28	5½
Deutschland	119,3	14	2
Frankreich	34,8	4	1
Belgien	21,5	2,7	3
Rußland	19,—	2,3	
Japan	10,—	1.2	
Britisch=Indien	8,4		
Kanada	7,8	3,5	
Australien	9,8		
Britisch=Südafrika	3,6		
Andere Länder	19,1		
	840		

An der Gesamterzeugung waren die drei großen Kohlenstaaten mit 83 Prozent beteiligt.

Noch vor wenigen Jahrzehnten wurden in England ebensoviel Steinkohlen gefördert wie in allen übrigen Ländern zusammengenommen. Im Laufe der letzten zwanzig Jahre hat sich die Erzeugung der Nordamerikanischen Union verdreifacht und seit dem Jahre 1899 die englische Erzeugung, die sich im Jahre 1906 auf 251 Millionen Tonnen belief, mit 396 Millionen Tonnen überholt. In der Zeit von 1883 bis 1903 vermehrte sich der Kohlenverbrauch in England um 24, in Deutschland um 102 und in der Nordamerikanischen Union um 129 Prozent. Selbst die Kohlenausfuhr Englands, wennschon sie die erste Stelle behauptete, nahm nicht so rasch zu wie die Ausfuhr der beiden konkurrierenden Staaten.

Raschere Fortschritte als die englische hat auch die deutsche Steinkohlenerzeugung gemacht und sich in den letzten zwanzig Jahren mehr als verdoppelt. In der englischen Statistik kommt Deutschlands Bedeutung als Kohlenland nicht zum vollen Ausdruck, da die Braunkohlenförderung nicht berücksichtigt wird. Hierin steht aber Deutschland weitaus an erster Stelle. Deutschlands gesamte Kohlenerzeugung belief sich im Jahre 1906 auf 226 Millionen Tonnen, darunter 136 Millionen Tonnen Steinkohlen, 56 Millionen Tonnen Braunkohlen, 20 Millionen Tonnen Koks und 14 Millionen Tonnen Briketts.

Nach Abzug der Ausfuhr und mit Einschluß der Einfuhr berechnen die englischen Ermittlungen den heimischen Steinkohlenverbrauch der wichtigsten Staaten für das Jahr 1904 wie folgt:

Großbritannien . . .	167 Mill. t	und 3,89 t vom Kopf
Nordamerikanische Union	308	3,76
Belgien . .	21	2,98
Deutschland	107	1,80
Frankreich	46	1,16
Österreich-Ungarn	18	0,39
Italien	6	0,18
Rußland	23	0,16
Japan	7	0,14

Wenn der Braunkohlenverbrauch mit berücksichtigt wird, stellen sich die für Deutschland angegebenen Zahlen nahezu um die Hälfte höher. Erheblicher als anderwärts ist in der Nordamerikanischen Union der Verbrauch an Holz, Torf, Öl und Spiritus für die Feuerung. Dasselbe gilt von Rußland.

Ende der achtziger Jahre versuchte man in England, die Verteilung der einheimischen Kohlenerzeugung zu ermitteln. Danach entfielen dort auf die Industrie 41 Proz. (17 allein auf die Metallindustrie), 7 auf den Bergbau, 8 auf die Dampfschiffahrt, 6 auf Gaswerke, 4 auf die Eisenbahnen, 17 auf den Gasverbrauch und 15 auf die Ausfuhr.

Ein anderes Bild des Verbrauchs ergaben die Ermittlungen der staatlichen Saarkohlengruben für 1906, wo 11,1 Millionen Tonnen Steinkohlen (Gesamtgewinnung in Deutschland 1906: 136 Millionen Tonnen) gefördert wurden. An dem Absatz der staatlichen Saargruben waren im Jahre 1906 beteiligt die Industrie mit insgesamt 43 Proz., wovon allein auf die Metallindustrie 28,3 Proz. entfielen, ferner Hausbedarf und Handel mit 24,3 Proz., die Gasanstalten mit 10,8, die Eisenbahnen mit 8,9 Proz., und endlich verbrauchten die Saargruben selbst für ihren Betrieb 13,3 Proz. Kleinere Mengen

kamen auf den übrigen Bergwerksbetrieb und nur
0,07 Proz. auf die Binnenschiffahrt. Die Ausfuhr war
dabei nicht in Betracht gezogen.

* * *

Mit der Förderung der Kohle sind auf der Erde an=
nähernd dritthalb Millionen Arbeiter beschäftigt, davon
in der Nordamerikanischen Union (1905) rund 626 000,
in England 810 000, in Deutschland (1904) 491 000 und
außerdem in Braunkohlenbetrieben 53 000, in Preußen
(1906) allein 553 000, in Frankreich 165 000, in Belgien
140 000, in Österreich 122 000 Arbeiter. In der Nord=
amerikanischen Union ist die Kohle am leichtesten ab=
zubauen. Dort wird mehr als ein Viertel der Arbeit
durch Kohlenförder= und Schrämmaschinen geleistet, so
daß auf den Kopf jährlich 520 Tonnen entfallen. In Groß=
britannien beträgt die höchste Durchschnittsleistung jähr=
lich 278 Tonnen, in Deutschland 242, in Frankreich 198,
in Belgien 166, in Österreich 172 (bei Braunkohlen 400).

* * *

Ehedem galt der Bergbau für kaum weniger ge=
fährlich als der Krieg selbst. Inzwischen hat die Unfall=
verhütung große Fortschritte gemacht. Aber die Opfer, die
der Bergbau fordert, sind doch noch sehr beträchtlich. Nach
dem Bericht der deutschen Knappschafts = Berufsgenossen=
schaft sind im deutschen Bergbau seit 1885 nahezu 21 000
Arbeiter tödlich verunglückt, im Jahre 1905 allein 1235.
Die Zahl der angemeldeten Unfälle in dem genannten Zeit=
raum hat sich, bei 647 000 Versicherten, auf etwa 82 000
belaufen. Verursacht waren die Unfälle überwiegend durch
die Schuld der Verletzten. Zum Schutze des Lebens und

der Gesundheit aller beim Bergbau beschäftigten Leute sind noch wirksamere Maßnahmen erforderlich.

Besorgniserregend sind die Arbeiterausstände im Kohlenbergbau. In der Regel ziehen sie gewaltige Ar=beiterscharen samt ihren Angehörigen und mittelbar große Bezirke in Mitleidenschaft. Mit Hilfe der modernen Ver=kehrsverhältnisse greifen sie immer leichter von dem einen Kohlenland auf das andere über. Bei längerer Dauer können sie sogar, wenn alle Vorräte erschöpft sind, das ganze wirtschaftliche Leben zum Stillstand bringen, da die Kohle ein geradezu unentbehrlicher Rohstoff geworden ist. Noch in frischer Erinnerung steht der große Ausstand im Ruhrbezirk von Anfang 1905. Am 3. Februar erreichte er mit 197 000 feiernden Arbeitern seinen Höhepunkt. Die Arbeiter setzten einige ihrer Forderungen durch, er=litten aber empfindliche Lohnausfälle.

Mit den Kohlenpreisen erhöhten sich auch die Wochenlöhne: in England von 27,25 Mark im Jahre 1898 auf nahezu 34 Mark im Jahre 1900, in Deutsch=land von 22,5 Mark im Jahre 1895 auf 25,68 Mark bei den staatlichen Saargruben und auf 28,86 Mark im Ruhrbezirk zu Anfang 1905, in Preußen das jährliche Durchschnittseinkommen von 848 Mark in 1895 auf 1201 Mark in 1906. Allein im Jahre 1906 stiegen die Löhne der Belegschaft des Dortmunder Bezirks um 18 Proz. Seit dem Entstehen des Kohlensyndikats 1893 gingen die Löhne bis 1906 um 26 Proz., die Verkaufspreise um 25,3 Proz. in die Höhe.

Unter den Rückwirkungen des beispiellosen Gruben=unglücks von Courrières mit seinen 1200 Opfern traten Mitte März 1906 rund 80 000 französische Kohlenarbeiter in den Ausstand und erzielten auch Lohnvermehrungen.

Der größte Kohlenarbeiterausstand brach 1902 in der Nordamerikanischen Union aus. Er umfaßte 537 000 Arbeiter und dauerte 26 Wochen.

* *

Je nach der Konjunktur unterliegen die Kohlenpreise erheblichen Schwankungen. Im Jahre 1899 belief sich der durchschnittliche Wert an der Grube nach Th. Haffel „Der internationale Steinkohlenhandel" (Essen 1905) in England auf 7,58 Mark, in Deutschland auf 7,77, in Frankreich auf 9,98, in Belgien auf 9,94 und in der Union auf 4,71 Mark.

Nach den Ermittlungen des englischen Handelsamts stellte sich der durchschnittliche Preis einer Tonne Kohlen an der Grube für das Jahr 1905 in Deutschland auf 8,80 Mark, in England auf 7 Mark, in der Nordamerikanischen Union auf 5,66 Mark. Die Preise waren demnach in Deutschland stärker gestiegen als in England und der Nordamerikanischen Union.

Die amtliche Statistik ergab für Deutschland im Jahrzehnt von 1886 bis 1906 folgende Steigerung der Preise:

	Für die Tonne in Mark:		
	Jahresdurchschnitt		Steigerung
	1886	1906	
Niederschlesische Gas- und Stückkohle	12,6	15,88	26,0 %
Oberschlesische Gas- und Stückkohle	8,9	11,08	24.5
Ausfuhrkohle Dortmund	9,0	11,75	30,5
Puddelkohle „	7,9	10,00	26,6
Flammkohle Saarbrücken	9,4	12,16	21,4
Fettkohle	8,4	11,52	37,1 „
		Durchschnittlich	29,0 %

Die Kohlenpreise sind zwar im allgemeinen von der Geschäftslage abhängig, werden aber im einzelnen von

4*

großen Unternehmergruppen festgestellt, an der Ruhr
von dem Kohlenkartell. Die Preispolitik der deutschen
Kohlenvereinigungen darf nicht einseitig und willkürlich
sein, sie muß auch die Konkurrenzfähigkeit der deutschen
Industrie gegenüber dem Auslande wie die wirtschaftliche
Lage der Verbraucher überhaupt berücksichtigen. Ernste
Anfechtung findet die Tatsache, daß nach dem Auslande,
insbesondere nach Frankreich, Belgien und Skandinavien,
deutsche Kohlen und Koks billiger abgegeben werden als
in Deutschland selbst.

Angesichts der hohen Unternehmer= und Kartell=
gewinne im Kohlenbergbau sowie der willkürlichen Still=
legung von Betrieben aus Gründen der Kartellpolitik wird
man in Preußen eine für die Allgemeinheit vorteilhaftere
Gestaltung des Berggesetzes, insbesondere bei Neuverlei=
hung von Bergwerksrechten eine Bevorzugung des Staates
durchführen. Mehrfach hat man auch eine Verstaat=
lichung des gesamten Kohlenbergbaues verlangt.

Der preußische Staat ist bereits Eigentümer umfang=
reicher Kohlenfelder an der Saar und in Oberschlesien.
Am Unterrhein hat er Mutungen für 40 Millionen Mark
erworben. So sucht er seinen Besitz immer weiter aus=
zudehnen. Die Erwerbung von Hiberniaaktien führte vor=
erst noch nicht zum Ziele. Vor einer Verstaatlichung des
gesamten Kohlenbergbaues schreckt man in Preußen zurück.
Als Inhaber der Eisenbahnen und anderer Betriebe ist
der preußische Staat der größte Kohlenverbraucher. Im
Jahre 1906 haben seine Eisenbahnen 8,2 Millionen
Tonnen bezogen, und annähernd dieselbe Menge liegt als
eiserner Bestand auf den großen Bahnhöfen aufgestapelt.

Eine Erschöpfung der Kohlenlager ist in absehbarer
Zeit nicht zu besorgen. Von einer Verdrängung der Kohlen

durch Elektrizität kann nicht im Ernst die Rede sein, weil elektrische Kraft nur aus fallendem Wasser, also nur in Gebirgsländern zu gewinnen ist. Solange die Kohle das einzige zuverlässige Mittel für die Erzeugung von Kraft bleibt, wird sie an Wert und Bedeutung immer mehr zunehmen. Aufgabe der Technik muß es sein, eine bessere Ausnützung der Kohle zu ermöglichen, da bei der bisherigen Feuerung etwa 92 bis 94 Proz. des Brennstoffes wirkungslos verfliegen.

Sollte in später Zukunft einmal ernsthafte Kohlennot entstehen, dann wird die Frage der Kraftbeschaffung allerdings dringend hervortreten. Vorläufig läßt sie sich noch nicht beantworten. Bei allgemeinem Kohlenmangel wird indes die erforderliche Kraft sicher anderweitig erzeugt werden, eben weil sie unentbehrlich ist. Auf welchem Wege sich dies bewerkstelligen läßt, ob mit Hilfe der Ebbe und Flut, der Meereswellen, des Windes, ob durch die Sonnenstrahlen mittels zweckmäßiger Motoren, diese und ähnliche Fragen können vorderhand nur gestreift werden. Die Not wird auch hier die Mutter der Erfindung sein.

Englisch-deutsche Kohlen- und Schiffahrtskonkurrenz.

Im internationalen Güteraustausch ist die Kohle zu einer in jeder Hinsicht gewichtigen Handelsware geworden. Nach dem Rückgange der Frachtsätze auf den Eisenbahnen wie besonders im Seeverkehr kann Kohle auf weite Ent= fernungen hin versandt werden. Noch um die Mitte des 19. Jahrhunderts glaubte man nicht an eine Ausdehnung des Kohlenhandels, wie er sie seither erlangt hat. Bei der Eröffnung des Suezkanals galt der Kohlenversand durch diese neue Straße für ausgeschlossen. Im Jahre 1906 gingen 200 000 Tonnen englischer Kohlen durch den Suezkanal nach Ostindien, ein verschwindender Bruchteil der englischen Kohlenausfuhr, der aber die sozusagen un= begrenzte Beförderungsfähigkeit der Kohle auf dem billigen Seewege deutlich genug markiert.

Von Jahr zu Jahr ist in den kohlenstarken Staaten mit dem heimischen Verbrauch auch die Ausfuhr, in den kohlenschwachen Staaten dagegen infolge der heimischen Verbrauchssteigerung die Einfuhr größer geworden, Ruß= land ausgenommen, wo seit 1900 infolge gesteigerter eigener Erzeugung ein kleiner Rückgang der Einfuhr er= folgt ist.

Jahr		Kohlen=Ausfuhr	Einfuhr in Mill. Tonnen:
1906	Großbritannien	58	0,003
	Deutschland	19,5	9,2
	Belgien	6,3	5,8
„	Nordamerikanische Union.	9,6	1,6
1904	Japan	2,9	0,6
„	Australien	1,6	0,0
1906	Frankreich	1,5	17,0
1905	Österreich=Ungarn	9,2	6,9
1906	Italien............	0,03	7,7
1904	Rußland..................	0,01	3,7
	Kanada	1,5	6,2
„	Schweden	0,0	3,3
1906	Spanien	0,004	2,4
	Holland........	2,0	8,0

Englands Kohlenausfuhr erreichte im Jahre 1906 die erstaunliche Höhe von nahezu 58 Millionen Tonnen im Werte von 630 Millionen Mark und richtete sich, ab= gesehen von Australien, nach allen Erdteilen. Von Jahr zu Jahr hat sie zugenommen, trotz vermehrter heimischer Erzeugung in Deutschland und Rußland, und Rückgänge nur erlitten in Amerika durch die wachsende Konkurrenz der Union und im fernen Osten durch die Vermehrung der indischen und australischen Ausbeute.

Hauptabnehmer der englischen Kohle sind die euro= päischen Staaten. Fast dreiviertel der englischen Kohlen= ausfuhr wird nach dem festländischen Europa und dem Mittelmeer verschifft, weitaus die größere Hälfte auf dem nördlichen Seeweg, die kleinere Hälfte nach den Mittel= meerhäfen. In nächster Nähe verbleiben der größere Teil der französischen Einfuhr mit insgesamt 9,4 Millionen Tonnen, die holländische Einfuhr mit 2,3, die belgische mit 1,4, die deutsche mit 7,6, die dänische mit 2,5, die schwedische mit 3,6, die norwegische mit 1,5 und ein Teil der russischen Einfuhr mit 2,9 Millionen Tonnen. Auf der Nord= und Ostsee bringt England jährlich 30 Mil= lionen Tonnen Kohlen zur Versendung.

Fast ausschließlich herrscht englische Kohle im ganzen Mittelmeergebiet. Ein reichliches Drittel der englischen Kohlenausfuhr mit mehr als 20 Millionen Tonnen richtet sich dorthin, etwa 3 Millionen Tonnen nach Südfrankreich, 1 Million Tonnen nach Portugal und den Azoren, 2,7 Millionen Tonnen nach Spanien und den Kanarischen Inseln, 7,6 Millionen Tonnen nach Italien, 0,7 Mil= lionen nach Algerien, je 0,4 Millionen nach Gibraltar und Malta, je 0,5 Millionen Tonnen nach Griechenland und der Türkei, 2,6 Millionen Tonnen nach Ägypten, endlich größere Mengen nach den rumänischen und russischen Häfen des Schwarzen Meeres.

Immerhin ist Englands Übergewicht bei der Ver= sorgung der europäischen Länder mit Kohle nicht so groß und bedenklich wie das der Union in bezug auf Baum= wolle. Ein so unbedingtes Abhängigkeitsverhältnis wie von nordamerikanischer Baumwolle besteht hinsichtlich der Kohle für die europäischen Länder schon deshalb nicht, weil sie äußersten Falles ihren Bedarf in Deutsch= land und Nordamerika decken könnten.

Noch weit über Europa hinaus wird englische Kohle verfrachtet nach Britisch=Südafrika mit 0,1 Million Tonnen, nach Brasilien mit 0,8, nach Argentinien mit 1,6, nach Uruguay mit 0,4 und nach Chile 0,3 Millionen Tonnen. In Chile konkurriert bereits australische Kohle.

An ihren Flottenstützpunkten, etwa 40 an der Zahl, die in allen Erdteilen zu finden sind, haben die Engländer große Kohlenlager eingerichtet, vielfach die Regierung selbst, aber auch freie Unternehmer. Solche Kohlenlager bestehen in Gibraltar, Malta, Perim, Aden, Sansibar, Bombay, Colombo, Kalkutta, Seychellen, Borneo, Singapore, Hongkong, Weihaiwei und an verschiedenen australischen Punkten, ferner in Cap Coast Castle, Kapstadt, Freetown, Simonstown, Lagos, St. Helena, endlich an den britisch-amerikanischen Küsten in Halifax, Barbados, Esquimault usw. Die dort aufgestapelten Vorräte zählen nach Millionen Tonnen. Peez hat einmal diese Kohlenlager die Signalstangen der englischen Oberseeherrschaft genannt.

*　　*　　*

Die Kohlenausfuhr ist überwiegend ein Frachtgeschäft. Ausschlaggebend sind nicht die Kohlenpreise, sondern die Beförderungskosten, die sich mit der Entfernung des Bestimmungshafens sehr beträchtlich erhöhen.

Anfang 1907 stellten sich die Preise für Bunkerkohle in Cardiff auf 14,60 bis 15 Mark, in Bordeaux auf 25 Mark, in Lissabon auf 25 Mark, in Gibraltar auf 24 Mark, in Marseille auf 25, in Fiume auf 26 Mark, in Konstantinopel auf 25, in Smyrna auf 27½, in Port Said auf 26, in Suez auf 36, in Aden auf 31½, in Colombo auf 33½, in Singapore auf 35, ferner in Madeira auf 30½, in St. Vincent auf 30½, in Buenos Aires auf 36, in Montevideo auf 38, in Rio de Janeiro auf 40½, in Bahia und Pernambuco auf 45½ Mark.

Berechnet man die Frachtkosten der englischen Kohlenausfuhr nach den verschiedenen Ländern durchschnittlich nur auf 5 Mark für die Tonne, so ergibt sich bei einer Gesamtausfuhr von 58 Millionen Tonnen im Jahre 1906

für die englische Schiffahrt eine jährliche Einnahme an
Fracht in Höhe von nahezu 300 Millionen Mark.

Englands vorherrschende Stellung auf dem Kohlen=
weltmarkt beruht nicht in erster Reihe auf seinen aus=
gedehnten Gruben vorzüglicher Kohle, sondern auf der
günstigen Lage dieser Gruben in nächster Nähe des Meeres.
Mit Hilfe des billigen Seeweges konnte es seine Kohlen=
ausfuhr nach allen Richtungen hin, selbst nach entfernten
Ländern, entwickeln.

Mit der Kohlenausfuhr steht das Gedeihen der
englischen Schiffahrt in innigster Verbindung, ja die
Kohlenausfuhr ist einer der wichtigsten Grundpfeiler des
englischen Handels= und Schiffsverkehrs geworden.

Bei kurzer Fahrt, d. h. im Verkehr mit Nordfrank=
reich, Belgien, Holland, Deutschland und den andern Nord=
und Ostseeländern, werden in der Regel reine Kohlen=
dampfer verwendet, die in Ballast zurückkehren. Indessen
erhält schon Hamburg einen sehr erheblichen Teil seiner
Kohleneinfuhr aus England durch englische Stückgut=
dampfer, die regelmäßig verkehren. Meist handelt es sich
da um Kohle in Konsignation, die zur Entlastung des eng=
lischen Marktes nach den großen Häfen des europäischen
Festlandes versandt wird. Mit dieser Kohle ist gewöhnlich
der untere Raum des Schiffes angefüllt, während der
obere Raum für Stückgüter benutzt wird. Nicht nur
äußerlich ist die Kohle die Grundlage des Fracht=
geschäftes, sondern auch für die Bemessung der Seefracht=
sätze nach vielen Richtungen hin und sie wirkt hier ver=
billigend, also vorteilhaft.

Bei Verkehrsbeziehungen längerer Fahrt muß stets auf
Rückfracht gerechnet werden, und sie ist am massenhaftesten
da vorhanden, wo England Rohstoffe oder Lebensmittel

bezieht, deren Beförderung nach England dadurch verbilligt wird.

England verfrachtet durchschnittlich in weit größeren Schiffen als Deutschland wesentlich infolge seiner Kohlenausfuhr. Je größer das Schiff, desto sicherer und billiger die Fahrt — dieser Erfahrungssatz wird von den Deutschen mehr mit Bezug auf den Personenverkehr genützt.

*   *   *

Als Anfang 1901 in England die Erhebung eines Kohlenausfuhrzolles vorgeschlagen wurde, erhob in der Londoner „Society of Arts" der Marineoffizier Bellairs Bedenken dagegen und wies darauf hin, daß Kohlen dem Gewichte nach über 70 Prozent der englischen Ausfuhr und die Ausladung von etwa 50 Prozent aller englischen Frachtschiffe ausmachen. Nach anderen Angaben entfielen von den 43 Millionen Registertonnen, die im Jahre 1899 in England zur Verschiffung kamen, nicht weniger als 28²⁄₃ Millionen Tonnen auf Kohlen und nur 14¹⁄₃ Millionen Tonnen auf sonstige Güter. Von einer Beschränkung der Kohlenausfuhr befürchtet man eine Schädigung des englischen Seehandels, der englischen Eisenindustrie, die höhere Frachten für Eisenerze zahlen müßte, ja des englischen Schiffbaues.

Englands Einfuhr besteht überwiegend aus Massenerzeugnissen, aus Rohstoffen und Lebensmitteln, seine Ausfuhr dagegen mehr aus Fabrikaten, die nicht so schwer ins Gewicht fallen. Hier tritt die Kohle als Ballast in erwünschter Ergänzung zur Vervollständigung der Ausfuhrladungen ein, stellt gewissermaßen, wie Peez vor Jahren einmal zutreffend angedeutet hat, die Gewichts-

bilanz im englischen Seehandel her, sichert der englischen
Schiffahrt eine nicht zu unterschätzende Überlegenheit und
wirkt für den Handel sozusagen als Ausfuhrprämie.

In der Ausfuhr von Kohle erblickt der englische
Handel eine Vorbedingung seines Gedeihens, eine wertvolle Stütze seines Verkehrs, insbesondere die Ermögli-
chung häufigerer und billigerer Verschiffungsgelegenheiten
für die Ausfuhr und noch mehr für die Einfuhr. Wo
die Kohlenausfuhr abnimmt, glaubt man alsbald eine
Erschwerung und Verteuerung des Schiffsverkehrs wahrzunehmen.

Nicht ohne Grund hat man die Kohle den Pionier
des englischen Handels genannt. Denn sie tritt sozusagen
überall auf, sie zeigt, daß die englische Industrie über
den besten, billigsten Brennstoff verfügt, sie verleitet das
Ausland zu dem Schluß, daß auch die englischen Waren
die besten und billigsten sein müssen.

Auf seinem großen Kohlenverkehr beruht im wesentlichen das Übergewicht von Englands Schiffahrt und
Handel vor allem in den Ländern des Mittelmeers, wo
Steinkohlenlager entweder nicht vorhanden sind oder aber,
wie in der Türkei, noch wenig ausgebeutet werden, oder
endlich, wie in Südrußland, dem heimischen Bedarf nicht
genügen.

Auf der breiten Grundlage des Kohlengeschäfts hat
sich der umfangreiche Güteraustausch zwischen England
und den Mittelmeerländern unter besonders günstigen Bedingungen entwickeln können. Österreich-Ungarn wurde
aus seiner früher vorherrschenden Stellung in der Levante
ganz zurückgedrängt. Frankreich und Italien konkurrieren
nur in engen Grenzen, und selbst Deutschland vermag sich

trotz aller Anstrengungen nicht recht zur Geltung zu bringen.

* * *

Wohl hat sich auch die deutsche Kohlenausfuhr ent=
wickelt und ist im Jahre 1906 auf 19,6 Millionen Tonnen
gestiegen. Aber sie benutzt nur in geringen Mengen den
Seeweg (meist nur nach den skandinavischen Ländern)
und versorgt in der Hauptsache die nächsten Nachbarstaaten
im Binnenverkehr je nach der Lage der Abbaustätten.
Nach Österreich=Ungarn gingen 6,9 Millionen Tonnen,
nach Rußland 1 Million Tonnen aus Oberschlesien, nach
Holland 4,5, nach Belgien 3,1 und nach Frankreich 1,9
Millionen Tonnen aus Westfalen, nach der Schweiz 1,4
Millionen Tonnen aus dem Saargebiet. Von der Saar er=
hielt auch Italien 218 000 Tonnen über die Gotthard=
bahn, während es von dem fernen England gegen 8 Mil=
lionen Tonnen bezog.

Die Überlegenheit des Seeweges über die Eisenbahn
hat sich nicht weniger handgreiflich im Verkehr mit Ru=
mänien gezeigt. In den achtziger Jahren wurde es der
oberschlesischen Kohle ermöglicht, durch günstige Tarif=
vereinbarungen mit der österreichischen Strecke Krakau
—Lemberg—Czernowitz—Jassy auf den Märkten der Mol=
dau die Konkurrenz mit der englischen Kohle aufzunehmen.
Die Eisenbahnfracht Kattowitz—Jassy (915 Kilometer)
stellte sich auf 20 1,2 Mark. Die Seefracht Cardiff—Galatz
(7000 Kilometer) auf 10 bis 12 Mark. Allein die eng=
lische Kohle konnte schließlich auch in Jassy konkurrieren
und ein erheblicher Absatz für deutsche Kohle in der Mol=
dau nicht geschaffen werden.

Die deutschen Abbaustätten liegen weit vom Meere

entfernt. Bevor sie den Seeweg erreicht, wird die deutsche
Kohle mit zu hoher Vorfracht belastet, obwohl die Eisen=
bahnen bereits Zugeständnisse gemacht haben.

Deutschlands Kohleneinfuhr stieg von 6,3 Millionen
Tonnen in 1901 auf 9,2 Millionen Tonnen in 1906 und
stammte, abgesehen von 0,8 Millionen Tonnen aus Öster=
reich (Mähren) und von 0,5 Millionen Tonnen aus Bel=
gien, ausschließlich aus England.

Leider ist es bisher noch nicht gelungen, die eng=
lische Kohle aus dem Nord= und Ostseegebiet zu ver=
drängen. Bezieht doch selbst Berlin noch ein Sechstel
seines Bedarfs (meistens Gaskohle) aus England.

Ein billiger Ausnahmetarif (Ruhrbezirk—Hamburg,
350 Kilometer, durchschnittlich für 5,50 Mark die
Tonne, also 1$^{1}/_{7}$ Pfennig für den Tonnenkilometer) er=
möglicht der deutschen Kohle die Konkurrenz in Hamburg,
aber noch nicht ausreichend genug.

Da ist es eine Aufgabe der deutschen Kohlenvereini=
gungen in Verbindung mit den deutschen Eisenbahnen und
Binnenschiffahrtsunternehmungen, der deutschen Kohle
ihr natürliches Absatzgebiet zu sichern. Diese Aufgabe
hat das westfälische Kohlensyndikat durch Errichtung be=
sonderer Geschäftsstellen in Berlin und Hamburg über=
nommen. Es handelt sich hier nicht nur um die
Zurückdrängung eines fremden, vielfach vielleicht er=
wünschten Rohstoffes, sondern auch um die Bekämp=
fung eines in seinen Ursachen noch nicht gewürdigten
Übergewichts, das Englands Schiffahrt und Handel
auf Grund der Kohlenausfuhr erlangt haben und zu
nützen wissen.

Deutschland verfügt über reichhaltigere Kohlen=
lager als die Staaten des europäischen Festlandes

zusammengenommen. Sicher kann sich die deutsche Kohlenausfuhr noch weit ausdehnen und zunächst im nördlichen Europa das Übergewicht erlangen. Eine weitere Folge dieser Entwicklung wäre auf Kosten der englischen das Aufsteigen der deutschen Schiffahrt und Seegeltung.

Seit 1902 sind durch die deutsche Kohlendepotge= sellschaft Kohlenlager in Port Said, Algier, Genua, Neapel, Madeira, Montevideo und Buenos Aires be= gründet worden, um die deutsche Schiffahrt von den englischen Kohlenlagern im Auslande unabhängig zu machen. Jährlich werden durch die deutsche Kohlen= depotgesellschaft etwa 500000 Tonnen deutscher Kohle abgesetzt.

*   *   *

Ein Rückgang der englischen Kohlenausfuhr steht vor= läufig nicht in Aussicht. Nach dem Bericht der könig= lichen Untersuchungskommission von 1901 belaufen sich die Vorräte der englischen Kohlenlager bis zu über 1000 Metern Tiefe auf 100 Milliarden Tonnen, genügen also noch für 400 Jahre. Die Kommission hielt eine künst= liche Einschränkung der Ausfuhr nicht für notwendig, dagegen aus physikalischen Gründen, hauptsächlich wohl wegen des Anwachsens der Förderungskosten mit der wei= teren Vertiefung des Abbaues, ein Andauern der bis= herigen Steigerung der Kohlenausbeute für unwahr= scheinlich. Voraussichtlich werde die Steigerung lang= samer werden, später stillstehen und dann allmählich ab= nehmen.

Mr. Price=Williams, ein Mitglied der Kommission, hat abweichende Ansichten veröffentlicht und eine Erschöp=

fung der englischen Steinkohlenlager schon innerhalb 200 Jahren angenommen, falls nicht wesentliche Ersparnisse im Kohlenverbrauch gemacht werden sollten.

In den kommenden Jahrzehnten wäre somit, wenn nicht eine Erschöpfung, so doch eine Abnahme der englischen Kohlenausfuhr zu erwarten. Wie Hassel in seinem Buche über „den internationalen Steinkohlenhandel" (Essen 1905) meint, wird England im Laufe des Jahrhunderts mit seinem Bedarf an billigen Kohlen mehr und mehr von der Union abhängig werden und deren Konkurrenz zu= nächst in den Mittelmeerländern und in Südamerika ver= spüren. Nach Eröffnung des Panamakanals wird nord= amerikanische Kohle bis Asien dringen.

*   *   *

Während der Kohlenteuerung der Jahre 1900/01 wurden von der Union aus Versuche gemacht, nord= amerikanische Kohle auf die europäischen Märkte zu bringen. Im Jahre 1901 kamen 635 000 Tonnen aus der Union nach Europa und gingen meist nach den Mittel= meerländern und Rußland, 45 000 Tonnen auch nach Deutschland. Doch war diese Einfuhr nordamerikanischer Kohle im Kalenderjahr 1906 auf 100 000 Tonnen zurück= gegangen, wovon Italien 68 000 Tonnen bezog. Immer= hin hat auch Europa mit erneuten Ausfuhrversuchen der Union zu rechnen.

Deutschlands Kolonialbedürfnis.

Ein nationales Gebiet sollen die deutschen Kolonien eröffnen für deutsche Unternehmer und Kapitalisten, damit Deutschlands großer Bedarf an tropischen Erzeugnissen, an Rohstoffen und Genußmitteln, unter deutscher Flagge wenigstens in solchen Mengen gewonnen werden kann, daß die deutschen Abnehmer nicht mehr in unbedingter Abhängigkeit vom Auslande verbleiben müssen und nichts mehr zu besorgen haben von den Preistreibereien fremder Trusts, von etwaigen Ausfuhrzöllen der Erzeugungs= staaten oder von sonstigen Maßnahmen zur Erhöhung der Preise.

Wäre es nicht eine Vermehrung des deutschen Natio= nalreichtums, frug Bismarck, als er am 13. März 1885 im Reichstage gegen Manchestertum und Sozialdemokratie für die erste Dampferjubventionsvorlage kämpfen mußte, wenn ein Teil der Baumwolle und des Kaffees, den wir ein= führen, auf deutschem Grund und Boden übersee wüchse? „Wir zahlen“, sagte er am 26. Januar 1889, „für tro= pische Erzeugnisse, die wir bei uns nicht produzieren können, gegenwärtig schon ungefähr 500 Millionen bar aus Ausland. Wenn wir von dieser Einfuhr von 500 Millionen, die wir bar bezahlen müssen, auch nur den zehnten Teil abrechnen, oder den hundertsten Teil mit 5 Millionen einstweilen für deutsche Eigentümer erwer=

ben könnten, welche in Sansibar und in den Küsten=
ländern unter sicherem Schutze des Reichs ihren Tabak,
ihre Baumwolle, ihren Kakao bauen könnten, so würde
ich das doch für einen erheblichen wirtschaftlichen Gewinn
halten und auch für einen volkswirtschaftlichen insofern,
als eine Menge der überschüssigen Kräfte, die wir in
unseren Gymnasien und höheren Schulen erziehen, dort
als Leiter von solchen Einrichtungen eine Verwendung
finden könnten, die wir im Lande doch nicht überall haben
und vielleicht mit der Zeit immer weniger haben werden."

Seither hat sich Deutschlands Bedarf an tropischen
Erzeugnissen erstaunlich vermehrt. In den ersten Jahren
des neuen Jahrhunderts bezog Deutschland nahezu für
eine Milliarde Mark tropischer Rohstoffe und Genußmittel,
für 400 Millionen Mark Baumwolle, für 210 Millionen
Mark Kaffee, Kakao und Tee, für 122 Millionen Mark
Tabak, für über 100 Millionen Mark Kautschuk, für
60 Millionen Mark Palmkerne und Kopra, für 60 Mil=
lionen Mark tropische Spinnstoffe wie Jute, Hanf und
Ramie, für 20 Millionen Mark Gewürze, ferner Elfen=
bein, tropische Hölzer usw.

Rechnet man dazu die deutsche Einfuhr an Schaf=
wolle mit 330 und an Kupfer mit 160 Millionen Mark
jährlich, so stellt sich der Gesamtbedarf Deutschlands an
allen diesen Erzeugnissen auf rund 1½ Milliarden Mark.

Sind die deutschen Kolonien imstande, wenigstens
einen Teil dieses Bedarfs zu beschaffen? Diese Frage
ist durch die Tatsachen bereits bejaht worden. Im Jahre
1905 führten die deutschen Kolonien aus für 0,6 Millionen
Mark Baumwolle aus Deutschostafrika und Togo, für
1 Million Mark Hanf aus Deutschostafrika, für 7 Mil=
lionen Mark Kautschuk und Guttapercha meist aus Neu=

guinea, für 7,3 Millionen Mark Ölfrüchte, für 1,3 Millionen Mark Kakao, für 0,4 Millionen Mark Kaffee.

Das sind erste Anfänge. Aber die Erzeugung der Kolonien wächst von Jahr zu Jahr.

Von großem Wert wäre für die hochentwickelte deutsche Kautschukindustrie die gesicherte Beschaffung ihres Bedarfes aus den Kolonien. Im Jahre 1906 belief sich die Kautschukerzeugung der Erde auf 68 Millionen Kilogramm. Deutschland bezog abzüglich der Ausfuhr 13,5 Millionen Kilogramm im Wert von 103 Millionen Mark. Haupterzeugungsland ist Brasilien. Man befürchtet von den Kapitalisten der nordamerikanischen Union die Gründung eines Kautschukringes, dessen Preisen sich die deutsche Kautschukindustrie fügen müßte. Belgien hat im Kongostaat einen großen Kautschuklieferanten, Frankreich und Portugal versorgen sich ebenfalls in ihren afrikanischen Kolonien, England betreibt die Anlage von Kautschuk= kulturen in Ceylon und in den Straits Settlements. Für Kautschukpflanzungen sind Kamerun, Deutschostafrika, Neuguinea und Togo wohl geeignet und könnten bei genü= genden Arbeitskräften noch weit mehr als den ganzen Bedarf der deutschen Industrie erzeugen.

Im neuen Jahrhundert ist die Kaffeeernte der Erde auf über 1000 Millionen Kilogramm jährlich angewachsen. Brasilien liefert zwei Drittel, den Rest zum größeren Teil Mittelamerika, zum kleineren Teil Ostindien. Nächst der nordamerikanischen Union ist Deutschland mit einer jährlichen Einfuhr im Werte von 170 Millionen Mark der größte Abnehmer, zwei Drittel seines Bedarfs bezieht es aus Brasilien. Seit Jahren klagen die brasilianischen Pflanzer über allzu niedrige Preise infolge von Zuviel= erzeugung. Um die Preisbildung wirksam zu beeinflussen,

hat der brasilianische Kaffeestaat Sao Paolo zwei Anleihen
in Höhe von 160 Millionen Mark aufgenommen, kauft
große Kaffeevorräte ein, hält sie zurück und will sie
erst dann auf den Markt bringen, wenn infolge ungünstiger
Ernte oder steigender Nachfrage die Preise eine annehm=
bare Höhe erreichen. Dieser neuartige Versuch einer Ver=
staatlichung des brasilianischen Kaffeehandels kann unter
Umständen zum Ziele führen und stellt eine mehr oder
minder empfindliche Erhöhung der Kaffeepreise in
Aussicht.

Auch dieser Möglichkeit könnte sich Deutschland mit
Hilfe seiner Kolonien entziehen. Usambara lieferte im
Jahre 1905 Kaffee im Werte von 423 000 Mark.

Die Kakaoernte der Erde wird auf 150 Millionen
Kilogramm veranschlagt. Haupterzeugungsstaaten sind
Mittel= und Südamerika mit nahezu zwei Dritteln, ferner
die portugiesischen Thomasinseln, die englische Goldküste.
Seit 1896 hat sich Deutschlands Kakaoeinfuhr verdrei=
facht und stellte sich im Jahre 1906 auf 35 Millionen Kilo=
gramm im Werte von 38 Millionen Mark. Am 1. März
1906 wurde der deutsche Kakaozoll von 35 auf 20 Pfennig
für das Kilogramm ermäßigt. Da indessen eine starke
Preissteigerung eintrat, wurde die Zollermäßigung kaum
verspürt. Vielmehr hatte sie eine Masseneinfuhr von
billigem Kakao zur Folge.

Der Anbau von Kakao wird in Kamerun und
Togo wie auf Samoa betrieben und ergab im Jahre
1905 einen Ertrag von 1,4 Millionen Kilogramm im
Werte von 1,3 Millionen Mark. Nach Herstellung der
erforderlichen Verkehrsmittel werden die deutschen
Kolonien den ganzen Kakaobedarf des Mutterlandes be=
schaffen können.

Die Kupfererzeugung der Erde belief sich im Jahre 1905 auf 762000 Tonnen (gegen 154000 Tonnen im Jahre 1880). Davon entfielen 420000 Tonnen auf die nordamerikanische Union. Seit Anfang der achtziger Jahre sind die früheren Kupferländer, wie Chile, Spanien usw., in den Hintergrund gedrängt worden. Deutschlands Kupfererzeugung stieg von 11000 Tonnen in 1880 auf 33000 Tonnen in 1905, aber in derselben Zeit seine Einfuhr von 13000 auf rund 100000 Tonnen im Werte von annähernd 150 Millionen Mark, davon über 90 Prozent aus der Union. Mit dem Aufschwung der Elektrotechnik ist vor allem auch in Deutschland der Kupferverbrauch außerordentlich gestiegen und zugleich die Preise. Auf dem englischen Markt stellte sich die Tonne Kupfer im Jahre 1880 auf 1260, sank im Jahre 1886 auf 800 Mark, wurde aber durch den Kupferring im Jahre 1888 auf 1520 Mark hinaufgetrieben. Nach dem Zusammenbruch des Kupferrings fielen die Preise und hoben sich langsam wieder mit dem wachsenden Bedarf in Deutschland nach den amtlichen Ermittelungen durchschnittlich auf 1406 Mark im Jahre 1905 und auf 1734 Mark im Jahre 1906. Anfang 1907 waren weitere Erhöhungen eingetreten.

Bei der Deckung ihres Kupferbedarfs sind die deutschen Industriellen wesentlich von Nordamerika abhängig, d. i. von den dortigen Trusts und Spekulantengruppen, die bei jeder Gelegenheit Preistreibereien versuchen. Die Kupferausfuhr der Union hatte im Jahre 1906 einen Wert von 340 Millionen Mark, wovon Europa für 306 Millionen Mark erhielt.

Für Deutschland besteht gute Aussicht, in Deutsch-Südwestafrika sich einen erheblichen Teil seiner Kupfereinfuhr unter deutscher Flagge zu beschaffen. An die Ausbeutung der Otaviminen werden große Hoffnungen geknüpft. Die Tsumeb=Mine wird jährlich 30 000 bis 36 000 Tonnen Erze mit mindestens durchschnittlich 15 Prozent Kupfer fördern und verhütten, also allein 4500 Tonnen erzeugen und ihren Betrieb noch verdoppeln können. Abbauwürdige Kupferlager finden sich bei Otjizongati und Garob, ferner auch bei Rehoboth wie im Süden. Vorbedingung vorteilhafter Entwickelung ist auch dort die Schaffung von Verkehrsmitteln.

Greifbare Erfolge wurden in Deutschostafrika mit dem Sisalhanf für die deutsche Seiler= und Kabelindustrie erzielt. Die deutsche Agavengesellschaft, 1900 begründet, konnte für 1906 7 Proz. Dividende verteilen.

Für 1903 berechneten englische Sachverständige die Gesamterzeugung der Erde an Schafwolle auf 1200 Millionen Kilogramm. Hauptausfuhrland ist Australien, das im Jahr 1905 rund 350 Millionen Kilogramm nach Europa sandte. Argentiniens Ausfuhr ist auf 300 Millionen Kilogramm, die Erzeugung der Kapkolonie auf 160 Millionen Kilogramm zurückgegangen.

Deutschlands Wollerzeugung, die früher so erheblich war, ist allmählich auf annähernd 10 Millionen Kilogramm gesunken und deckt nicht entfernt den Bedarf der deutschen Industrie, der auf jährlich 170 Millionen Kilogramm angegeben wird. Deutschsüdwestafrika bietet die Möglichkeit der Erzeugung von Schafwolle unter deutscher Flagge.

Weitaus am stärksten zeigt sich Deutschlands Kolonial= bedürftigkeit bei der Beschaffung seines Baumwollbedarfs.

Die Baumwolle.

1. Bedeutung, Erzeugung und Verbrauch.

Kein zweiter Faserstoff eignet sich so vorzüglich zur industriellen Verarbeitung wie die Baumwolle. Billiger als Flachs, Hanf und Wolle hat sie diese Faserarten, die noch vor hundert Jahren vorherrschten, in jeder Hinsicht weit überflügelt und den Anstoß gegeben zu der Erfindung von Spinn- und Webemaschinen, ja zu der neuzeitlichen industrialistischen Entwickelung überhaupt, Tausenden und Millionen Brot, Kleidung und Reichtum verschafft. Aus der unscheinbaren Pflanze werden erstaunliche Werte erzeugt.

Die jährliche Welternte in Baumwolle mit durchschnittlich 16 Millionen Ballen zu je 500 Pfund englisch (= 225 Kilogramm) hat bei einem Preise von 1 Mark für das Kilogramm einen Wert von rund 3½ Milliarden Mark. Der Wert der Ernte in der Union für 1906 wurde amtlich auf 2688 Millionen Mark angegeben. Dazu kamen noch 250 bis 400 Millionen Mark für Nebenerzeugnisse, namentlich Samenöl.

Mit der Verarbeitung dieser Ernte sind gegen 3 Millionen Arbeiter an 125 Millionen Spindeln und 3 Millionen Webstühlen beschäftigt. Der Wert dieser Maschinen wird auf über 10 Milliarden Mark geschätzt. Millionen von Menschen finden ihren Erwerb in der Hausindustrie, Konsektion, Stickerei, im Fracht= und Handelsgeschäft.

Deutschland bezieht jährlich 370 Millionen Kilo= gramm Baumwolle 6,15 Kilogramm für den Kopf. Versponnen, verwebt und sonst verarbeitet erhöht sich der Wert von 1 auf annähernd 6 Mark für das Kilogramm. Die Gesamterzeugung der deutschen Baumwollindustrie mit den Hilfsgewerben ist auf 2 Milliarden Mark zu veranschlagen, ihre Arbeiterzahl auf 500 000!

Noch größere Zahlen hat die englische Baumwoll= industrie aufzuweisen; sie soll mit annähernd 800 000 Arbeitern mehr als das Doppelte des Wertes der deutschen erzeugen. Die Ausfuhr erreichte im Jahre 1906 die Höhe von 2 Milliarden Mark.

Der Gesamtwert der jährlich hergestellten Baum= wollenerzeugnisse in allen Staaten dürfte mit 7 bis 10 Milliarden Mark zu beziffern sein.

Nach Berichten der „Britiſh Cotton Growing Aſſo= ciation" stellt sich die Gesamternte aller Länder im Durchschnitt der achtziger Jahre des 19. Jahrhunderts auf 9, in den neunziger Jahren auf 12,5 Millionen Ballen zu je 500 englische Pfund. Für die ersten Jahre des neuen Jahrhunderts wurden folgende Angaben veröffentlicht:

Gesamte Baumwollernte (in Mill. Ballen)

	1900	1903	1905	1906
Union	9,1	10,6	11,3	12,5
Ostindien	1,5	2,7	3,0	4,4
Ägypten	1,3	1,2	1,0	1,2
Brasilien 2c.	0,3	1,1	1,0	1,0
	12,2	15,6	16,3	19,1

Nach amtlichen Schätzungen erhöhte sich die Ernte in der Union für 1906/07 auf 13,3 Millionen Ballen.

Für die Union ist Baumwolle das wichtigste Ausfuhrerzeugnis. Dem Werte nach entfällt ein volles Viertel ihrer Ausfuhr auf die Baumwolle — im Jahre 1905/06 3,6 Milliarden Pfund zu 11 Cents für 1,7 Milliarden Mark. Davon bezieht Europa für 1,5 Milliarden Mark jährlich.

Der Gesamtverbrauch der Erde steigerte sich von 14,5 Millionen Ballen in 1903 auf 16,5 Millionen Ballen in 1906.

Nach einer halbamtlichen Zusammenstellung der Unionsregierung belief sich im Jahre 1905/06 die Zahl der Baumwollspindeln der Erde auf 120 Millionen mit einem Baumwollverbrauch von 4000 Millionen Kilogramm. Verbraucht wurden von den 25 Millionen Baumwollspindeln der Union 1110 Millionen Kilogramm, von den 49 Millionen Baumwollspindeln Englands 876 Millionen Kilogramm, von den 9,7 Millionen Baumwollspindeln Deutschlands 396 Millionen Kilogramm und von den 25 Millionen des übrigen Europas 990 Millionen Kilogramm.

Die wichtigsten Verbrauchsländer liegen in Europa, das keine Baumwolle erzeugen kann. England verbrauchte in den ersten Jahren des neuen Jahrhunderts 3,3, Deutschland 1,6, die übrigen europäischen Staaten 3,4 Millionen Ballen jährlich.

Seit Jahren steht Rohbaumwolle an der Spitze der deutschen Einfuhr (1905 einschließlich Abfälle mit 434 Millionen, wovon für 36 Millionen Mark wiederausgeführt wurden). Selbst Weizen und Wolle bleiben dahinter zurück. Im Jahre 1904 stellte sich der Wert der deutschen

Baumwolleinfuhr abzüglich der Wiederausfuhr auf 457
Millionen Mark. Von der gesamten Einfuhr des Jahres
1905 mit 434 Millionen Mark kamen für 301 Millionen
aus der Union, für 50 Millionen Mark aus Ostindien,
für 48 Millionen Mark aus Ägypten usw.

Die deutsche Einfuhr an Rohbaumwolle mit 400 bis
500 Millionen Mark wird reichlich ausgeglichen durch
die deutsche Ausfuhr an Baumwollfabrikaten in gleichem
Werte.

Nach einer Berechnung des Statistischen Amtes in
Washington hat sich der Baumwollenverbrauch Europas
und Amerikas in der Zeit von 1831 bis 1894 verzehn=
facht, nach einer englischen Statistik für alle Industrie=
staaten in der Zeit von 1885 bis 1906 verdoppelt —
trotz der Preiserhöhungen der letzten Jahre.

Englands Baumwollbezüge vervierfachten sich im
Laufe der zweiten Hälfte, diejenigen Deutschlands im
letzten Viertel des 19. Jahrhunderts. Deutschlands
Baumwollverbrauch stieg für den Kopf der Bevölkerung
von 2,85 kg in 1871 auf 6,15 kg in 1905.

Als vorübergehend in der Union das Ernteertägnis
rückgängig erschien, wurde in den Pflanzerkreisen be=
hauptet, daß bei der zunehmenden Erschöpfung des Bodens,
wegen Verschlechterung der Saaten und durch das Auf=
treten von Schädlingen eine Ernte von mehr als
11 Millionen Ballen nicht zu erwarten sei. In Er=
mangelung von Arbeitskräften könnten größere Flächen
nicht bebaut werden. Diese Auffassung erwies sich als
pessimistisch, da im Jahre 1906/07 mit 13,3 Millionen
Ballen die größte aller Ernten erzielt wurde. Für die
Jahre 1901 bis 1906 stellte sich der Wert aller Ernten auf
11,4, der Wert aller Ausfuhr auf 7,7 Milliarden Mark.

Dadurch erhöhte sich der Wert der Baumwollpflanzungen nach amtlichen Schätzungen um 40 Prozent. Dem Ar= beitermangel wird durch stärkere Wiederheranziehung der Neger wie durch Förderung der italienischen Einwande= rung abgeholfen werden können. Auch sonst sind die Aussichten vielversprechend.

In den Südstaaten der Union wurde die Anbaufläche von 6,2 Millionen Hektar in 1880 auf 12,6 Millionen Hektar in 1906 vergrößert. Nach der Ansicht von Sach= verständigen eignen sich 75 Prozent der Getreidefelder in den Süd= und Südweststaaten auch für den Baum= wollbau. Selbst im bisherigen Baumwollgebiet wird nur die Hälfte mit Baumwolle bepflanzt. Allein in Texas sollen noch 10 bis 12 Millionen Hektar anbaufähig sein. Oppel berechnet in seinem Werke „Die Baumwolle" (Bremen 1902) das gesamte baumwollbaufähige Land in der Union gar auf 156 Millionen Hektar und dessen Ertragsmöglichkeit bei nur halber Ausnutzung auf min= destens 50 Millionen Ballen jährlich.

Nach den Berechnungen eines englischen Statistikers gehen von den 1500 Millionen Bewohnern der Erde nur 500 Millionen stets und vollständig bekleidet, 750 Mil= lionen nur teilweise, 250 Millionen gar nicht. Allmählich werden auch die entlegensten Völker in die Zivilisation einbezogen. Nachfrage nach Baumwolltüchern ist die nächste Folge. Auch wer daraus keine Schlüsse ziehen mag, wird eine erhebliche Zunahme des Baumwollverbrauchs in Zu= kunft annehmen. Sachverständige haben diese Zunahme auf mindestens 500 000 Ballen jährlich berechnet, so daß nach zehn Jahren ein Mehrbedarf von mindestens 5 Mil= lionen Ballen jährlich entstanden sein würde. Diese Be= rechnung fußt auf dem Zuwachs der letzten Jahre.

2. Die Börsenspekulation.

Eine andere Frage ist es, ob in Zukunft der Verbrauch, die Baumwollindustrie, rascher zunehmen wird
als die Erzeugung, der Baumwollbau. Die Spekulanten
an den Börsen von New York und New Orleans haben
diese Frage bejaht und wie schon 1900 so in den Jahren
1903/04 ein zügelloses Haussetreiben nach bekannten
Mustern entfacht. Dagegen ist von den Pflanzern der
Südstaaten versichert worden, daß die Union trotz der
Zunahme ihres eigenen Verbrauches noch lange Zeit in
der Lage sein wird, den gesamten Weltbedarf an Baumwolle zu decken. Ein Mangel sei nicht zu besorgen.

Nachdem die Spekulanten die Ernte des Jahres 1902
billig an sich gebracht hatten, sperrten sie die Vorräte und
trieben die Preise von 37 Pfennig Ende 1902 bis auf
63 Pfennig Mitte 1903. Nach Eingang der neuen Ernte
drückte man den Preis bis auf 30 Pfennig herunter und
steigerte ihn bis Februar 1904 wieder auf 75 Pfennig.
Zeitweilig sollen einzelne Spekulantengruppen über Ter-
minbaumwolle im Wert von 120 Millionen Mark verfügt
haben! Der Preis stand völlig unter der „Kontrolle" der
großen Spekulanten, bis Ende 1903 und Anfang 1904
die Zusammenbrüche an der New Yorker Börse erfolgten,
wobei es nicht ohne Prügeleien abging.

Mit ihren Preistreibereien an der Börse erlitten
einige Spekulanten, wie Th. H. Price, große Verluste,
während andere noch größere Gewinne machten, so
Daniel J. Sully Mitte 1903 über 20 Millionen Mark,
W. P. Brown im Herbst 1903 mehr als 50 Millionen
Mark. Mitte 1904 berechnete H. Macaros, der Obmann
des Verbandes der englischen Baumwollspinner, die Ge-

winne der Spekulanten, Makler usw. an den Börsen
von New York und New Orleans auf über 2 Milliarden
Mark.

Wie die vom Reichsamt des Innern herausgegebenen
Berichte für Handel und Industrie (1904, Nr. 17) mit=
teilten, waren die hohen Baumwollpreise auf die Umtriebe
der Haussiers zurückzuführen. Diese Leute legten es in
einem Rundschreiben den Fabrikanten von Baumwoll=
waren nahe, das Publikum an höhere Preise für ihre
Waren zu gewöhnen, und ersuchten sie, zur Schaffung
eines Fonds von 300 000 Mark beizutragen, der zur
Beeinflussung der öffentlichen Meinung zugunsten höherer
Baumwollwarenpreise bestimmt war.

Auch in den Jahren 1905 und 1906 kam es zu emp=
findlichen Preisschwankungen zwischen 31 und 61 Pfennig,
1906 mit dem hohen Durchschnittssatz von 50 Pfennig
trotz verminderter Qualität.

Zwar liefert die Union nur 70 Prozent des Welt=
marktbedarfs. Doch wird von dort aus die Preisbildung
völlig beherrscht, da ägyptische Baumwolle nur für feinere
Gespinste usw. verwendet wird, indische Baumwolle aber
minderwertig ist und nur mit einem Drittel der Ernte
auf die europäischen Märkte kommt. So konnten die
Börsenspekulanten in New York mit Hilfe des Termin=
handels die Herrschaft über den Baumwollmarkt an sich
reißen und die Preisbewegung durch künstliche Treibe=
reien vergewaltigen.

Von New York her sind auch in Zukunft empfind=
liche Preissteigerungen zu erwarten, falls wirklich der
Verbrauch vorübergehend der Erzeugung voraneilen sollte.
Einer der Hauptspekulanten, D. J. Sully, leugnete Anfang
1904 in der „North Americ n Review", daß künstliche

Preistreibereien vorgekommen seien, da zu einem wirk=
samen „Baumwollkorner" mindestens 2 Milliarden Mark
erforderlich seien. Sollten die Großspekulanten in die Lage
kommen, dieses Geld zusammenzubringen, so werden sie
nicht zögern, einen „wirksamen Baumwollkorner" mit
noch nicht dagewesenen Preisen zu veranstalten

Im Landwirtschaftsdepartement der Union war man
über die Baumwollspekulanten sehr aufgebracht und nannte
sie Spieler. Einige Zeitungen der Union erblickten in
den Bestrebungen der europäischen Staaten, unabhängig
von dem amerikanischen Baumwollmarkt zu werden, eine
Gefahr für Amerika und beklagten die k ü n st l i ch e Preis=
steigerung der Baumwolle als die eigentliche Ursache solcher
Bestrebungen lebhaft. Aber was können sie machen gegen
die anscheinend unantastbare Freiheit der Spekulation?

Die Abhängigkeit der europäischen Baumwollindustrie
bei der Versorgung mit Rohbaumwolle von den Ernten
und, was noch schlimmer ist, von den Spekulantenringen
der Union wird von Jahr zu Jahr unerträglicher und
übt die schädlichsten Rückwirkungen auf das effektive Ge=
schäft, auf die arbeitende Industrie.

3. Rückwirkungen der Spekulation.

Von dem Börsenterminhandel wird behauptet, daß
er zu große Preisschwankungen verhindere und Erzeugern
wie Verbrauchern nütze. Diese Behauptung ist schon oft
durch grelle Vorkommnisse entkräftet worden. Die Mil=
lionen und Milliarden, die bei den Baumwollspekulationen
der Jahre 1903/04 gewonnen wurden, flossen in die
Taschen weniger glücklicher Börsenjobber. Alle übrigen
Kreise erlitten Verluste, die Pflanzer und noch mehr die

Verbraucher, die Fabrikanten und nicht zuletzt die Ar=
beiter.

Nach dem Preissturz von 1904 äußerten die Pflanzer
der Union entschiedener als je zuvor den Wunsch, den
spekulierenden Mittelsmann auszuscheiden. Wir werden
es nicht länger zugeben, ließen die Vertreter der Baum=
wollpflanzer in den Südstaaten der Union Ende Mai
1907 auf dem internationalen Kongreß in Wien erklären,
daß der Preis der Baumwolle durch eine Gesellschaft
von Spielern und Spekulanten festgesetzt wird, die weder
an der Erzeugung des Rohstoffes noch an seiner
Verarbeitung beteiligt sind. Oft genug hatten sie
erfahren, daß sie bei guten wie bei schlechten
Ernten ihren Vorteil verloren, weil, wie das deutsche
Konsulat in New York Ende 1904 berichtete, „die all=
mächtige Spekulation es verstand, die Preise je nach Be=
lieben zu drücken." Anfang 1905 hielten die Baum=
wollpflanzer der Südstaaten mit ihren Mitinteressenten
einen ersten, von 3000 Personen besuchten Kongreß ab
und begründeten die Southern Cotton Growers Asso=
ciation mit der Aufgabe, die Erzeugung mit der Nach=
frage ins Gleichgewicht zu bringen und, wo nötig, mit Hilfe
von Lagerhäusern unter Lombardierung der eingelieferten
Ernten angemessene Baumwollpreise durchzusetzen. Ob
man zum Ziele kommen wird? Bei allzu niedrigen Preisen
will man die Anbaufläche einschränken, ja es wurde der
Vorschlag gemacht, die überschüssige Baumwolle zu ver=
brennen, um dadurch das Angebot zu vermindern und
die Preise zu steigern.

Vorläufig hat die Baumwollpflanzervereinigung es
durchgesetzt, daß in sechs Südstaaten der Union das Ter=
mingeschäft in Baumwolle, Getreide usw. verboten wurde.

Die Pflanzervereinigung hofft, eine Ausdehnung dieses
Verbots auf die ganze Union durch die Bundesgesetz=
gebung zu erwirken. Das Streben der Pflanzer nach
einer gewissen Stetigkeit der Preise ist gerechtfertigt.

Nach stetigen Preisen strebt auch der Fabrikant, um
mit Sicherheit kalkulieren zu können. Preisschwankungen
sind ihm schädlich. Sein Feind ist der Terminhandel,
der die Preise nicht ausgleichend beeinflußt, sondern die
wildesten Spekulationen ermöglicht. In dem Kampf mit
dem Terminhandel, wo er solche Auswüchse zeitigt, wie
1903/04 an den Baumwollbörsen der Union, zieht der
Fabrikant den kürzeren. Er muß für den unentbehr=
lichen Rohstoff entweder übertrieben hohe Preise zahlen
oder aber darauf verzichten und seinen Betrieb einstellen.
In den Jahren 1903/04 haben sich viele Spinnereien
in der Union, England und Deutschland genötigt gesehen,
ihren Betrieb einzuschränken, ja die Fabrik zu schließen.
Mitte August 1903 waren in der Union über 50 000
Spinnereiarbeiter brotlos. Der Ausfall an Arbeitslöhnen
wird von der englischen Baumwollindustrie für das Jahr
1903 auf 40 Millionen Mark veranschlagt.

Von den Preistreibereien der New Yorker Börse
wurde die Baumwollindustrie aller Länder betroffen, ja
bedenklich erschüttert. Auch die deutsche Industrie mit
ihrer bedeutenden Ausfuhr hatte empfindlich darunter
zu leiden.

„Die wilde Spekulation", sagte die Zittauer Handels=
kammer in ihrem Bericht für 1903, „belastete den euro=
päischen Markt zugunsten der amerikanischen Spekulanten
um mehrere hundert Millionen Mark über den Betrag,
der den natürlichen Verhältnissen entsprochen haben
würde." Nicht minder groß waren die Verluste der

Baumwollindustrie auch Deutschlands nach dem jähen Preissturz im Jahre 1904 durch die Wertverminderung der Vorräte an Rohstoff, Garnen und Geweben.

Nur zu oft sieht sich der Fabrikant selbst zur Teil= nahme an der Spekulation gedrängt, wenn er, was an sich nicht tadelnswert ist, Garne und Gewebe verkauft, ohne seinen Bedarf an Rohstoff gedeckt zu haben. Auch hierbei sind viele Fabrikanten durch die Preistreibereien zu Schaden gekommen. Andererseits haben in der Hausse= zeit manche Fabrikanten ihren Rohstoff unverarbeitet wieder verkauft, um an der Preisdifferenz zu gewinnen, und Mitte 1903 sind verschiedene Schiffsladungen nord= amerikanischer Baumwolle von Europa nach Amerika zu= rückgegangen!

Die schwierige Lage der deutschen Industrie bei der Versorgung mit Baumwolle hat Staatssekretär Dern= burg ziffernmäßig veranschaulicht. Eine Preissteigerung um 4 Pfennig für das Pfund verteuert den Baumwoll= verbrauch der Erde um 320 Millionen Mark. Die Preis= steigerungen seit 1899 beliefen sich aber auf Milliarden! Deutschland verbrauchte 1905 1,6 Millionen Ballen und zahlte zuletzt je nach den Preisschwankungen der New Yorker Haussespekulanten 150 bis 200 Millionen jährlich mehr als früher, d. i. das fünf= bis siebenfache seiner jährlichen Zuschüsse an die Kolonien. Von dieser Steuer, von diesem Tribut an das Ausland muß es sich befreien.

Um sich den Einwirkungen der Börsenspekulation zu entziehen, bereisen englische Händler und Fabrikanten immer häufiger die Südstaaten und decken ihren Bedarf an Ort und Stelle. Englische Fabrikanten haben große Strecken Landes in Texas angekauft, um dort selbst Baum= wollzucht zu betreiben oder die Felder in Pacht zu geben.

4. Die Industrie der nordamerikanischen
Südstaaten.

Wo Rohbaumwolle erzeugt wird, also am billigsten
und bequemsten zu erhalten ist, zeigte man sich am erfolg=
reichsten bestrebt, den Rohstoff mehr und mehr in eigener
Industrie zu verarbeiten. Die Baumwollindustrie der
Union erzeugte 1850 für 260, 1900 für 1424 Millionen
Mark, 1905 für 1890 Millionen Mark Waren und ent=
wickelt seit 1900 eine zunehmende Ausfuhr an gröberen
Waren, namentlich nach Ostasien, während feinere Ge=
webe aus Europa bezogen werden.

In der Union erhöhte sich die Spindelzahl von
14,6 Millionen in 1890 auf 23,2 Millionen in 1906,
in den Südstaaten allein von 1,2 Millionen in 1890 auf
8,5 Millionen in 1905.

Mit der Zunahme der Baumwollindustrie in der
nordamerikanischen Union vermehrte sich ihr eigener Ver=
brauch an Rohstoff. Von 1890 bis 1905 stieg der Baum=
wollverbrauch der Union von 2,1 auf 4,2 Millionen
Ballen, und zwar in den Nordstaaten von 1,9 auf 2,1
Millionen Ballen, in den Südstaaten von 0,2 auf 2,1
Millionen Ballen. Der Verbrauch der Union betrug 1906
4,8 Millionen Ballen (gegen nur 3,6 Millionen Ballen in
Großbritannien und 1,6 Millionen in Deutschland). An=
fang der 60er Jahre des 19. Jahrhunderts verbrauchte
die Union 20, in den 80er Jahren 32, in den 90er
Jahren 35, seit 1900 bis 40 Prozent ihrer Ernte.

Den Aufschwung ihrer Baumwollindustrie verdankt
die Union nicht nur dem heimischen Rohstoff, sondern
auch den Vorzügen ihres Betriebes, der Massenerzeugung
für den gewaltigen, in seinen Bedürfnissen einheitlichen

Inlandsmarkt, der weitestgehenden Arbeitseinteilung, der höchsten Anspannung der Arbeitskräfte und der Verwendung neuester, leistungsfähigster Maschinen.

Indessen bieten die Südstaaten der Union den Unternehmern auch besonders günstige Betriebsbedingungen. Dort kann man die Baumwolle „über den Zaun" kaufen und die beträchtlichen Fracht- und Vermittelungskosten sparen, die von den europäischen Spinnern auf 10 bis 20 Prozent des Rohstoffwertes berechnet werden.

So entwickelt sich rascher als anderwärts in dem eigentlichen Anbaugebiet der Baumwolle die Industrie. Aus Neu-England kommen viele Unternehmer und nützen die Konjunktur durch Anlage neuer Spinnereien, ja es sollen sich große Spinnertrusts gebildet haben, um die Ernte mehr und mehr im Lande selbst zu verarbeiten.

Ist man in der Union nicht mehr darauf angewiesen, für den größeren Teil der Baumwollernte Absatz im Auslande zu suchen, dann gestaltet sich die Versorgung des Weltmarktes mit Baumwolle zu einer Machtfrage. Dann wird man sich in der Union fragen, ob es nicht kurzsichtig und unwirtschaftlich ist, gewaltige Massen von Rohstoffen nach Europa auszuführen, und später diese Rohstoffe zu Geweben, Spitzen usw. verarbeitet und entsprechend verteuert wieder zurückzuführen, ob es nicht gescheiter wäre, dieses vorteilhafte Geschäft selbst zu machen? Und mit der Tatkraft, die den Unternehmern der Union eigentümlich ist, werden sie das Geschäft an sich zu bringen suchen, nachhaltig unterstützt von dem Patriotismus der Bevölkerung, die alles Amerikanische rühmt und bevorzugt.

Diese Entwicklung ist natürlich. Aber sie birgt eine Gefahr für alle Staaten, die Baumwolle industriell ver-

6*

arbeiten, ohne sie selbst zu erzeugen. Und diese Gefahr wird drohend, falls die Union, was über kurz oder lang zu erwarten ist, die Neigung bekunden sollte, der europäischen Baumwollindustrie die Zufuhr des unentbehrlichen Rohstoffes durch Auferlegung eines Zolles auf Rohbaumwolle zu erschweren und zu verteuern.

Auch in Ostindien tritt das Bestreben hervor, die Ernte mehr und mehr im Lande selbst zu verarbeiten. Von den erzeugten 3,4 Millionen Ballen bleiben 1,8 Millionen im Lande, während 0,8 Millionen nach Europa, 0,9 Millionen Ballen nach Ostasien gehen, dessen Nachfrage merklich zunimmt.

Selbst in Ägypten sind trotz des englischen Widerstrebens Spinnereien entstanden. Die Ernte mit 1,2 Millionen Ballen wird je zu kleineren Hälften in England und auf dem europäischen Festlande und mit geringeren Mengen in der Union verarbeitet.

5. Ausfuhrzölle.

Ausfuhrzölle galten lange Zeit für überwunden, als sie Anfang 1901 von den Engländern aus der Rüstkammer des alten Merkantilismus wieder hervorgeholt wurden. Damals schritten die Engländer zur Einführung eines Ausfuhrzolles auf Kohlen, um mit seiner Hilfe einmal neue Einnahmen zu erzielen und sodann die nationalen Kohlenlager besser zu schützen. Nicht logisch, aber praktisch. Ende 1906 wurde der Kohlenausfuhrzoll wieder aufgehoben, obwohl er sich nicht unzweckmäßig erwiesen hatte.

Ausfuhrzölle müssen von den einführenden Verbrauchsländern getragen werden, wenn das den Zoll erhebende Erzeugungsland für den betreffenden Gegenstand entweder ein Monopol oder mindestens das erdrückende Übergewicht auf dem Weltmarkte besitzt. Diese Voraussetzung war in bezug auf englische Kohle vorhanden und ist auch für eine ganze Reihe anderer Stoffe gegeben. Chile hat ein Weltmarktmonopol für Salpeter und besteuert mit seinem Ausfuhrzoll die europäische Landwirtschaft. Auf Grund der gleichen Voraussetzung ist die Einführung von Ausfuhrzöllen angeregt worden in Indien für Jute, in Britisch-Südafrika für Diamanten, in Österreich für Rohholz, in Schweden für Eisenerze, endlich in Deutschland für Kalisalze, auch für Kohlen und Lumpen.

Nichts hindert die Union, nach Bedarf einen Ausfuhrzoll auf Baumwolle einzuführen. Eine Bestimmung ihrer Verfassung richtet sich zwar gegen Ausfuhrzölle. Aber die Tragweite dieser Bestimmung wird bereits bestritten, und nötigenfalls läßt man sich von dergleichen Zwirnsfäden nicht zurückhalten.

Von einem Baumwollausfuhrzoll der Union hätte die europäische Textilindustrie empfindliche Nachteile zu befürchten. Ein solcher Zoll würde die Zufuhr des unentbehrlichen Rohstoffes erschweren und verteuern, ihre Erzeugungsbedingungen verschlechtern, dagegen der nordamerikanischen Konkurrenz eine nicht zu unterschätzende Vorzugsstellung sichern. Ein Baumwollausfuhrzoll der Union wäre geeignet, ihre ohnehin begünstigte Baumwollindustrie auf dem Weltmarkte nicht nur konkurrenzfähig, sondern sogar konkurrenzüberlegen zu machen. Schon jetzt merklich begünstigt durch billigeren Bezug des Rohstoffes und im Besitz eines unvergleichlich großen, aufnahmefähigen und zollgeschützten heimischen Marktes wird sie immer ausfuhrkräftiger hervortreten und nicht nur in China, sondern auch bei der Versorgung des Welt-

marktes die englische und europäische Industrie zurück=
drängen und zwar noch viel rascher, als bisher zu be=
sorgen ist, wenn sie dazu durch Baumwollausfuhrzölle
auf Kosten der europäischen Konkurrenz ermuntert wird.

Zunächst würde die englische Baumwollindustrie mit
ihrer gewaltigen Ausfuhr auf dem Weltmarkte ihr bis=
heriges Übergewicht verlieren und an die Union abtreten
müssen. Daran würden sich bedenkliche und unabsehbare
Verschiebungen des internationalen Güteraustausches
knüpfen. Das wirtschaftliche Übergewicht der Union über
die alte Welt, das im wesentlichen auf der Baumwolle
beruht, erhielte eine gewaltige Stärkung, ihr Rohbaum=
wollmonopol könnte sich zu einem Baumwollwarenmono=
pol gestalten, der Größenwahn ihrer sog. Industriekapi=
täne müßte ins Ungemessene steigen.

Nächst der englischen würde die deutsche und in ent=
sprechendem Grade die Baumwollindustrie aller übrigen
Staaten von einem nordamerikanischen Ausfuhrzoll be=
troffen.

Ist es möglich, daß von der Union Baumwollaus=
fuhrzölle differentiell eingeführt werden können? Diese
Frage würde sich aufdrängen, falls die europäischen Fest=
landsstaaten sich für eine wirtschaftspolitische Annäherung
und Zusammenfassung entschließen sollten. In diesem
Falle würde man es in der Union für zweckmäßig halten,
England von dem Baumwollausfuhrzoll frei zu lassen.
Wie ein differenzierter Baumwollausfuhrzoll von der
Union durchgeführt werden würde, läßt sich freilich nicht
absehen. Immerhin kann seine Durchführbarkeit nicht
bestritten werden. Sollte England nordamerikanische
Baumwolle ohne Ausfuhrzoll zu beziehen in der Lage sein,
so würden die übrigen europäischen Staaten versuchen,

ihren Bedarf durch englische Vermittlung zu erhalten. Die unmittelbare Beförderung von Baumwolle aus der Union nach den europäischen Festlandsstaaten würde dann wohl aufhören. Die Folge wäre eine empfindliche Schädi= gung des Handels der europäischen Festlandsstaaten, so weit es sich um die Beschaffung von Rohbaumwolle han= delt, da England dieses Geschäft übernehmen würde. Außerdem müßte an England ein nicht unerheblicher Zwischengewinn bezahlt werden, der sich durch einen Teil des ersparten Ausfuhrzolles noch erhöhen würde.

In bezug auf Masse und Verhältnis ist England mit seinem Baumwollbedarf noch weit abhängiger von der Union als die europäischen Festlandsstaaten. Außerdem hat es noch mehr als diese von einem Baumwollausfuhrzoll der Union zu fürchten. Solange die Union als Haupt= bezugsland für den Rohstoff der englischen Textilindustrie unentbehrlich ist, kann sie die größerbritischen Zollver= bandsbestrebungen durch bloße Androhung eines Baum= wollausfuhrzolles gegenüber England wirksam durch= kreuzen, ja sogar alle politischen oder wirtschaftlichen Maßnahmen verhindern, die ihr nachteilig erscheinen.

Wer darf es wagen, gegen die Union Krieg zu führen? Alle Hochachtung vor der englischen Flotte und ihrer Überlegenheit. Aber diese englische Flotte würde durch Blockierung der Union und ihrer Häfen dem eigenen Vaterlande den größten Schlag versetzen, denn mit der Blockade würde sie der heimischen Baumwollindustrie den unentbehrlichen Rohstoff abschneiden.

Als Beherrscherin des Baumwollmarktes verfügt die Union in dem Ausfuhrzoll über eine ungemein scharfe Waffe gegen Europa. Um jeden Preis müssen sich die europäischen Staaten von diesem Damoklesschwert be=

freien. Kein Opfer kann ihnen zu hoch sein. Es handelt sich in letzter Reihe um eine Machtfrage, die sich aber in friedlicher Arbeit überwinden läßt.

6. Ziele europäischer Baumwollpolitik.

Auf Anregung des Kolonialwirtschaftlichen Komitees vereinigten sich nach den Auswüchsen der New Yorker Baumwollspekulation von 1903 die Vertreter der europäischen Baumwollindustrie zu internationalen Kongressen Mitte 1904 in Zürich, April 1905 in Brüssel, Juni 1906 in Manchester und Mai 1907 in Wien, um Abwehrmaßregeln zu beraten. In der Hauptsache forderten sie die europäischen Industriestaaten auf, alle aussichtsvollen Bestrebungen zur Ausdehnung des Baumwollanbaues zu unterstützen, da die Vermehrung der Rohstoffversorgung für die Erhaltung der Baumwollindustrie, von der das wirtschaftliche Gedeihen der Staaten Europas in so hohem Grade abhängt, unerläßlich sei.

Die Abhängigkeit der europäischen Baumwollindustrie von der Union bei der Versorgung mit Rohstoff muß durch Massenanbau von Baumwolle in geeigneten Ländern außerhalb der Union, deutscherseits in den deutschen Schutzgebieten, durchbrochen werden, so daß eine übermäßige Verteuerung des Rohstoffes ausgeschlossen erscheint, die Haussetreibereien der New Yorker Börsenspekulation auf die Union beschränkt bleiben und den leitenden Politikern in Washington die Einführung eines Baumwollausfuhrzolles, ob nun als Kampf-, Finanz- oder Konkurrenzzoll gedacht, als unwirksam und deshalb zwecklos verleidet wird.

Um zu diesem Ziele zu gelangen, ist es nicht notwendig, daß die europäischen Staaten ihren gesamten

Baumwollbedarf in eigenen Kolonien oder außerhalb Amerikas decken. Vielmehr genügt, wenn nur ein aller= dings erheblicher, allmählich zunehmender Teil ihres Be= darfs unabhängig von der Union beschafft werden kann. Wie die Erfahrung lehrt, lassen sich die Preistreibereien von Spekulantenringen mit verhältnismäßig geringen Mengen in Schach halten. Nicht die Summe des An= gebots macht den Preis, wie Staatssekretär Dernburg zutreffend ausführte, sondern nur die Differenz, die zwischen Angebot und Nachfrage besteht. Ist die Nach= frage auch nur um ein Geringes höher als das Angebot, so wird der Preis unverhältnismäßig in die Höhe ge= trieben, während ein Überschuß eine große Herabsetzung des Gesamtwertes bedeutet. Nach der Meinung von Sach= verständigen würde sich die deutsche Industrie den Raub= zügen der New Yorker Börsenspekulanten schon entziehen können, wenn die deutschen Kolonien jährlich 500 000 Ballen lieferten.

Nach der sogenannten Baumwollhungersnot infolge des amerikanischen Bürgerkrieges wurden in den ver= schiedensten Ländern Anbauversuche gemacht, leider aber eingestellt, als der Baumwollbau in der Union rasch wieder auflebte und durch Massenerzeugung zu billigen Preisen die Konkurrenz erdrückte.

Eine solche Konkurrenzierung von seiten der Union ist aufs neue zu besorgen, sobald die europäischen Baum= wollanbauversuche in Afrika Früchte bringen. Man wird in der Union nichts unversucht lassen, um diese Bestre= bungen zu durchkreuzen und zu ersticken durch Vermehrung der Anbauflächen, durch Zuvielerzeugung, durch Preis= unterbietungen. In der Union berechnen die Pflanzer ihre Selbstkosten auf 9 Cents. Doch sollen sie auch auf

5—6 Cents herabgedrückt werden können. Wie man dort glaubt, ist Baumwolle von gleicher Stapelstärke und Spinnfähigkeit anderwärts mit Gewinn nicht herzustellen.

Diese Schwierigkeiten sind in ihren Rückwirkungen nicht zu unterschätzen, da sich dadurch alle, auch die aussichtsvollsten Anbauversuche entmutigen lassen.

Mit Rücksicht darauf müssen die europäischen Regierungen entschlossen sein, für die Förderung des Baumwollbaues kein Opfer zu scheuen, für billige Verkehrsmittel zu sorgen, die Erziehung der Eingeborenen zur Arbeit in die Wege zu leiten und anfänglich selbst Ausfuhrprämien zu bewilligen, um es den neuen Pflanzungen zu ermöglichen, bei Bemessung der Herstellungskosten und Preise die natürliche Konkurrenz des Weltmarktes zu bestehen und auch die künstlichen Treibereien der Spekulation zu überwinden.

7. Deutsche Anbauversuche.

Die Förderung des Baumwollbaues unter deutscher Flagge ist eine der wichtigsten Aufgaben deutscher Kolonialwirtschaft und Kolonialpolitik. Das erkannte schon Bismarck, als er bei Beratung der Dampferunterstützungsvorlage im Reichstage am 13. März 1885 darauf hinwies, daß der deutsche Nationalreichtum vermehrt werden könne, wenn ein Teil der Einfuhr an Baumwolle und Kaffee auf deutschem Grund und Boden übersee wüchse.

„Wir kaufen jetzt," sagte Bismarck, „die sämtliche Baumwolle von Amerika und sind auf ein gewisses Monopol der Amerikaner angewiesen, weil die indische und ägyptische Baumwolle nicht in der Vollkommenheit bearbeitet und vorbereitet wird, daß sie sofort leicht in Verbrauch zu nehmen ist wie die amerikanische. Wenn

wir dem gegenüber mit der gleichen Intelligenz, wie die
Amerikaner ihre Baumwolle pflanzen und bearbeiten, in
Gegenden wie Neu Guinea, wie Kamerun, wie die afri=
kanischen äquatorialen Gegenden Baumwolle züchten
könnten, die wir nicht mehr von Ausländern, sondern von
deutschen überseeischen Besitzern kaufen würden, so wäre
das ein Vorteil für unser Nationalvermögen, während
jetzt das Geld, das wir für Baumwolle, Kaffee, Kopra
und alle solche äquatoriale Erzeugnisse ausgeben, rein
à fonds perdu herausgeht aus unserem Vermögen."

Ende 1889 ersuchte Bismarck den Gouverneur von
Kamerun um einen Bericht über die Aussichten des
Baumwollbaues in den deutsch=westafrikanischen Be=
sitzungen. In dem Anbau von Baumwolle erblickte Bis=
marck eines der wichtigsten Mittel zur Förderung über=
seeischer Gebiete. Auf Bismarcks Veranlassung ging ein
Baumwollpflanzer aus der Südsee 1890 nach Togo und
Kamerun, wo schon damals Versuchspflanzungen angelegt
wurden. Bismarck trat zurück. In den beteiligten Kreisen
bestand für die Sache wenig Interesse. Baumwolle war
im Überfluß vorhanden, und so erachteten die deutschen
Spinner eine Vermehrung der Erzeugung in den deutschen
Kolonien nicht für erforderlich. Inzwischen haben sich
die Verhältnisse wesentlich geändert.

In einer Denkschrift von Anfang 1900 empfahl Karl
Supf die Förderung des Baumwollbaues in den deutschen
Kolonien zur Sicherung der wirtschaftlichen Unabhängig=
keit Deutschlands, als Mittel der Erziehung der Ein=
geborenen zur Arbeit, endlich im Interesse der Ertrags=
fähigkeit der Kolonien.

Ende 1900 sandte das Kolonialwirtschaftliche Komitee
geeignete weiße und farbige Baumwollpflanzer aus den

Südstaaten Nordamerikas nach Togo und Kamerun, um
daselbst die Bedingungen des Anbaues zu erforschen, insbesondere die passende Saat und Pflanzzeit festzustellen.

Mit Anbauversuchen wurde in Togo, wo der Baum-
wollstrauch heimisch ist, 1901 begonnen, hauptsächlich durch
Heranbildung der willigen Eingeborenen für die Kleinkultur. In der Baumwollschule zu Nuatschä erhalten
die Eingeborenen Unterweisung für den Anbau und für
die maschinelle Erntebereitung. Außerdem wurden Ein-
kaufsmärkte mit Entfernungs- und Preßstationen eingerichtet.

Allmählich soll die Pflugkultur eingeführt werden.
Die Ernte in Togo stellte sich 1901 auf 25 000, 1902 auf
50 000, 1903 auf 100 000, 1904 auf 200 000, 1906 auf
430 000 Pfund im Werte von 245 000 Mk. bei gewinn-
bringenden Preisen.

Die Togobaumwolle ist der nordamerikanischen ähn-
lich, an Güte überlegen und erzielte auch etwas höhere
Preise. Auf der landwirtschaftlichen Ausstellung in
Palime (Togo) Ende Januar 1907 waren sechs ver-
schiedene Gattungen, namentlich Togo-, Sea Island- und
Kpandu-Baumwolle und 426 Eingeborne als Aussteller
vertreten. Die beste Baumwolle lieferte der Bezirk
Misahöhe.

Für Deutsch-Ostafrika, wo die ersten Anbauversuche
1902 erfolgten, kommen zunächst in Betracht: der süd-
liche Teil um Kilwa und Lindi, der mittlere Teil um
Saadani und weite Gebiete am Viktoria-See, für welch
letztere die Möglichkeit der Ausfuhr über die englische
Ugandabahn besteht.

Neben der Förderung der Eingeborenenkultur sind
größere Pflanzungen angelegt worden. Das Kolonial-

wirtschaftliche Komitee richtete auch dort eine Baumwoll=
inspektion zur Beratung der Pflanzer ein, gewährte An=
bauprämien, Saatgut, Ginmaschinen, Baumwollpressen
und übernahm den Ankauf der Ernte.

Die Ausfuhr belief sich 1906 auf annähernd 600 000
Pfund. Geerntet wird dort ein dem hochwertigen ägyp=
tischen gleichkommendes Erzeugnis.

In den Küstenbezirken waren Anfang 1904 über
2000 Hektar bebaut. Am weitesten vorgeschritten ist die
Kultur in Saadani. Dort haben deutsche, ägyptische und
griechische Interessenten eine Art von Baumwollbau= und
Dampfpfluggenossenschaft gebildet und ein zusammen=
hängendes Baumwollland von über 20 000 Hektar vor=
läufig in Pacht genommen. Ein großer Dampfpflug mit
zwei Lokomobilen ist in Tätigkeit.

Wie Staatssekretär Dernburg mitgeteilt hat, be=
steht sogar eine gewisse Gefahr, daß jene Gegenden den
deutschen Pflanzern entzogen werden, da die griechischen
Unternehmer in Ägypten sich dafür interessieren. In
Ostafrika ist Baumwolland noch billig und um 4 bis
6 Mark das Hektar zu haben, während es in Ägypten
über 2000 Mark und in Texas nicht unter 1200 Mark
kostet.

Durch die Usambarabahn westlich von Mombo wer=
den 20 000 Hektar Baumwolland aufgeschlossen. Weitere
Baumwollanpflanzungen erfolgten im Kilwabezirk, wer=
den im Rufijidelta und im Gebiet der Eisenbahn Dares=
salam—Morogoro geplant und ausgedehnter vorbereitet
in der Gegend südlich des Viktoriasees, wo über 200 000
Hektar vorzüglich geeignet sein sollen. Auch auf der Insel
Ukereme im Viktoriasee hat die Missionsstation eine Pflan=
zung eingerichtet.

Eigene Baumwollpflanzungen im Gebiet des Vik=
toriasees erwarben die Leipziger Baumwollspinnerei,
Aktiengesellschaft, Leipzig=Lindenau mit 60 000 Hektar,
Heinrich Otto, Reichenbach in Württemberg, mit 20 000
Hektar.

In Kamerun eignen sich die weiten Hochlandsgebiete
des Inneren vorzüglich für den Baumwollbau. Im Ba=
mum= und Bali=Lande und insbesondere in Adamaua
bis zum Tschadsee hin besteht schon eine nicht unerhebliche
Eingeborenenkultur. Durch den Wasserweg Niger—Benue
und insbesondere durch eine Fortsetzung der Duala—
Manenguba=Eisenbahn können weitere Gebiete des Hoch=
landes dem Baumwollbau erschlossen werden.

In Deutsch=Südwestafrika hat die Otavi=Gesellschaft
kleinere Pflanzungen angelegt. Auch in Neuguinea wird
Baumwolle gebaut.

Schon jetzt steht die gedeihliche Entwickelung des
Baumwollbaues in Togo und Ostafrika außer Zweifel.
Wo er als Kleinkultur betrieben wird, da bietet sich
auch die Möglichkeit, einen eingeborenen freien Bauern=
stand zu organisieren.

Vorbedingung ist überall die Schaffung billiger und
leistungsfähiger Verkehrswege, namentlich von Eisen=
bahnen.

Für die Förderung des Baumwollbaues hat das
Kolonialwirtschaftliche Komitee erhebliche Mittel auf=
wenden können. Aus freiwilligen Beiträgen und aus
der Wohlfahrtslotterie zu Zwecken der deutschen Schutz=
gebiete flossen ihm bis Mitte 1904 gegen 700 000 Mark
zu. Zur Unterstützung von weiteren Anbauversuchen be=
willigten für das Jahr 1907 die Kolonialabteilung
105 000 Mark und das Reichsamt des Innern 50 000

Mark in der Voraussetzung, daß die deutschen Industriellen auch ihrerseits erheblich die gemeinsame Sache unterstützen. Die Vereinigungen und Verbände der deutschen Baumwollindustriellen wollen ihre Mitglieder veranlassen, dem Kolonialwirtschaftlichen Komitee für Anbauversuche Beihilfen in Höhe von 10 Proz. der Berufsgenossenschaftsbeiträge zu leisten. Auch österreichische und schweizerische Industrielle werden sich beteiligen. Für Baumwollbau-Unternehmungen konnte das Komitee im Jahre 1907 insgesamt 235 000 Mark aufwenden.

Auf Anregung des Kolonialwirtschaftlichen Komitees ist unter Beteiligung deutscher Interessenten des Textilgewerbes in Berlin eine „Afrikanische Baumwollgesellschaft" mit einem Grundkapital von 10 Millionen Mark begründet worden, um in den deutschostafrikanischen Küstengebieten Saadani, Kilwa und Lindi, ferner in den Interessengebieten der Daressalam—Morogoro= und der Tanga=Mombo=Eisenbahn und der Nachbarschaft der englischen Ugandabahn am Viktoriasee, ferner in Togo längs der Innenlandbahn und in Kamerun längs des schiffbaren Benue Baumwollerzeugungsgebiete zu erschließen und zu erweitern durch Erwerb und Bestellung eigener Pflanzungen, durch Förderung der Eingeborenenkultur, durch Betrieb von Entkernereien, Pressen, Ölfabriken usw., endlich durch Vertrieb der Ernten.

Englische und nordamerikanische Sachverständige rühmten das erschöpfende, wissenschaftliche und planmäßige Vorgehen des Kolonialwirtschaftlichen Komitees und verhießen einen guten Erfolg. In einem seiner Berichte von 1904 äußerte der nordamerikanische Generalkonsul Mason zu Berlin: „Es mag eine Reihe von Jahren vergehen, ehe der europäische Kreuzzug für koloniale

Baumwollkultur alles erreicht, was er sich als Ziel vor=
gesteckt hat, aber — ob es uns gefällt oder nicht — der
Tag wird kommen, früher oder später, an dem die Baum=
wolle unserer Südstaaten außerhalb der Vereinigten
Staaten nicht mehr alleinherrschend sein wird."

Erfolge von heute auf morgen sind auch hier nicht
zu erwarten. Jahrzehnte waren notwendig, bis in den
Südstaaten der Union und später in Ägypten nennens=
werte Mengen geerntet wurden. Rußland benötigte
dreißig Jahre, um in Mittelasien die Hälfte seines Be=
darfs zu erzeugen.

In dem Baumwollanbau haben sich schon früher
große Verschiebungen vollzogen. Bis gegen Ende des
18. Jahrhunderts war die Baumwollindustrie von West=
indien abhängig, von wo 70 Prozent des Gesamtbedarfs
kamen. Im Jahre 1784 traf die erste Sendung (8 Ballen)
aus den Südstaaten der Union in Liverpool ein und
wurde dort anfänglich für westindisches Erzeugnis ge=
halten, weil man den Baumwollbau in der Union für
unmöglich hielt. Gute Preise ermunterten die Pflanzer
der Südstaaten. Im ersten Jahrzehnt des 18. Jahr=
hunderts lieferten sie bereits 24, im nächsten Jahrzehnt
53 Prozent des Weltmarktbedarfs. In Ägypten wird seit
1820 Baumwollbau betrieben.

Durch die Förderung des Baumwollbaues in den
Kolonien erlangt Deutschland nicht nur Aussicht auf ge=
sicherte Beschaffung des unentbehrlichen Rohstoffes, son=
dern die Kolonien selbst werden dadurch in ihrem Ge=
deihen nachhaltig begünstigt und entwickeln sich als Ab=
nehmer deutscher Industrieerzeugnisse.

Von dem Baumwollbau in den deutschen Kolonien
erwartet der Sozialdemokrat Calwer Vorteile auch für

die deutschen Arbeiter. „Gelingt es Deutschland, in einer eigenen Kolonie Baumwolle zu bauen, so gewinnt es nicht nur als Verkäufer Einfluß auf dem Rohbaumwollmarkt, sondern wird auch seinen Rohstoff billiger einkaufen können. Das wäre aber ein großer, wenn auch zunächst indirekter Vorteil für den Arbeitsmarkt der deutschen Textilarbeiter. Denn billigerer Rohstoff bedeutet eine Herabsetzung der Gestehungskosten, bedeutet weiter bei einer starken Organisation der Arbeiter die Möglichkeit höherer Löhne, während bei den starken Schwankungen des Baumwollpreises in den letzten Jahren Lohnbewegungen im Baumwollgewerbe ziemlich aussichtslos sein mußten. Es ergibt sich so für den deutschen Arbeitsmarkt sehr wohl die Möglichkeit, daß unsere Kolonien ihm erhebliche indirekte Vorteile bringen. Diese Möglichkeit ist jedenfalls wahrscheinlicher, als die gegenteilige, wonach die Kolonien gänzlich wertlos sein sollen." (Sozial. Monatshefte 1907, 3. Heft.)

Die Förderung des Baumwollbaues mit deutschem Kapital und unter deutscher Leitung in Mittel- und Südamerika hat Dr. August Etienne in seiner Schrift über „Die Baumwollfrage vom Standpunkt deutscher Interessen" (Berlin 1904) als eines der großen Mittel empfohlen, um die deutsche Stellung auf jenen Märkten nachdrücklich zu verteidigen.

8. Britische Anbauversuche.

Für die britische Baumwollindustrie, die mit annähernd 50 Millionen Spindeln fast ein Drittel der gesamten Ernte verspinnt, ist die Förderung des kolonialen Baumwollbaues geradezu eine Lebensfrage. In dieser Erkenntnis begründeten Mitte 1902 auf Anregung der

Handelskammer zu Oldham englische Baumwollindu=
strielle unter Beteiligung von Arbeitergewerkvereinen mit
einem Kapital von 10 Millionen Mark in Anteilen von
20 Mark die „Britiſh Cotton Growing Aſſociation" in
Liverpool mit der Aufgabe, die Baumwollkultur in den
britiſchen Kolonien zu heben, ſo daß Großbritannien mög=
lichſt ſeinen ganzen Bedarf an Baumwolle aus ſeinen
Kolonien beziehen kann und von den hohen und un=
geregelten Preiſen des nordamerikaniſchen Marktes un=
abhängig wird. Leider hat die Geſellſchaft bei den Inter=
eſſenten kein genügendes Verſtändnis gefunden, da ihr
Verwaltungsrat in ſeinem Bericht für 1906 die mangel=
hafte Unterſtützung der engliſchen Baumwollindustriellen
ernſtlich beklagt.

Viele engliſche Kolonien liegen in der Baumwoll=
zone, etwa 40 Grad nördlich und ſüdlich vom Äquator.

Zu umfangreichen Anpflanzungen mit zunehmenden
Erträgen iſt man vorerſt nur in Oſtindien und Ägypten
gelangt. In Oſtindien wurde die Qualität vernach=
läſſigt. Eine erhebliche weitere Ausdehnung des Anbaues
in Ägypten iſt ausgeſchloſſen. Doch hofft man, durch
Erhöhung des Staudammes von Aſſuan den Ertrag der
Pflanzungen ſteigern zu können. Mehr erwartet man
vom Sudan, wo zwiſchen der Atbara, dem blauen und
weißen Nil ein Gebiet von 4 Millionen Hektar zur Be=
pflanzung in Ausſicht genommen iſt.

Der Sudan verſpricht große Mengen zu liefern, doch
erſt nach Ausführung koſtſpieliger Bewäſſerungsanlagen
und einer Eiſenbahn Suakim -Berber. Einſt wurde auch
auf Cypern Baumwolle gebaut. Auf Malta ſind Ver=
ſuche gemacht worden. In Britiſch = Südafrika ſind
die Ausſichten nicht günſtig. Dasſelbe gilt von Britiſch=

Ostafrika und Uganda. Britisch-Mittelafrika wäre ge=
eigneter, doch ist die Beförderung zu kostspielig. West=
indiens alte Baumwollpflanzungen sollen erneuert werden.
Auf Jamaika und Barbados wurden erfolgreiche Ver=
suche angestellt.

Günstigere Aussichten eröffnen sich in den westafrika=
nischen Kolonien auf Grund von Lage, Klima, Boden,
Beförderungs= und Arbeiterverhältnissen. Im Jahre
1906 arbeitete die Britische Gesellschaft, abgesehen von
kleineren Gebieten in Westindien und anderen Gegenden,
hauptsächlich in Westafrika. Erzielt wurden 1906 in
Lagos 4500, in Nord=Nigeria 700, in Süd=Nigeria 140,
an der Goldküste 175 und in Sierra Leone 175 Ballen zu
je 250 Kilogramm, ferner in Ostafrika 2450 Ballen.

In einzelnen Gebieten soll der Stand der Baumwoll=
kultur bereits so vorgeschritten sein, daß reine Erwerbs=
gesellschaften in Tätigkeit treten können. In anderen
Kolonien dagegen muß noch viel gemeinnützige Arbeit
aufgewendet werden. Bestimmte Gebiete werden für euro=
päische Großkultur, andere, wie in Westindien, für euro=
päische Farmkultur, die west= und ostafrikanischen Ge=
biete namentlich für die Eingeborenenkultur als geeignet
bezeichnet.

Bei Eintritt der Baumwollteuerung während des
amerikanischen Bürgerkrieges führten die hohen Preise
zu beträchtlichen Anpflanzungen in Queensland, wo die
Regierung Anbauprämien zahlte. Nach Beendigung des
Krieges, als die Preise wieder sanken, gingen die Pflan=
zungen ein. In den Nordgegenden Südaustraliens finden
sich große geeignete Landstrecken, doch fehlt es an Ar=
beitern, da die Einwanderung Farbiger verboten ist.

Livingstone glaubte, daß Mittelafrika zu einem ge=

waltigen Baumwollerzeugungslande gemacht werden kann.
Immerhin erscheint die Versicherung des stellvertretenden
Obmannes Hutton von der Cotton Growing Association
etwas optimistisch, wonach Westafrika fähig sei, jährlich
20 Millionen Ballen zu liefern.

9. Fremde Anbauversuche.

Nach deutschem Vorgehen haben außer England auch
Frankreich, Spanien, Italien und Belgien Pflanzungs=
versuche unternommen.

Frankreich gewinnt Baumwolle in Algier und Tunis.
Mit Anpflanzungen in Algier hatten französische
Industrielle schon Ende der sechziger Jahre begonnen.
Auch elsässische Häuser waren daran beteiligt. Die Aus=
fuhr betrug aber in den letzten Jahren nur einige Tausend
Kilogramm. Indessen sind die Versuche in größerem
Maßstabe unter Einrichtung einer vollständigen Finan=
lage wieder aufgenommen worden. Mit Hilfe der Asso=
ciation Cotonnière Coloniale, die Anfang 1907 ein Kapital
von 80000 Franken gesammelt hatte, hofft man, ge=
eignete Gebiete in Westafrika, namentlich in Französisch
Guinea, im französischen Sudan, in den Uferlandschaften
des Niger und in Dahomey bebauen zu können. In
Dahomey sind die ersten Versuche günstig ausgefallen.

An der Anlage von Anpflanzungen in dem portu=
giesischen Angola wollten sich englische Kapitalisten be=
teiligen. Die Regierung ist entschlossen, den Baumwollbau
zu fördern und die kolonialen Ausfuhrzölle aufzuheben.

Belgien will im Kongostaat Anpflanzungen be=
günstigen.

Von spanischer Seite hat man mit gutem Erfolge
Anbauversuche in Andalusien und auf den Balearen ge=

macht. Auch Süditalien soll günstige Bedingungen für den Anbau bieten. Versuche in Apulien fielen befriedigend aus.

Rußlands Baumwollerzeugung in Mittelasien und Transkaukasien stieg von 50 000 Doppelzentnern in 1890 auf etwa 3 Millionen in 1906 und deckte zuletzt die Hälfte des Bedarfs seiner Industrie.

An Baumwollpflanzungen größeren Umfangs in Mesopotamien kann erst nach Fertigstellung der Bagdadbahn und nach umfangreichen Bewässerungsanlagen gedacht werden. Beides steht noch in weitem Felde. Dagegen werden die geplanten Anpflanzungen bei Adana in Kleinasien rascher zu Ergebnissen führen.

In Mexiko stellte sich die Ernte für 1903 auf 22,5 Millionen Kilogramm, wurde aber im Lande selbst verbraucht und genügte noch nicht für den heimischen Bedarf.

Lebhaftes Interesse für die Einführung des Baumwollbaues zeigt sich in Argentinien, wo im Norden geeignete Bodenflächen vorhanden sind. Mehrfache Versuche hatten günstige Ergebnisse. Im Jahre 1903 wurden 5542 Kilogramm Baumwolle nach England geliefert. Eine nordamerikanische Aktiengesellschaft will 7500 Hektar im Chaco bebauen.

Schon seit Jahren wird der Baumwollanbau in Peru betrieben. Es besteht eine heimische Baumwollindustrie. Die Ausfuhr stieg von 5600 Tonnen in 1897 auf 8000 Tonnen in 1901.

Brasilien erntete im Jahre 1903/04 rund 490 000 Ballen von je 85 Kilogramm, überwiegend in Pernambuco. Eine Entwickelung des brasilianischen Baumwollbaues im großen Maßstab soll nicht ausgeschlossen sein.

Die Ausfuhr stieg von 12 Millionen Kilogramm in 1901 auf 32 Millionen Kilogramm in 1906.

Vielgerühmt wird die Baumwolle von Paraguay.

China erzeugt 1,3 Millionen Ballen gute Baumwolle, bessere als Indien, verspinnt sie zum größten Teile selbst und führt indische Baumwolle ein.

Japan beabsichtigt, den Baumwollbau in Korea nachdrücklich zu fördern, um dort seinen eigenen Bedarf ganz decken zu können.

Kolonialbahnen.

Zu den wichtigsten Aufgaben praktischer Kolonial=
wirtschaft gehört die Schaffung von Verkehrsmitteln.

Ende 1905 besaßen Amerika 460 000, Europa
309 000, Asien 81 000, Australien 28 000, Afrika aber
nur 26 600 Kilometer Eisenbahnen. Mit dem Bau von
Eisenbahnen wurde in Afrika später als in anderen Erd=
teilen begonnen. Doch wird das Versäumte nachgeholt.
Seit 1890 hat sich die Gesamtlänge der afrikanischen
Eisenbahnen verdreifacht.

Immerhin wird die Entwickelung der afrikanischen
Eisenbahnen noch lange auf die Küstenländer beschränkt
bleiben. Als weites Binnenland mit buchtenlosen Küsten
ist Afrika von der Seeseite her schwerer zugänglich als
Europa mit seinem vielgestaltigen Gestade und wäre mehr
auf Eisenbahnen angewiesen, wenn nicht sein Klima eine
Bebauung des Bodens auf große Strecken des Binnen=
landes ausschließen würde.

Die ersten Eisenbahnen in Afrika waren kürzere
Küstenstichbahnen. Denen folgten längere Erschließungs=
bahnen. Einige wichtige Bahnen sind gebaut worden,
um Stromschnellen und Wasserfälle zu umgehen und fahr=
bare Stromstrecken dahinter zur Aufschließung des
Binnenlandes nutzbar zu machen, so vor allem die Kongo=

bahn von Matadi nach Leopoldville zur Umgehung der
untern Kongoschnellen und die Strecke Wadyhalfa-Char-
tum zur Überwindung der Nilkatarakte.

Alle Eisenbahnen Afrikas wurden von Europäern
gebaut. England verfügt in Afrika über 18 369, Frankreich über 5657, Deutschland über 1398 Kilometer,
Portugal über 1173, Italien über 115 und der Kongostaat über 642 Kilometer Eisenbahnen. Am weitesten
entwickelt ist das Eisenbahnnetz Britisch-Südafrikas,
Ägyptens und Algeriens, wo sich fruchtbare oder erzreiche
Gebiete darboten. Am tiefsten ins Land hinein geht,
abgesehen von den ägyptischen Bahnen bis Chartum und
den südafrikanischen Bahnen bis Broken-Hill nördlich
von den Viktoriafällen des Sambesi, die englisch-ost-
afrikanische Ugandabahn von Mombasa nach dem Viktoriasee.

Mit seinen Kolonialbahnen ist Deutschland weit
hinter England und Frankreich zurückgeblieben. Nach
Vollendung der im Bau begriffenen Eisenbahnen werden
die deutschen Kolonien in Afrika erst 2000 Kilometer
Eisenbahnen aufzuweisen haben.

		Eröffnungsjahr
Ostafrika: Usambarabahn... ..129 Kilometer		1905
Mrogorobahn .222		1908
Südwestafrika: Windhukbahn..382		1902
Otavibahn.....560		1906
Lüderitzbahn...370		1908
Kamerun: Manengubabahn ...160		1910
Togo: Anecho-Lome-Palime ...165		1907

Die englisch-deutsche Südwestafrikagesellschaft will im
Anschluß an ihre Bahn Swakopmund—Otavi—Tsumeb
eine Abzweigung nach Grootfontein (90 Kilometer) bauen.

Für Deutsch-Ostafrika werden zunächst drei Er-

schließungsbahnen vorgeschlagen: eine Nordbahn von
Tanga an dem Viktoriasee (700 Kilometer), ferner die
von Professor Dr. Hans Meyer schon längst mit guten
Gründen befürwortete Südbahn von Kilwa nach Wied-
hafen am Njassasee (700 Kilometer), die beide zu Baum-
wollgebieten wie zu belebteren Punkten führen, und endlich der Weiterbau der Zentralbahn von Mrogoro nach
dem Tanganjikasee (1000 Kilometer). Erwähnt zu werden verdient noch der Plan einer deutschen Bahn quer
durch Kamerun über den Benue zum Tschadsee.

Für Deutschland besteht die Gefahr, daß es wie in
Deutsch-Ostafrika auch in Togo und vielleicht selbst in
Kamerun, also auf eigenem Gebiete, durch fremde Kon-
kurrenzbahnen überflügelt wird.

Eisenbahnen schließen entlegene Länder auf und
wirken auf die Bevölkerung wirtschaftlich erziehend. Wo
weder Eisenbahnen noch Wege vorhanden sind, wo wie vielfach in Afrika die Beförderung von Gütern durch Träger
bewirkt wird, da können viele Waren überhaupt nicht befördert werden, weil sie verderben oder nicht zerlegbar
sind. Da sind die Frachtkosten außerordentlich hoch,
mindestens 1 Mark für den Tonnenkilometer, d. i. für
die Beförderung einer Tonne von 1000 Kilogramm auf
1 Kilometer, oft noch höher, während auf den afrikanischen
Eisenbahnen sich die Fracht für den Tonnenkilometer
durchschnittlich auf 30 Pfennig stellt.

Gedeiht im Innern Afrikas, etwa 500 Kilometer
von der Küste aus, die Baumwolle ausgezeichnet, so
bleibt sie unverkäuflich, weil die Frachtkosten etwa ebenso hoch oder höher sind wie der Wert der verfrachteten
Ware. Selbst in einer Entfernung von 200 oder 100
Kilometern von der Küste aus sind die Frachtkosten noch

zu hoch. Erst nach Anlage von Eisenbahnen wird
Baumwolle oder Kautschuk oder irgend ein anderes Er=
zeugnis aus dem Innern versandfähig und findet An=
wert. Dadurch werden die Eingeborenen veranlaßt, mehr
Baumwolle zu bauen oder sonstigen Rohstoff zu gewinnen.
Sehen sie, daß sie mehr verdienen, dann verbrauchen
sie auch mehr und, um immer mehr verbrauchen zu
können, arbeiten sie mehr. Jeder Ballen Baumwolle
oder Hanf oder Felle, jeder Sack Kautschuk oder der=
gleichen, den wir aus den Kolonien ausführen, bedeutet,
wie das Kolonialwirtschaftliche Komitee einmal ausge=
führt hat, eine entsprechende Bestellung bei der heimischen
Industrie.

Bei Kolonialbahnen kann nicht die unmittelbare
Ertragsfähigkeit, sondern muß der mittelbare Nutzen
maßgebend sein, den sie durch Vermehrung der Steuer=
einnahmen, durch Erhöhung der Bodenwerte und durch
Belebung des ganzen wirtschaftlichen Lebens der Kolonie
bringen.

Mit Hilfe von Eisenbahnen lassen sich besonders
fremde weite Länder besser verwalten und leichter be=
herrschen, Aufstände schneller niederschlagen oder recht=
zeitig unterdrücken.

Alle diese mittelbaren Vorteile der Kolonialbahnen
sind für Privatunternehmungen ohne Wert. Deshalb
hält man es in den leitenden deutschen Kreisen für zweck=
mäßiger, wie anderwärts Eisenbahnen auf Rechnung der
Kolonien erbauen zu lassen.

Für Kolonialbahnen eignet sich im allgemeinen
nicht die Normalspur. Meist genügen Schmalspurbahnen,
die verhältnismäßig billig und selbst in schwierigen Ge=
ländeverhältnissen angelegt werden können.

Die finanzielle Lage großer Eisenbahnen in Afrika ist keineswegs ungünstig. In den Eisenbahnen der Kapkolonie sind bisher 580 Millionen Mark angelegt worden. Nach den Berechnungen der Handelskammer in Kapstadt ergeben diese Bahnen, wenn man die Zinsen des Anlagekapitals in Betracht zieht, nur noch einen Fehlbetrag von 1/3 Prozent.

Nach der Denkschrift der Reichsregierung vom Frühjahr 1907 haben fast alle afrikanischen Eisenbahnen nach kurzer Zeit ihre Betriebs- und Unterhaltungskosten gedeckt. Viele brachten Zinsen und Gewinn.

Die Ugandabahn ist ursprünglich aus politischen Gründen angelegt worden, sie sollte im Falle der Sperrung des Suezkanals einen Landweg nach Indien abgeben; sie ist 940 Kilometer lang, wurde 1903 eröffnet und erforderte wegen technischer Schwierigkeiten, da sie bis 2340 Meter über dem Meere ansteigt, 113,2 Millionen Mark Baukosten. Bei besserer Wirtschaft hätten daran nach englischer Auffassung 26 Millionen Mark gespart werden können. Wider Erwarten steigerte sich der Verkehr, und zwar nach dem Zugeständnis des englischen Kommissars in Port Florence vom April 1907 bei dem Stapellauf eines neuen englischen Viktoriaseedampfers durch Beteiligung Deutsch-Ostafrikas derart, daß die Verzinsung sich für das Jahr 1905 auf 0,7 Prozent belief. Schon innerhalb 30 Jahren erwartet man die Tilgung des Kapitals. Seit Eröffnung der Ugandabahn haben sich auf dem englischen Gebiet die Einnahmen an Zöllen und Steuern verdoppelt.

Die Kongobahn, Matadi-Leopoldville, unter großen Schwierigkeiten von 1891 bis 1898 erbaut und zwar mit wesentlicher Hilfe Berliner Banken, ergab trotz der hohen

Baukosten von 60 Millionen Mark in den letzten Jahren eine Verzinsung von 10 Prozent, sie verbindet das große Wasserstraßennetz des Kongogebietes mit dem Meer, wird somit allerdings unter besonders günstigen Umständen betrieben.

Mit ihren Eisenbahnbauten in Afrika sind England und Frankreich weit vorgeschritten; sie haben sich bereits Eisenbahnnetze geschaffen und sind auf dem Wege, ihre Kolonien durch Schienenstraßen miteinander zu verbinden. Der Kongostaat sucht Anschluß an die englischen und portugiesischen Eisenbahnen. Frankreich ist bestrebt, sein Eisenbahnnetz in Algerien mit dem westafrikanischen zu vereinigen, um dadurch sein nordwestafrikanisches Kolonialreich zusammenzufassen. Noch ein höheres Ziel hat sich England gesteckt durch die Kap—Kairobahn, die mit ihren Abzweigungen in Britisch=Südafrika, mit der Zambesibahn, mit der Ugandabahn, mit der Sudanbahn und mit der äthiopischen Bahn das Rückgrat eines ostafrikanischen Eisenbahnnetzes werden soll.

Als Überlandweg ist diese Bahn wertlos, da sie von dem ungleich billigeren, sichereren und bequemeren Seewege flankiert wird. Obschon von der Gesamtlänge mit rund 9500 Kilometern Ende 1906 bereits 5400 Kilometer gebaut waren und zwar im Norden von Kairo bis Chartum, einschließlich der Nilstrecke Assuan—Wadyhalfa, 2200 Kilometer, und im Süden von Kapstadt bis Brokenhill, 3200 Kilometer, so werden doch gerade die fehlenden Zwischenglieder die größten Schwierigkeiten machen. Bereits ist man davon abgekommen, die ganze Bahn auszubauen, und will, wie beim Nil zwischen Assuan und Wadyhalfa, die Seen und Wasserläufe benützen, insbesondere auch den Tanganjikasee. Eine Durchführung der

Bahn durch den Kongostaat oder durch Deutsch-Ostafrika erscheint ohnehin ausgeschlossen, da diese beiden Länder nicht geneigt sein können, eine Bahn zu begünstigen, die den heimischen Verkehr auf fremde Strecken ableiten soll. Ferner ist noch gar nicht ermittelt worden, wie die Bahn die ungeheure Sumpfzone zwischen Gondokoro und dem Viktoriasee überwinden wird. Sollte sie wirklich fertig= gestellt werden, so verbieten die verschiedenen Spurweiten der Teilstrecken, der ägyptischen, der Sudan= und der Kap= Rhodesiabahn, einen durchgehenden Verkehr.

Die Kap—Kairobahn sollte von Anfang an dem größerbritischen Imperialismus dienen im Sinne der Losung „Afrika englisch vom Kap bis zum Nil!" Das Ziel ist zwar hoch gesteckt, das Mittel dazu aber nicht recht gangbar.

Was man von weiteren Überlandbahnen hört, ist vorläufig noch recht phantastisch, so eine große Nord=Süd= bahn von Algier durch die Sahara nach dem Tschadsee und eine ostwestliche Querbahn von Chartum durch den Sudan nach dem Tschadsee. Ein afrikanisches Eisenbahn= netz mit dem Tschadsee als Mittelpunkt wird noch lange auf dem Papier bleiben.

Kolonialfinanzielles.

Von vornherein schätzte Bismarck die nationale und politische Bedeutung deutscher Kolonien höher ein als die finanzielle, die von keinem kolonisierenden Kulturstaat vorangestellt werden darf. Was er, der weitblickende und weltkluge Staatsmann, in den achtziger Jahren darüber sagte, verdient gegenüber den Bemängelungen kleiner Geister wieder in das Gedächtnis zurückgerufen zu werden.

Bismarck verschloß sich nicht vor der Notwendig= keit deutscher Kolonialpolitik, obwohl er die Schwierig= keiten, die dabei entstehen mußten, erkannte.

„Ich bin kein Kolonialmensch von Hause aus ge= wesen," sagte er am 26. Januar 1889 im Reichstage, „ich habe gerechte Bedenken gehabt, und nur der Druck der öffentlichen Meinung, der Druck der Mehrheit hat mich bestimmt, zu kapitulieren und mich unterzuordnen."

Bismarck rechnete mit der Möglichkeit von Ent= täuschungen. „Ohne ein gewisses Wagnis," äußerte er am 23. Juni 1884 im Reichstage, „würden überhaupt nie Kolonien entstanden sein." Er warnte davor, eine koloniale Gründung wie einen Lotterieeinsatz zu betrachten, der im nächsten halben Jahre einen ungeheuren Ge= winn geben müsse. Er erblickte in den Kolonien eine vor= bedachte berechnete Anlage, die unter Umständen viel=

leicht auch keinen Gewinn abwirft, aber doch mit Wahrscheinlichkeit in zehn oder zwanzig Jahren.

„Unsere ganzen kolonialen Unternehmungen," sagte er am 15. Januar 1889, „sind nicht auf einen Nutzen von drei bis vier Jahren berechnet." Er verglich sie mit landwirtschaftlichen Unternehmungen. Manche Schößlinge gehen da zugrunde, während andere sich kräftig entwickeln. Allenfalls könnte man Kolonien, wie er meinte, auch mit der Mutung eines Bergwerkes vergleichen, das man nicht sofort in vollen Angriff nehmen kann, für das man aber doch dem Erben sichere Grenzen übermacht, die von anderen Mächten nicht mehr übertreten werden. In den Wahlkämpfen von Anfang 1907 wurde dieser letztere Vergleich durch einige Zahlen illustriert. Im Rheinlande besitzt der preußische Staat für 40 Millionen Mark Mutungen auf Kohlenwerke, und er hat noch weitere 60 bis 70 Millionen hineinzustecken, bis die betreffenden Kohlenlager aufgeschlossen sind. Es handelt sich also auch hier um die Anlage großer Kapitalien, bevor von Ausbeute und Gewinn die Rede sein kann.

Bismarck führte als Beispiel auch einen Grundbesitzer in Lichterfelde an, der vor dreißig Jahren sich ein Grundstück erworben hat und den Besitztitel liegen läßt, bis die Zeit kommt, wo er das Grundstück bebaut oder vorteilhaft verwertet. Bismarck warf die Frage auf, „ob wir in zehn, in zwanzig, in dreißig Jahren nicht vielleicht bereuen würden, den Besitztitel, der uns jetzt geboten wird, verschmäht zu haben. Da habe ich nicht den Mut, ihn herauszuweisen, namentlich wenn er für den Preis, der uns jetzt dafür abgefordert wird, zu haben ist."

Bismarck wollte die Zustimmung zur Kolonialpolitik

keineswegs von einem genauen Nachweise der Rentabilität abhängig gemacht wissen. Er erinnerte an die vielfachen Geldbewilligungen der Landesvertretungen bei Eisenbahn= bürgschaften und Zuschüssen zu anderen nutzbringenden Unternehmungen. Hat doch auch Deutschland für die Gottharbbahn einen Zuschuß von 24 Millionen Mark bewilligt.

Kolonialpolitik ist Zukunftspolitik mindestens über= all da, wo nicht Raubbau getrieben wird. Raubbau zu treiben liegt aber nicht in deutscher Art. Vorläufig er= fordern die deutschen Kolonien beträchtliche Zuschüsse wie jedes neue große Unternehmen. Nur wer säet, kann ernten. Der Landmann pflanzt Bäume, obwohl er selbst ihre Früchte niemals ernten wird.

Mit Vorliebe haben die Kolonialgegner alle bisher gewährten Zuschüsse an die Kolonien zusammengestellt und Millionen und Milliarden herausgerechnet, um den deutschen Spießbürger zu erschrecken. Eine erheiternde Berechnung dieser Art hat der sozialdemokratische „Vor= wärts“ Ende 1906 zustande gebracht. Die Kriegskosten setzte er mit 600 Millionen Mark an, Zuschüsse an 5000 Farmer mit 50 Millionen Mark und endlich Ausgaben für die Schutztruppe (50 Jahre zu je 30 Millionen Mark) mit 1500 Millionen Mark. Insgesamt 2150 Millionen Mark. „Jeder Farmer,“ sagte der „Vorwärts“, „würde uns also mehr als 400 000 Mark gekostet haben.“ Leicht würde der „Vorwärts“ noch einige Milliarden mehr haben einstellen können, wenn er die Ausgaben der Schutztruppe gleich für 100 Jahre angenommen hätte.

Diese Art der Rechnung ist nur für gedankenlose Leser erfunden. Mit derselben Berechtigung könnten die Kosten der französischen Kriegszüge gegen Deutschland zusammengestellt und daraufhin ermittelt werden, wieviel Frankreich für jeden Kopf im Elsaß aufgewendet hatte, als es dieses Land besetzte. Die eine Rechnung ist so absurd wie die andere. Für eine Macht, die außerhalb ihrer Grenzen ein Gebiet erstrebt oder erwirbt, ist nicht die Kopfzahl der Bevölkerung ausschlaggebend, sondern der militärische, strategische und wirtschaftliche Wert des betreffenden Landes. Diese Werte ließ der „Vorwärts" natürlich außer Betracht.

Wohl sind hohe Zuschüsse für die Kolonien bewilligt worden. Aber die Hunderte von Millionen, die da herausgerechnet werden, lassen sich erst richtig abschätzen, wenn man sie mit verwandten Zahlen vergleicht. Dann erscheinen sie keineswegs erschreckend hoch. Nach den Berechnungen des Staatssekretärs Dernburg haben die deutschen Baumwollindustriellen durch die spekulativen Preissteigerungen dieses Rohstoffes im Jahre 1905 etwa 150 bis 200 Millionen Mark für ihren Bedarf m e h r bezahlt als im Jahre 1899. Macht sich Deutschland mit seiner Baumwollversorgung unabhängig von den nordamerikanischen Spekulanten, indem es den Baumwollbau in seinen Kolonien entwickelt, und kann es seinen Industriellen solche Preissteigerungen ersparen, so erscheinen die Zuschüsse für die Kolonien in einem anderen Licht. Es kommen hier Umsätze in Betracht, die nur von einem höheren Standpunkt richtig beurteilt werden können.

Trotz aller ihrer Berechnungen haben es die Kolonialgegner, abgesehen von den sozialdemokratischen Nihilisten, doch vermieden, die letzte Schlußfolgerung zu ziehen, — sie haben sich gescheut, einen Besitz für wertlos zu erklären, der so hohe Zuschüsse fordert, sie haben es unterlassen, das Aufgeben dieses Besitzes zu verlangen, und sie waren sehr klug, als sie darauf verzichteten, denn diese letzte Schlußfolgerung zeigt die Unrichtigkeit ihrer ganzen Darlegung.

Trotz all der Zuschüsse, die sie noch fordern, haben die Kolonien einen greifbaren wirtschaftlichen Wert. Dieser Wert läßt sich ziffernmäßig feststellen, soweit er in bereits veranlagten Kapitalien zum Ausdruck kommt. Für öffentliche Verkehrsunternehmungen usw. hat das Reich in den Kolonien bis Ende 1906 etwa 60 Millionen aufgewendet, und von verschiedenen Erwerbsgesellschaften und Privatunternehmungen sind insgesamt 274 Millionen Mark Kapitalien angelegt worden. Man wird nicht leicht einen Kapitalisten finden, der auch nur 1000 Mark in ein Unternehmen steckt, von dessen Wertlosigkeit und Aussichtslosigkeit er von vornherein überzeugt ist. Die bebedeutenden Privatkapitalien sind in den Kolonien angelegt worden im Vertrauen auf die gedeihliche Entwickelung des betreffenden Unternehmens, im Vertrauen auf die Zukunft der deutschen Kolonien und im Vertrauen auf den Schutz des Reiches. Dieses Vertrauen darf nicht getäuscht werden.

Die politische Bedeutung der deutschen Kolonien.

Unberechenbar ist der politische Wert einer jeden Kolonie. Nicht zuletzt aus politischen Erwägungen sind die größeren Völker zur Begründung von Kolonien geschritten. Ein Blick auf die Karte von Afrika zeigt, daß fast alle europäischen Staaten dort Kolonien besitzen, nur Rußland, das sich unmittelbar an seinen Grenzen erweitern kann, und Österreich-Ungarn, das wegen seines Nationalitätengemisches auf nationale Kolonialarbeit verzichten muß, sind ferngeblieben.

Weitaus der größte Kolonialbesitz in Afrika gehört den Engländern, alles in allem 5,3 Millionen Quadratkilometer. Lange Zeit hatte Afrika für die Engländer vorwiegend verkehrspolitisches Interesse. In Kapstadt setzten sie sich fest, wo vor der Eröffnung des Suezkanals die Hauptstation auf dem Wege nach Indien war. Nach Vollendung des Suezkanals faßten sie Fuß in Ägypten. Vom Kaplande aus erweiterten sie ihre Herrschaft über Rhodesia nach dem Norden und von Ägypten über den Sudan nach Süden, und es ist ihr Plan, durch den Bau einer Bahn vom Kap zum Nil ein größerbritisches Afrikareich zu gründen.

An Wert und Bedeutung stehen die Besitzungen Frankreichs in Afrika mit 10,2 Millionen Quadratkilo-

meter weit hinter denen Englands zurück, aber das nord=
westafrikanische Kolonialreich Frankreichs hängt zu=
sammen, es soll abgerundet werden durch Einbeziehung
von Marokko und würde dadurch an innerem Wert wie
an politischer Bedeutung erheblich gewinnen.

Außerdem haben beträchtliche Besitzungen in Afrika
die Türkei und Portugal. Italien steht in Eritrea und
hat Anwartschaft auf Tripolis. Endlich wäre noch Bel=
gien mit dem Kongostaat und Spanien mit seinen Be=
sitzungen an der Nordküste zu erwähnen.

Die deutschen Kolonien in Afrika haben einen
Flächenraum von 2,4 Millionen Quadratkilometern. Togo
ist etwas größer wie Bayern, Kamerun etwas kleiner
wie Deutschland, Deutsch=Südwest= und Ostafrika zu=
sammen dreimal so groß wie Deutschland.

Wer den politischen Wert dieser Kolonien bezweifelt,
möge sich darüber von den Engländern belehren lassen.
Mehrfach schieben sich die deutschen Schutzgebiete zwischen
die englischen Kolonien ein, sie verhindern eine gewisse
Abrundung des englischen Besitzes. Ohne die deutschen
Kolonien würde die Übermacht der Engländer im südlichen
Afrika eine unbedingte sein. Für die englischen Politiker
sind nicht nur die deutschen, sondern auch die französischen
und portugiesischen Kolonien wie der Kongostaat un=
überwindliche Hindernisse bei der Heranbildung des ge=
planten großen britischen Afrikareiches.

Die politische Bedeutung der deutschen Kolonien in
Afrika wird auch von den nicht britischen Kolonialmächten
anerkannt. Eine gewisse Gemeinsamkeit aller nicht bri=
tischen Interessen in Afrika ist vorhanden und wird vor=
aussichtlich noch greifbarer hervortreten. Wiederholt ist
bereits von französischer Seite diese Gemeinsamkeit be=

tont worden. Anfang 1907 empfahl auf einem Bankett
des französischen Kolonialverbandes in Paris der frühere
französische Kolonialminister Harmant ein Einvernehmen
Frankreichs mit Deutschland auf kolonialwirtschaftlichem
Gebiet angesichts der großen Ausdehnung der deutschen
Kolonien und im Hinblick auf das Ansehen Deutschlands
in Ostafrika.

Als ein Freund französisch-deutscher Annäherung auf
kolonialem Gebiet erschien in Berlin am 15. März 1907
der französische Abg. Hubert, Vizepräsident des Aus=
schusses für die auswärtigen Angelegenheiten, und hielt
vor der Deutschen Kolonialgesellschaft einen Vortrag über
die Kolonialtätigkeit Frankreichs in Westafrika. Er ver=
wies auf die gemeinsamen Berührungspunkte zwischen
Deutschland und Frankreich in Afrika und erblickte in
einem gegenseitigen Sichverstehen das gemeinsame Ar=
beiten auf nichtstrittigem Boden als das beste Mittel,
Gegensätze zu überbrücken. In gleichem Sinne haben sich
René Millet, Senator Marcel Saint Germain u. a. aus=
gesprochen.

Und noch einen besonderen unwägbaren Wert hat
Deutschwestafrika für Deutschland erlangt nach der Nieder=
werfung des Aufstandes durch die deutschen Truppen. Mit
Erstaunen haben die anderen Mächte beobachtet, wie sich
dort der militärische Geist des deutschen Volkes, der
Deutschland groß gemacht hat, aufs neue entfaltete, jener
militärische Geist mit all den Soldatentugenden, wie
Tapferkeit, Mannszucht und Zuverlässigkeit, die die Dis=
ziplin erleichtern und zu Heldentaten anfeuern. Nahezu
2000 junge Deutsche haben in Südwestafrika ihr Leben
lassen müssen. Aber deutsches Blut ist nicht vergeblich
geflossen. Alle Mächte haben aufs neue gesehen, was

das deutsche Volk in Waffen vermag. Auch die deutschen
Soldaten von heute, die Nachkommen der Sieger vor
einem Menschenalter, haben sich unter den schwierigsten
Verhältnissen bewährt, sie haben Anstrengungen und Ent=
behrungen überwunden und das Feld behauptet, weit ent=
fernt vom Vaterlande, im Kampfe mit ungewohnten
Naturgewalten, im Kampf mit einem tückischen und flüch=
tigen Feind, im Kampfe mit grausamen Halbbarbaren,
die anfangs selbst wehrlose Frauen und Kinder nicht
schonten. Noch heute lebt im deutschen Volke, dem Volke
in Waffen, der Wille und mit ihm die Kraft zu siegen.

Nicht überall hat man mit Sympathien die Kraft=
entfaltung des deutschen Volkes in Südwestafrika beob=
achtet. Ende 1906 äußerte mit einigem Unbehagen der sonst
so liebenswürdige und deutschfreundliche englische Kriegs=
minister Haldane: Wenn die Zahl der Truppen in Süd=
westafrika vermindert werden sollte, dann würde ein Gefühl
der Beunruhigung für die englische Politik verschwinden.

Was mit deutschem Blut errungen worden ist, muß
festgehalten werden. Nationales Pflichtgefühl haben die
deutschen Truppen in Südwestafrika heldenhaft gezeigt.
Dasselbe nationale Pflichtgefühl lebt im deutschen Volk
und wurde betätigt bei den denkwürdigen Reichstags=
wahlen vom 25. Januar 1907. Da hat das deutsche Volk
bekundet, was die Thronrede vom 19. Februar bestätigte,
daß es Ehr' und Gut der Nation ohne kleinlichen Partei=
geist fest und treu behütet wissen will. Deutsch=Südwest=
afrika wird deutsch bleiben.

Nicht mit Unrecht hat man die Kolonien die Er=
ziehungsschule eines Volkes zu kraftvollem Handeln, zu
weiterem Denken genannt. In diese Erziehungsschule
muß wenigstens ein Teil des deutschen Nachwuchses gehen.

Von den Kolonien sagte Wilhelm Roscher, daß sie den Nationen eine lebensverlängernde Kraft verleihen, durch frischen, hoffnungsfreudigen Aufschwung infolge Erweiterung ihres Spielraums. Mögen auch diese Vorteile kolonialer Politik Beachtung finden!

Herzerfreuend ist die Beobachtung, wie im deutschen Volke das Verständnis für die großen nationalen Fragen der Gegenwart wächst, wie das Interesse und das Wohlwollen für die Kolonien in weitere Kreise dringt und stärker hervortritt. Dazu mögen die 15 000 deutschen Soldaten in Südwestafrika mit ihren Briefen und Berichten erheblich beigetragen haben. Auch die Literatur folgt langsam nach.

Zum Ausdruck kam das Verständnis des deutschen Volkes für die Kolonien in den Wahlkämpfen zu Anfang 1907. Durch die koloniale Frage wurden alle Erörterungen, die vordem sich um mehr oder minder kleinliche Streitigkeiten drehten, durch ein neues, weitausschauendes Gebiet bereichert und auf eine höhere Stufe erhoben. Unter der kolonialen Fahne allein konnte der nationale Gedanke aufleuchten und den Sieg erringen.

Bei der Gründung von Kolonien kam Deutschland zu spät, fast zuletzt. Die Erde war mit ihren besten Ländern schon verteilt. Allein die gegenwärtige Verteilung der Erde kann als eine endgültige nicht angesehen werden. Vollzogen sich doch in jedem der letzten Jahrhunderte in dem Kolonialbesitz der Mächte stets neue, erhebliche Verschiebungen. Dieser Umstand ist von Wert. Deutschland mußte in kolonialpolitische Wege einlenken und sich kolonialpolitisch betätigen auch im Hinblick auf die Möglichkeit kommender Konjunkturen.

Sozialdemokratische Kolonial- und Weltpolitik.

Nachgerade haben alle Parteien in Deutschland die Notwendigkeit einer tatkräftigen Kolonialpolitik aner= kannt. Einzig und allein die sozialdemokratische Partei= leitung steht abseits und läßt die deutsche Kolonialpolitik auf das erbittertste bekämpfen, nicht aus Abneigung gegen Kolonien, sondern aus Haß gegen das Reich.

Es ist die alte Taktik der Partei, alles anzufeinden, was ihr geeignet erscheint, das Deutsche Reich zu stärken, weil sie auf dessen Schwäche bedacht sein muß, um, was besteht, rascher und leichter umzustürzen.

In einem Aufsatz vom 5. Mai 1906 erklärte das sozialdemokratische Zentralorgan, daß „die kapitalistische Weltpolitik in allen Ländern so nachdrücklich wie möglich zu bekämpfen ist," da die sozialdemokratische Auffassung „gerade in den weltpolitischen Reibungen das größte Hemmnis der proletarischen Klassenpolitik, der politischen Erstarkung der Arbeiterklasse erblickt" In der deutschen Welt= und Kolonialpolitik glaubt die sozialdemokratische Parteileitung eine neue letzte Entwickelungsstufe der bür= gerlichen und kapitalistischen Gesellschaft in Deutschland zu erkennen. Es ist aber doch sehr zu bezweifeln, ob wirklich ohne diese Welt= und Kolonialpolitik die wieder= holten Prophezeiungen Bebels von dem Hereinbruch des

allgemeinen „Kladderadatsch" für das Jahr 1889 und
später für 1898 eingetroffen wären.

Genug. Blindwütig haben die sozialdemokratischen
Agitatoren und Organe namentlich vor den Wahlen von
1907 gegen die deutsche Kolonialpolitik gearbeitet, von
der das Zentralorgan sagte, daß sie „ein neudeutsches
Sklavenreich mit dem Gut und Blut des deutschen Prole=
tariats aufrichten will" Dieser Politik sollte eine „zer=
schmetternde Niederlage" bereitet werden.

Trotz alledem haben sich auch im sozialdemokratischen
Lager kolonialfreundliche Stimmen erhoben und eine Auf=
fassung zurückgewiesen, die sich damit begnügt, die deut=
schen Kolonien als wertlose Sandwüsten zu verhöhnen.

Bedenken gegen die schroff ablehnende Haltung der
Sozialdemokratie zur deutschen Kolonialpolitik äußerte
Anfang 1907 in den „Sozialistischen Monatsheften" der
frühere sozialdemokratische Abg. Calwer. Den Genossen
hielt er vor, „daß unser Kapitalismus und unser Unter=
nehmertum kolonisieren müssen, soll Deutschlands wirt=
schaftliche Zukunft dem konkurrierenden Auslande gegen=
über sichergestellt werden. Es gibt kein zweites Industrie=
land der Erde, das aus sich selbst einen so starken Be=
völkerungszuwachs entwickelt, wie Deutschland. Wir sehen
nun, wie das Unternehmertum aller anderen mächtigen
Industrieländer bis zum jüngsten, Japan, herab die Erde
okkupiert. Da kann die Sozialdemokratie in Deutschland
nicht verlangen, das deutsche Unternehmertum solle hübsch
zu Hause bleiben und keine weltpolitischen Ziele verfolgen."

Mit Rücksicht auf die gesamte weltwirtschaftliche
und weltpolitische Lage anerkannte Calwer die Notwendig=
keit deutscher Kolonialpolitik:

„Auf der einen Seite steht das koloniengesegnete

England, das immer mehr dem Ziele eines Reichszoll=
vereins näher rückt, auf der andern steht die nordameri=
kanische Union, die nicht nur Südamerika als ihre Domäne
betrachtet, sondern die uns auch aus natürlichen, tech=
nischen und wirtschaftsgeschichtlichen Gründen in vieler
Beziehung überlegen und gefährlich ist."

Als Vertreter der Interessen des Arbeitsmarktes gab
Calwer ausdrücklich die Wahrscheinlichkeit eines mittel=
baren Nutzens der deutschen Kolonien für die deutsche
Arbeiterschaft zu. Als Sozialdemokrat meinte er aber,
es dürften die Ausgaben für die Kolonien keinesfalls aus
dem Lohneinkommen, sondern müßten aus dem Kapital=
einkommen gedeckt werden.

Genosse Hué versicherte in der „Neuen Gesellschaft"
vom April 1907, daß der Sozialist nicht die Kolonial=
politik an sich bekämpft, „sondern die auf Verarmung
der Eingeborenen und rücksichtslose Bereicherung kolonial=
kapitalistischer Interessen gerichtete". Er bedauerte, daß
dieser Gedanke in der sozialdemokratischen Partei nicht
der richtunggebende sei. „Infolge mangelnder Orien=
tierung über die komplizierte Materie kommen manche
Parteigenossen in Wort und Schrift zu genereller Ab=
lehnung kolonialpolitischer Bestrebungen" Er erinnerte
an die kolonialfreundliche Haltung ausländischer Partei=
genossen und befürwortete positivere Mitarbeit. „Vor
die Tatsache des Kolonialbesitzes gestellt, wird sich eine
politische Partei wie die Sozialdemokratie intensiv be=
mühen müssen, in der Verwaltung dieses Besitzes die
humanitären Gesichtspunkte zu den herrschenden zu
machen".

Eingehender beschäftigte sich mit der Kolonialpolitik
eine sozialdemokratische Schrift vom Jahre 1898 unter

dem Titel: „Ein Blick in den Zukunftsstaat. Produktion und Konsum im Sozialstaat" von Atlanticus. Der Ver= fasser hatte sich nicht genannt. Aber in einem sehr freund= lichen Vorwort von neunzehn Druckseiten führte Karl Kautsky die Schrift ein und gab ihr einen unzweifelhaft sozialdemokratischen Stempel. Die Schrift entwarf ver= lockende Bilder vom sozialdemokratischen Zukunftsstaat und sollte zeigen, was er mit den heutigen Mitteln der Wissenschaft und Technik dermaleinst leisten können wird.

Da auch die Sozialdemokraten auf die Erzeugnisse ferner Länder, wie Tee, Kaffee, Kakao, Gewürze, Seide, Südfrüchte usw., nicht verzichten wollen, da Deutschland außerdem Baumwolle einführen muß, ferner Wolle und einen Teil seines Nahrungsmittelbedarfs, so meint At= lanticus:

„Will man in der näheren Zukunft etwas erreichen, dann darf es nicht heißen: „Fort mit den Kolonien!", sondern „her mit den Kolonien!", „mehr Kolonien!" Selbst den gleichzeitigen Sieg des Sozialismus auf der ganzen Linie vorausgesetzt — glaubt man wirklich, daß damit alle nationalen Gegensätze abgeschafft, die Eng= länder z. B. ohne weiteres gutmütig mit den Deutschen werden teilen, resp. sich stets zu einem billigen, ge= rechten Produktenaustausch werden verstehen wollen?"

Einen gerechten internationalen Güteraustausch hält Atlanticus nur für möglich unter der Voraussetzung einer Weltrepublik und von der glaubt er aus guten Gründen, daß sie „bei dem sehr ungleichen Bildungs= und Kultur= stande selbst der europäischen Völker sehr lange auf sich warten lassen kann."

Atlanticus findet, daß die Tropenkolonien Deutsch= lands vollauf genügen, um den deutschen Bedarf an tro=

pischen Erzeugnissen beschaffen zu können. Kamerun nennt
er einen „landwirtschaftlich hochwichtigen Besitz, der für
die Erzeugung von Kaffee, Kakao, Tabak die denkbar gün=
stigsten klimatischen und Bodenverhältnisse aufweist". Neu=
Guinea erzeuge eine Baumwolle, die die besten amerika=
nischen Marken übertreffe. Für den Anbau von Baum=
wolle, ferner von edlem Tabak und Ramie ließen sich
von den außerordentlich fruchtbaren Alluvialebenen Neu=
Guineas sicher 500 000 Hektare dem Urwald abringen,
zu deren Bebauung allerdings gegen 100 000 einheimische
oder malaiische Arbeiter oder eingeführte Neger ver=
wandt werden müßten. Deutsch=Südwestafrika sei für
Viehzucht, namentlich Schafzucht, gut geeignet und könnte
sicher 25 bis 30 Millionen Schafe ernähren, so daß sich
die deutsche Wolleinfuhr aus Argentinien und Australien
ersetzen ließe. Ein Teil der höher gelegenen Striche Ost=
afrikas will Atlanticus für den Weizenbau herangezogen
wissen.

　Eingehend beschäftigt sich der sozialdemokratische
Schriftsteller mit dem Anbau von Kaffee in dem dafür
ausgezeichnet geeigneten Bergland von Usambara. Als
Mann der Praxis scheut er sich nicht, bei der Nutzbar=
machung der Kolonien einen gewissen Arbeitszwang für die
Eingeborenen in Vorschlag zu bringen. Diesen Arbeits=
zwang will er freilich durchaus nicht als Sklaverei auf=
gefaßt wissen, denn er brauche nicht länger zu währen,
bei entsprechenden Leistungen, als die Arbeitspflicht des
Weißen in Europa.

　„Bei einer 10jährigen Arbeitspflicht für die Männer
könnte z. B. die ca. 3 Millionen Menschen zählende
Negerbevölkerung von Deutsch=Ostafrika recht gut 200 000
Arbeiter stellen, die für die Bewirtschaftung von 300 000

Hektaren Kaffeeland vollauf genügen würden. Ein so großes Areal von ausgezeichneter Bodenqualität würde aber allein Usambara bieten. Rechnet man nun, was bei fruchtbarem Boden nicht zu hoch ist, 1500 Kilogramm Kaffeeertrag vom Hektar, so wären das 450 Millionen Kilogramm, etwa das dreifache des heutigen deutschen Kaffeekonsums. Dabei würde es denn nichts verschlagen, wenn man als Entgelt der ganzen Negerbevölkerung Nah= rungsmittel und Baumwollkleider zukommen ließe im heutigen Werte von 100 bis 150 Millionen Mark, man wäre doch viel billiger zu diesem wichtigen Genußmittel gekommen, als es heute möglich ist, wo den Löwenanteil stets Pflanzer und Kaufleute resp. fremde Staaten in Form von Ausfuhrzöllen einstecken. Wenn man sich aus sentimentaler Gefühlsduselei auch zu einem solchen zeit= weiligen Arbeitszwang für die Schwarzen nicht ent= schließen will -- dann ist freilich nichts zu machen — freiwillig wird der Neger unter den heutigen Verhältnissen bei seiner Bedürfnislosigkeit selten arbeiten."

Atlanticus erinnert an die Erfahrungen der Hol= länder auf Java, an die geringe Arbeit, die von den Ein= geborenen verlangt wird, an ihre Trägheit und Nachlässig= keit. Widerspenstigen Negern gegenüber brauche man nicht gerade zu Galgen und Rad greifen. Gelinge es erst, den Neger an Genüsse zu gewöhnen, ihm die Vorteile der Dienstzeit klarzulegen, so werde er bald ganz gern freiwillig sich zum Eintritt melden.

Somit könnte Deutschland, wenn es seine Kolonien entwickelt und bebaut, nach der Auffassung des sozial= demokratischen Kolonialpolitikers bereits bei seinem jetzigen Kolonialbesitz von der übrigen Welt unabhängig dastehen. Wörtlich sagt Atlanticus:

„Es brauchte dann bloß in Ostafrika die Eisenbahnen
zu bauen, Bodenmeliorationen, namentlich künstliche Be=
wässerung einzurichten usw.; auf den Hochebenen mit
mehr gemäßigtem Klima werden sich bei abgekürzter Ar=
beitszeit und späterem Rücktransport in die Heimat z. T.
selbst weiße Arbeiter verwenden lassen. Jedenfalls ist der
Kolonialbesitz Deutschlands ein geradezu ausschlaggebender
Faktor für die Lösung der sozialen Frage, und die einzige
Sorge sollte sein, daß nicht zuviel Land von Privaten
zu Spekulationszwecken erworben, der Staat später nicht
gezwungen wird, Milliarden dafür auszuwerfen, was er
jetzt umsonst hat. Vor allem aber müßten überall land=
wirtschaftliche Versuchsstationen gegründet, geologische
Durchforschungen, Vermessungen ausgeführt werden, da=
mit man die Ausdehnung des tauglichen Bodens genauer
kennen lernt und zugleich feststellt, welche Kulturpflanzen
in jeder Gegend am besten gedeihen."

Leider hat bei seinen Genossen der sozialdemokratische
Kolonialpolitiker kein Gehör gefunden, und unbeachtet
haben sie gelassen, was er ihnen eindringlich in seiner
Schrift anrät:

„Die Sozialdemokratie würde in ihrem eigenen
Interesse handeln, wenn sie, anstatt die Kolonialbudgets
schroff zu bekämpfen, proponierte, jährlich einige Millionen
zur wissenschaftlichen Erforschung und Anlage von einigen
Dutzend Versuchsstationen auszuwerfen, mindestens sollte
mit jedem Militärposten eine Versuchsplantage verbun=
den werden, wo es nötig ist, Bewässerungsanlagen her=
gestellt werden."

Mit einigen sehr treffenden Bemerkungen hat sich
schon Atlanticus gegen die Übertreibungen der sogenannten
Kolonialgreuel gerichtet. „Öfter," sagt er, „wird über

die Verrohung deutscher Beamten in Afrika geklagt und als Konsequenz Aufgabe der Kolonien gefordert. Das ist genau so verständig, als wenn man die Lunge ausschneiden wollte, weil sich einzelne Bakterien darin festgesetzt haben, anstatt einfach die Bakterien zu entfernen suchen. Wird die Machtbefugnis der Beamten streng umgrenzt, Vergehen unnachsichtlich bestraft, so wird der „Tropenkoller" wohl bald aufhören."

Aus dem Aufsteigen des Deutschen Reiches als Kolonial=, Flotten= und Weltmacht hat das deutsche Erwerbsleben bereits große und greifbare Vorteile gezogen, zunächst freilich Unternehmer und Kapitalisten, aber doch auch weite Arbeiterkreise. Neue Arbeitsgelegenheiten sind entstanden durch die deutschen Schiffsbauten, durch die Ausfuhr nach den deutschen Kolonien, auch für die Anlage von Häfen und Eisenbahnen daselbst, durch die Beschaffung von Kriegsbedarf für die Niederwerfung des Aufstandes in Deutsch=Südwestafrika. Alle neuen Arbeitsgelegenheiten haben eine größere Nachfrage nach Arbeitern zur Folge, sodann eine Verminderung der Arbeitslosigkeit und ein Aufsteigen der Löhne. Diese Tatsachen können selbst von den Sozialdemokraten nicht geleugnet werden. Nur mit der logischen Schlußfolgerung wollen sie nicht einverstanden sein.

* * *

In einem Aufruf zu den Wahlen vom 14. Januar 1907 verkündete der sozialdemokratische Parteivorstand:

„Bringt es den Genossen immer wieder ins Gedächtnis: Es handelt sich um die Frage, ob Deutschland fortfahren soll, durch seine reaktionäre innere Politik der Gegenstand des Spottes und der Geringschätzung, und

durch seine provokatorische Militär=, Flotten= und aus=
wärtige Politik — die uns in der Welt isoliert hat —
der Gegenstand der Abneigung, um nicht zu sagen des
Hasses in der gesamten Kulturwelt zu sein. Vorwärts
die Massen zum Sturm!"

Ist die innere Politik des Deutschen Reiches wirk=
lich reaktionär? Ist Deutschland tatsächlich „der Gegen=
stand des Spottes und der Geringschätzung in der gesamten
Kulturwelt"? Nur ein entarteter Sohn des Deutschen
Reiches kann derartige vermessene Behauptungen auf=
stellen. Was den Sozialdemokraten unangenehm ist, was
ihnen nicht Vorschub leistet, was ihren Zwecken nicht
dient, nennen sie reaktionär. Und wie die deutschen Zu=
stände, so haben die sozialdemokratischen Organe oft ge=
nug auch die schweizerischen, französischen, englischen und
nordamerikanischen Zustände für reaktionär erklärt. Ein
Gegenstand des Spottes wäre das Deutsche Reich in der
gesamten Kulturwelt? Von Deutschland sagte Bebel im
Herbst 1906 auf dem Mannheimer Parteitage, es sei
ein Staatswesen, wie es zum zweitenmal auf der Welt
nicht besteht. Er erinnerte die Genossen an die Stärke
und Kraft dieses Staatswesens, um sie vor der leicht=
herzigen Veranstaltung eines Massenaufstandes zu
warnen. Wegen seiner ausgezeichneten Verwaltung, die
ihresgleichen sucht, wegen seines Heerwesens, das man
nirgends nachmachen kann, wegen seiner umfassenden bei=
spiellosen und erfolgreichen staatlichen Betriebe für den
Verkehr ist Deutschland bei den anderen Kulturvölkern
ein Gegenstand der Hochschätzung, ja des Neides geworden.
Diese Tatsache zu leugnen und das eigene Vaterland
in den Augen der Genossen herabzusetzen, bleibt dem
sozialdemokratischen Parteivorstand vorbehalten, der in

der Wahl seiner Mittel sich durch die Gebote vater⸗
ländischer Pflichten nicht beengen läßt.

Und ist es wirklich wahr, was die Parteileitung be⸗
hauptet, daß Deutschland durch seine provokatorische Mili⸗
tär⸗, Flotten⸗ und auswärtige Politik der Gegenstand der
Abneigung und des Hasses in der gesamten Kulturwelt
geworden ist? Wann und wo wäre die deutsche Politik
provokatorisch hervorgetreten? Obwohl die stärkste Land⸗
macht Europas, hat das Deutsche Reich, wie es sein
erster Kaiser verhieß, im Frieden seine Größe konsolidiert,
ist ein zuverlässiger Bürge des europäischen Friedens ge⸗
worden und hat den Glauben an seine Friedensliebe bis⸗
her noch nicht ein einziges Mal erschüttert. Die Ver⸗
stärkung der deutschen Flotte war nötig zum Schutze der
angewachsenen überseeischen Interessen und Beziehungen
Deutschlands und ist, abgesehen von gewissen chauvinisti⸗
schen Politikern Englands, nirgends als provokatorisch
angesehen worden.

Oft genug hat man in den sozialdemokratischen
Blättern lesen können: „Deutschland braucht keine starke
Kriegsflotte, es bedroht dadurch nur den Frieden." Wenn
schon die kleine deutsche Flotte den Frieden bedroht, was
soll man da erst von der großen englischen sagen?

Gleichwohl gibt es auch im sozialdemokratischen Lager
verständige Leute, die eine starke deutsche Flotte für zweck⸗
mäßig und im Interesse der Arbeiter für notwendig
halten.

In der sozialdemokratischen Schrift: „Ein Blick in
den Zukunftsstaat" wird sogar angenommen, daß durch
die sozialdemokratische Verstaatlichung Deutschland sich
in wenigen Jahren eine Flotte bauen könnte, mächtiger
als die englische. Der deutsche Zukunftsstaat würde auch

zur See stets überlegen bleiben, weil er mehr Einwohner
besitze als England. Die Theorie von der allgemeinen
Verbrüderung, ewigem Frieden usw. erachtet die Flug=
schrift als wertlos und meint, daß sie sich auf dem Papier
recht schön ausnehme. Aber tatsächlich werde jeder Staat
und jede Nation bei der künftigen Verteilung der Erde
sicher nur soviel erhalten, als sie reale Machtmittel be=
sitzen, um ihre Forderungen auch im Ernstfalle vertreten
zu können.

Verständnis für die Notwendigkeiten der Weltlage
zeigte Genosse Calwer, als er in den „Sozialistischen
Monatsheften" vom März 1907 sich gegen die Flotten=
feindlichkeit der sozialdemokratischen Parteileitung wandte:

„Große Kriegsflotten sind wohl kein erfreuliches
Zeichen der Kulturentwicklung der Menschheit, aber sie
sind da, sie werden vom Auslande gebaut, und es läßt
sich nicht bestreiten, daß bei der Entscheidung von allen
wirtschaftlichen Fragen, ob es zu einem Krieg kommt
oder nicht, der tatsächliche Einfluß eines Landes an der
Stärke seiner Flottenmacht gemessen wird. Was soll nun
angesichts dieses Tatbestandes das kapitalistische Deutsch=
land tun? Soll es auf jeden weltpolitischen Einfluß
verzichten, kann es auf ihn verzichten? Wäre es auch
nur im Interesse des Arbeitsmarktes erwünscht, wenn es
darauf verzichten würde, oder soll es nicht vielmehr seiner
industriellen und kommerziellen Entwickelung entsprechend
sich gleichfalls durch eine starke Flotte für alle Fälle auf
das äußerste gefaßt machen? Gewiß bekämpft der Sozia=
lismus, nach wie vor, den Austrag jedes politischen Kon=
flikts mit der Waffe, aber er kann sich doch nicht der
Tatsache verschließen, daß so, wie die Dinge heute nun
einmal liegen, das einzelne Land in einer Zwangslage

sich befindet. Wenn wir Sozialdemokraten heute das Staatsruder in die Hand bekämen, was könnten wir denn als Sozialisten tun? Wir könnten Vorschläge zu einer internationalen Abrüstung machen, ich glaube aber kaum, daß wir damit bei vielen Ländern Erfolg haben würden. Was aber dann? Würden wir den Mut haben, unserer= seits kurzerhand abzurüsten und uns unserer Macht dem Auslande gegenüber zu entblößen? Nein, das würden und könnten wir selbst als Sozialisten nicht tun."

Trotzdem verlangen die Sozialdemokraten die Auf= gabe der deutschen Kolonien. Deutschland soll sich auf seine engen Binnengrenzen zurückziehen. Dieses Ver= langen ist undeutsch und unverständig. Sollte das Deutsche Reich jemals genötigt werden, seine Kolonien aufzugeben, so würde dies der Anfang vom Ende sein. Gefährdet wäre zunächst Deutschlands überseeischer Handel, denn stärkere Mächte würden das möglichste tun, um ihn ein= zuschränken, und sie würden Erfolg haben.

Ein Reich, das seine Kolonien aufgibt, befindet sich in rückläufiger Entwickelung. Es muß als Weltmacht ab= danken, muß sich zu einer Macht zweiten Ranges, zu einem Binnenstaat erniedrigen und seine Nation zu einem Volke zweiter Klasse herabdrücken lassen.

Nur kurzsichtige Politiker, denen die Partei höher steht als das Vaterland, können solche Politik der Selbst= verstümmelung dem Deutschen Reiche zumuten. Wären aber diese Politiker maßgebend, so würden sie ihre eigene Gefolgschaft, die organisierten Arbeiter, weitaus am emp= findlichsten schädigen.

Was wäre die Folge, wenn Deutschland seine Kolo= nien aufgibt, seine Flottenrüstungen beschränkt und als

9*

Weltmacht abdankt? Rückgang der Arbeitsgelegenheit und zugleich Rückgang der Löhne.

Ein jeder Arbeiter, auch der sozialdemokratische, weiß genau, wo die höchsten Löhne gezahlt werden. Am besten stehen sich die Arbeiter in den beiden mächtigsten Reichen der Erde, in England und in der nordamerikanischen Union. Weshalb? Weil diese beiden Reiche trotz ihrer Größe die kräftigste Ausdehnungspolitik betrieben haben und noch treiben, weil sie für ihre Flotten die stärksten Aufwendungen machen, weil sie sich die höchsten weltpolitischen Ziele stecken.

Das haben im wesentlichen auch verständige Sozialdemokraten wie Calwer anerkannt. Calwer führt die höheren Löhne namentlich in England auf das Vorhandensein weiter Kolonien zurück, wodurch die Lage des Arbeitsmarktes überaus günstig beeinflußt worden sei. Mit gutem Grund macht sich Calwer lustig über jene Genossen, die der Meinung sind, man könne in Deutschland ohne weiteres die Löhne auf englische oder nordamerikanische Höhe hinauftreiben, ohne schon vorher für kolonial- und weltwirtschaftliche Betätigung zu sorgen.

Mit der ihm eigenen Fürsorge für das nationale Gedeihen Deutschlands hatte das sozialdemokratische Zentralorgan deshalb die deutsche Kolonialpolitik bekämpft, weil dadurch internationale Konflikte entstehen und die Großmachtstellung Deutschlands bedrohen könnten. Dagegen hob Genosse Calwer März 1907 in den „Sozialist. Monatsheften" hervor, daß bei Nichtbeteiligung an der Weltpolitik Deutschland sein Ansehen als Großmacht einbüßen müsse. Wolle es auf dem Weltmarkte mit England und Amerika an der Spitze bleiben, so müsse es nicht nur wirtschaftlich, sondern auch politisch mit diesen beiden Mächten konkurrieren können.

Genug, gerade auch im Interesse der deutschen Arbeiter ist eine großzügige Kolonial-, Flotten- und Weltpolitik erwünscht und erforderlich.

Der nähere Orient.

Bei Beratung des auswärtigen Budgets hielt es Ende 1906 in der österreichischen Delegation der Abg. Baernreither für zweckmäßig, auf das Deutsche Reich als ein typisches Beispiel für die moderne Expansionspolitik der Großmächte hinzuweisen. Der ganze Levantehandel läge in deutschen Händen und in der Levante habe das Deutsche Reich das Erbe der ehemaligen Stellung Öster= reich=Ungarns angetreten! In den Kreisen seiner Freunde gilt der Abg. Baernreither als ein in wirtschaftlichen An= gelegenheiten ausgezeichnet unterrichteter Mann. Da er= scheint es völlig unbegreiflich, wie er Behauptungen auf= stellen konnte, die mit allbekannten Tatsachen in schroffstem Widerspruche stehen.

Bis zum Ausbruche des Krimkrieges war Österreich die tonangebende und vorherrschende Macht im Handel der ganzen Levante. Während des Krimkrieges kam viel französisches und englisches Kapital bei den Lieferungen und dergleichen an den Bosporus. Damals entdeckten die Engländer die südosteuropäischen Absatzmärkte, denen sie bis dahin nur geringen Wert beigemessen hatten, über= nahmen Anleihen, erwarben Konzessionen und entwickelten einen rasch anwachsenden Güteraustausch. Begünstigt wurden sie durch die damals aufkommende Dampfschiff= fahrt, welche die Leistungsfähigkeit des Seeweges außer-

ordentlich erhöhte. Auf Englands Verlangen wurde nach
dem Pariser Frieden die Donau durch die Regulierung
des Sulina-Armes geöffnet und die Befahrung des
Stromes mit Seeschiffen bis an die ungarische Grenze
ermöglicht. Mitte der siebziger Jahre war der eng=
lische Schiffsverkehr an der Sulinamündung so bedeutend
geworden, daß er den Verkehr aller übrigen europäischen
Mächte zusammengenommen übertraf. Damals sprach
man in Wien bedenklich von einer „Okkupation der Donau=
mündungen durch England"

Ende der sechziger Jahre bot sich für Österreich
Gelegenheit, die verlorenen Levantemärkte wieder zu ge=
winnen. Sultan Abdul Aziz zeigte sich geneigt, die Kon=
zession zur Anlage eines türkischen Eisenbahnnetzes im
Anschlusse an das österreichisch=ungarische zu geben. Von
Wien aus empfahl man als Konzessionär zuerst den Aben=
teurer Langrand=Dumonceau und, als dieser zusammen=
brach, den skrupellosen Großspekulanten Baron Hirsch.
Er organisierte unter weitgehender Konnivenz des Grafen
Beust auf dem österreichischen und auf dem damals leider
dagegen noch nicht verschlossenen deutschen Geldmarkte
den beispiellosen Schwindel mit den Türkenlosen. Er ver-
einnahmte daraus 356 Millionen Franken, verrechnete
davon 102 Millionen als Finanzierungskosten und 254
Millionen für die Eisenbahnbauten, die in Wirklichkeit
nur etwa die Hälfte gekostet hatten. Was aber das
schlimmste war, mit diesem Gelde, das wesentlich aus
Deutschland und Österreich stammte, baute Hirsch nicht,
wie er versprochen hatte, die türkischen Bahnen von der
österreichisch=ungarischen Grenze, sondern vom Meere aus,
von Konstantinopel und Saloniki ins Land hinein und ließ
die Verbindungsstrecken über den Balkan, weil sie höhere

Kosten verursachten, nicht in Angriff nehmen. Obwohl
Hirsch für sich und seine Gesellschaft die österreichische
Staatsangehörigkeit angenommen und von Österreich
außerordentliche Begünstigungen erlangt hatte, tat man
in Wien dennoch nichts, um im Interesse des österreichi=
schen und des deutschen Handels die Bevorzugung eng=
lischer Interessen durch die türkischen Bahnrümpfe zu
verhüten. Volle 14 Jahre hindurch blieben die An=
schlüsse der türkischen Bahnen an das österreichisch=
ungarische Netz unausgebaut. So konnten die Eng=
länder von der Seeseite her mit Hilfe der neuen Eisen=
bahnen, die von mitteleuropäischen Geldern erbaut wor=
den waren, die Balkanmärkte erobern, hatten einen ge=
waltigen Vorsprung vor dem Handel Österreichs und
Deutschlands und wußten ihn zu nützen. Erst im Jahre
1888 wurden die Bahnanschlüsse fertiggestellt, die den
unmittelbaren Eisenbahnverkehr zwischen Österreich und
der Türkei eröffneten.

Äußerst nachteilig für den Handel Österreichs mit
der unteren Donau war ferner sein Zollkrieg gegen
Rumänien, der von Mitte 1886 bis Mitte 1891 mit
großer Schärfe und Erbitterung ausgekämpft wurde und
einen großen Teil des rumänischen Handels dauernd von
Mitteleuropa ab auf den Seeweg drängte.

In unbefangenen Kreisen Wiens war man damals
zu der Erkenntnis gekommen, daß der Levantehandel
Österreich=Ungarns in England seinen gefährlichsten Kon=
kurrenten zu erblicken und zu bekämpfen habe. Aus dem
Schwarzen Meere, von den Donaumündungen bis Widdin,
vom Bosporus, aus dem Ägäischen Meere war der öster=
reichische Handel aus seiner früher überwiegenden Stel=
lung durch die Engländer mehr und mehr verdrängt

worden. In der österreichischen Delegation erklärte ein Abgeordneter am 8. November 1884, daß Österreichs größter und gefährlichster Gegner im Oriente immer England gewesen sei und bleiben werde. Wenige Tage später, am 14. November 1884, äußerte der Minister für Bosnien, Herr von Kallay:

„Uns droht vom Oriente her eine große, stetige Ge= fahr von einem Feinde, der uns im übrigen ein guter Freund ist. Derselbe macht von der Meeresküste aus einen drohenden kommerziellen Eroberungszug nach dem Innern des Landes. Wenn wir an der Save stehen blieben, würden wir denselben nicht aufhalten können. Der Widersacher selbst würde an der Save nicht stehen bleiben. Deshalb mußten wir in Bosnien Fuß fassen."

Ein Blick auf die heutigen Verkehrsverhältnisse be= stätigt, was schon längst bekannt war und was allein der Abg. Baernreither bestreitet, daß der Levantehandel über= wiegend in englischen Händen liegt und daß in der Le= vante die Engländer das Erbe der ehemaligen Stellung Österreich=Ungarns angetreten haben.

In den russischen Häfen des Schwarzen Meeres trafen 1903 englische Schiffe mit 2,7 Millionen Tonnen= gehalt ein, dagegen deutsche Schiffe nur mit 162 000 Tonnengehalt. Am Schiffsverkehre der Sulinamündung waren im Jahre 1904 beteiligt englische Schiffe mit 498 000 Tonnen, österreichische mit 195 000 und deutsche Schiffe mit 39 000 Tonnen. Den Suezkanal durchfuhren im Jahre 1905 englische Schiffe mit 8,3, deutsche mit 2,1 Millionen Tonnen. Bei der Einfuhr Ägyptens stand 1904 England mit nahezu 140 Millionen Mark an erster Stelle, darauf folgte Frankreich mit nahezu 40, Öster= reich Ungarn mit nahezu 30 und Deutschland mit 20

Millionen Mark. In Konstantinopel überwiegt ebenfalls
der englische Verkehr. Daselbst trafen in 1904 Schiffe
unter englischer Flagge mit 7,2, unter deutscher Flagge mit
0,5 Mill. Tonnen ein. Auch im Einfuhrhandel der Türkei
stehen die Engländer mit 142 Millionen Mark oben
an. Österreich=Ungarns Einfuhr bezifferte sich auf 82
Millionen Mark, Frankreichs Einfuhr auf 50 Millionen
Mark und Deutschlands nur auf 8 Millionen Mark.
Diese Angaben der türkischen Handelsstatistik sind nun
freilich nicht genau, die deutsche Einfuhr nach der Tür=
kei ist erheblich größer, allein sie steht weit hinter der=
jenigen Österreich=Ungarns zurück. Auch an der Einfuhr
Griechenlands hat nächst Rußland England den größten
Anteil mit 22 Millionen Mark, sodann Österreich=Ungarn
mit 18 Millionen Mark, während auf Deutschland nur
9 Millionen Mark entfallen. Selbst in Rumänien hat
Österreich=Ungarn nach der Beilegung des Zollkrieges die
Einfuhr Deutschlands etwas überholt und nimmt mit
74 Mill. Mark in 1904 die erste Stelle ein, während die
deutsche Einfuhr 73 Millionen Mark, die englische 36 Mil=
lionen Mark betrug. In Bulgarien und Serbien über=
wiegt die österreichische Einfuhr. Bulgarien bezog im
Jahre 1904 für 30 Millionen Mark aus Österreich=
Ungarn, für 16 Millionen Mark aus Deutschland und
für 15 Millionen Mark aus England. Serbien ist noch
abhängiger von Österreich, es bezog im Jahre 1904 für
21 Millionen Mark aus Österreich=Ungarn, für 6,4 Mil=
lionen Mark aus Deutschland und für 4 Millionen Mark
aus England.

Vergegenwärtigt man sich die bedenklichen Mißgriffe
Österreich=Ungarns und seiner Verkehrs= und Handels=
politik gegenüber der Levante und prüft man die neuesten

Handels- und Verkehrsergebnisse der Levanteländer und ihrer Häfen, so erscheint es geradezu rätselhaft, daß ein österreichischer Politiker wie der Abg. Baernreither, der sogar kurze Zeit österreichischer Minister war, eine so irreführende Behauptung aufstellen konnte. Wenn von deutschfeindlicher, etwa von tschechischer Seite, der= artiges behauptet würde, so ließe sich dahinter wenigstens die bösartige Tendenz erkennen, bei den leitenden Kreisen in Wien und Pest Mißtrauen, Argwohn und Neid gegen Deutschland zu säen. Eine derartige Tendenz läßt sich dem Abg. Baernreither nicht unterstellen, und so bleibt nur die Annahme übrig, daß sich dieser Politiker, als er seine Behauptung aussprach, über die wirtschaftliche Ent= wickelung der Levante seit dem Krimkriege und über die heutigen Verkehrs= und Handelsverhältnisse jener Länder in gänzlicher Unkenntnis befand.

Unter den Mißgriffen der österreichischen Regierung insbesondere bei der Überwachung der Gesellschaft Hirsch und ihrer bedenklichen Bahnbauten hat auch der deutsche Handel mit den Balkanländern empfindlich gelitten und ist nicht zuletzt aus diesem Grunde erheblich hinter dem= jenigen Englands zurückgeblieben. Erst in den letzten Jahren, namentlich seit der Erleichterung des Verkehrs durch deutsche Schiffahrtsverbindungen, hat der deutsche Handel erfreuliche Fortschritte gemacht, und nichts wird die deutschen Interessenten verhindern, sich auch auf den Märkten der Levante jene Stellung zu erobern, die der deutschen Ausfuhrindustrie und ihrer Leistungsfähigkeit entspricht.

Bei der Beurteilung der Verkehrsbeziehungen zwischen Deutschland und dem näheren Orient läßt man sich vielfach noch immer von der Landkarte irre führen.

Der Massengüteraustausch zwischen Deutschland und dem
näheren Orient erfolgt ausschließlich auf dem Seewege.
Für diesen ausschlaggebenden Verkehr liegt der nähere
Orient dem Deutschen Reiche nicht näher als etwa Nord=
amerika; denn die Entfernung von Hamburg nach Kon=
stantinopel auf dem Seewege beträgt 6400, von Hamburg
nach New York 6575 Kilometer. Dieser geringe Unter=
schied ist für den Seeverkehr ohne Bedeutung. Nur der
Personen= und Eilverkehr kann die Vorteile der geo=
graphischen Lage nützen und vollzieht sich auf den süd=
osteuropäischen Überlandbahnen über Serbien, Bulgarien,
oder über Rumänien, zu einem erheblichen Teil aber
auch über die Alpenbahnen nach dem Ligurischen und
Adriatischen Meer.

Bisher war der Seeweg, der durch die Vervollkomm=
nung der Dampfschiffahrt an Pünktlichkeit, Regelmäßig=
keit und Schnelligkeit den Eisenbahnen nahekommt, den
Alpenbahnen an Billigkeit weitaus überlegen. Deutsch=
lands Verkehrsinteressen erheischen die Schaffung von
Alpenbahnen, die auf Grund ihrer Betriebsbedingungen
und Tarife als ebenbürtige Konkurrenten des Seeweges
auch für den Massenverkehr benutzt werden können. Dieser
Gesichtspunkt ist deutscherseits bei Unterstützung neuer
Alpenbahnpläne voranzustellen.

Durch die Gotthardbahn und ihren deutschen Ver=
kehr, aber auch als Station des Norddeutschen Lloyd
wird Genua, was Wilhelm Pressel schon in den achtziger
Jahren voraussah, nach Zurückdrängung Marseilles zum
Haupthafen des Mittelmeers und ist auf dem Wege, eine
Monopolstellung zu erlangen. Mit Rücksicht darauf darf
Deutschland die neue im Jahre 1908 zu vollendende öster=
reichische Alpenbahn über die Tauern und Karawanken,

mit einem Aufwand von 245 Mill. Mark erbaut, nicht
außer acht lassen. Denn sie eröffnet einen vorteilhaften
Weg nach dem Konkurrenzhafen Triest, der bei sonst
gleichen Bedingungen zugunsten des verbündeten Nachbar=
reiches bevorzugt werden muß.

In einigen Schriften aus den achtziger Jahren*)
war ich bemüht, das deutsche Interesse auf den näheren
Orient zu lenken. Eingehend stellte ich die üble Ver=
kehrslage dar, in die Mitteleuropa zu der Balkanhalbinsel
durch die Machenschaften des Baron Hirsch geraten war.
Schon 1884 begründete ich die Notwendigkeit einer
deutschen regelmäßigen Dampfschiffahrtsverbindung mit
der Levante und dem Schwarzen Meer. Auch empfahl ich
damals den Bau der Tauernbahn über Gastein, welche
Linie später nach langen Kämpfen gewählt wurde. Ich
bezeichnete es als eine Aufgabe mitteleuropäischer Wirt=
schaftspolitik, jenen weiten vorderasiatischen Ländern, ins=
besondere den Talschaften des Euphrat und Tigris, die
von der englischen und russischen Herrschaft noch frei
geblieben waren, die politische Unabhängigkeit zu er=
halten und wirtschaftliche Kräftigung angedeihen zu lassen.
Als uneigennützigste Kulturmacht schien mir das Deutsche
Reich dazu berufen, durch Ratschläge und Mithilfe, auch
durch Aussendung von deutschen Beamten und Offizieren,
die wirtschaftlichen Kräfte und zugleich die politische
Machtstellung des Türkischen Reiches wieder zu heben,
also nicht mit den Mitteln der englischen Konkurrenz vor=
zugehen, die sich damit begnügt, durch bloße Handels=

*) Deutschland und die Orientbahnen (München 1883). Deutsch=
land und Orient in ihren wirtschaftspolitischen Beziehungen, zwei
Teile (München 1884). Deutschland nach Osten, I Land und Leute
der Balkanhalbinsel (München 1886).

geschäfte aus jenen Ländern ohne Rücksicht auf ihr Ge=
deihen großmögliche Gewinne zu ziehen. Steht der Eng=
länder dem Orientalen so fern und fremd gegenüber wie
ein Handelsmann, der da kommt und geht, einem seiner
unerfahrenen und dazu verschuldeten Kunden, so befindet
sich Mitteleuropa dem Orient gegenüber in der Lage eines
Nachbars, der erkennt, daß es vorteilhafter ist, wohl=
habende statt verarmte Nachbarn zu haben, und nunmehr
sich anschickt, nicht wie ein Eroberer mit Gewalt und nicht
wie ein schlauer Handelsmann mit List und Trug, sondern
friedlich und uneigennützig wie ein Freund dem uner=
fahrenen, verarmten und verschuldeten Nachbar werk=
tätige Hilfe zu bringen in dem Bewußtsein der vorhan=
denen Interessengemeinsamkeit und in der Erwartung,
mit dem Nachbar, nachdem es ihm aufgeholfen, in leb=
hafteren Verkehr und Austausch zu treten.

Formell tritt England in Südosteuropa wie in Vor=
der= und Mittelasien für die politische Freiheit und Selb=
ständigkeit der kleinen Staaten ein, fördert aber in Wirk=
lichkeit nicht ihre innerliche Konsolidierung, um sie wirt=
schaftlich unselbständig und schwach zu erhalten, damit
sie den englischen Schutz und die englische Oberherrschaft
nicht entbehren können.

Von den Mächten des Dreibundes erhoffte ich das
Erstehen einer Erkenntnis ihrer wirtschaftlichen Inter=
essengemeinsamkeit gegenüber dem näheren Orient mit
dem Ziele, sich einen gebührenden Anteil an dem Güter=
austausch mit den Balkanländern und der Levante wieder=
zuerringen. Durch ein Zusammenschließen der Dreibund=
mächte unter neuen Formen ohne Verletzung der natio=
nalen Empfindlichkeiten oder staatsrechtlichen Tatsachen
schien mir die Herstellung eines großen gemeinsamen

Interessengebietes unter Heranziehung der Orientstaaten möglich und allen seinen Beteiligten die politische Selb= ständigkeit wie das wirtschaftliche Gedeihen am sichersten verbürgt. Hierdurch wäre auch ein wirtschaftliches Gleichgewicht in Europa herbeizuführen gewesen, das in= folge des Übergewichts des englischen Handels im näheren Orient nicht vorhanden war. Außerdem hielt ich eine festere und tiefere Begründung des mitteleuropäischen Kulturwertes in der asiatischen Türkei für denkbar, ins= besondere die Bildung deutscher Kolonien in Anatolien, wie sie bereits in Syrien gedeihen. In Vorderasien kann für die triebfähigen Überschüsse deutscher Intelligenz, Ar= beits= und Kapitalkraft gefunden werden, was anderwärts vergeblich gesucht wird, eine Form geschlossener Organi= sationen für das Gedeihen dieser Kräfte unter Wahrung ihrer deutschen Art und im engen Anschluß an das Vaterland.

Nach dieser Richtung hin hat sich seither nicht viel, aber doch mancherlei entwickelt trotz aller Schwierigkeiten im näheren Orient selbst, trotz der mangelhaften Er= kenntnis der Gesamtlage bei Österreich=Ungarn und bei Italien, trotz der Eifersucht der anderen Mächte. Mag das bisher Errungene zu weiteren Fortschritten ermutigen!

Solange Deutschland nicht ausreichende Seegeltung besitzt und im Dreibund nicht genügendes Verständnis für seine Ziele findet, wird es sich darauf beschränken müssen, im näheren Orient annähernd dieselbe Politik zu verfolgen wie etwa in China oder Südamerika. Über= all wird es seine kulturelle Kraft zur Geltung zu bringen, seine Angehörigen bei wirtschaftlichen Unternehmungen jeder Art zu fördern und seinen Handelsbeziehungen die volle Gleichberechtigung zu sichern haben.

Persien.

Infolge seiner günstigen Verkehrslage hat Persien eine unverhältnismäßige Bedeutung erlangt und ist zum Brennpunkt der Politik zweier Weltreiche geworden. Von Petersburg aus hoffte man, in Persien vordringen und dem weiten russischen Reich einen Zugang zum offenen Meer im Süden eröffnen zu können. In London faßte man Persien strategisch auf als einen wichtigen und un= entbehrlichen Stützpunkt für die Sicherung der englischen Machtstellung in Indien. So kreuzten sich in Persien die Interessen und Bestrebungen der beiden Reiche und erschienen lange Zeit unüberbrückbar.

Rußlands Lage war in jeder Hinsicht schwierig, als es sich in den Jahren 1906 von England verleiten ließ, über eine Verständigung in bezug auf Mittelasien, insbesondere Persien, zu verhandeln. Wie es scheint, flüsterte England den Russen ein, daß sie durch die Auf= teilung Persiens die Einmischung einer dritten Macht fernhalten und somit einen greifbaren Vorteil erlangen könnten, und in Petersburg glaubte man an diese Vor= spiegelung. Bei den Verhandlungen konnte Rußland seine früheren Aspirationen nicht aufrecht erhalten und mußte an England Zugeständnisse machen. Das neue englisch=russische Abkommen über Persien suchte eine eng=

liſche und eine ruſſiſche Intereſſenſphäre zu ſchaffen und
eine ſpätere Aufteilung des Landes in die Wege zu leiten.
Äußerlich ließ das Abkommen die Selbſtändigkeit
Perſiens beſtehen; finanziell wird ſie allerdings beein=
trächtigt. Schon in den Jahren 1900 und 1902 erhielt
Perſien von Rußland zwei Anleihen in Geſamthöhe von
65 Millionen Mark. Perſien bezahlte davon ſeine eng=
liſchen Schulden und verpflichtete ſich, bis 1912 weitere
Anleihen nur in Rußland aufzunehmen. Im Jahre 1906
bezog es von Rußland und England gemeinſam einen Vor=
ſchuß von 8 Millionen Mark. Eine neue umfaſſende ge=
meinſame engliſch=ruſſiſche Anleihe an Perſien ſoll die
perſiſchen Finanzen und zugleich Perſiens Anlehnung an
die beiden Mächte konſolidieren.

Bis zum Jahre 1915 beſitzt Rußland vertragsmäßig
das ausſchließliche Vorrecht, in Perſien Straßen und
Eiſenbahnen zu bauen. Nach dem neuen Abkommen wird
Perſien, ſoweit es ſich um Eiſenbahnen handelt, in zwei
Intereſſengebiete aufgeteilt. In dem nördlichen haben
die Ruſſen und in dem ſüdlichen die Engländer ſich das
ausſchließliche Vorrecht eingeräumt, Eiſenbahnen anzu=
legen.

Ob dieſe Beſtimmung von der perſiſchen Regierung
gutgeheißen wird? Für Perſien iſt ſie ſicherlich nicht
vorteilhaft. Denn die Aufteilung des Landes in ein
ruſſiſches und in ein engliſches Eiſenbahnkonzeſſionsgebiet
erſcheint keineswegs geeignet, perſiſche Intereſſen zu för=
dern. Wenn überhaupt, ſo kommt Perſien nur zu Eiſen=
bahnen, die im Norden den Ruſſen und im Süden den
Engländern vorteilhaft ſind. Zweckmäßiger für perſiſche
Intereſſen wäre die freie Konkurrenz aller Kulturſtaaten
bei Eiſenbahnbauten geweſen. Mit dem Geiſt der Meiſt=

begünſtigungsverträge und mit der Gleichberechtigung
aller Staaten wie mit der Selbſtändigkeit Perſiens läßt
ſich die Aufteilung dieſes Landes in zwei Eiſenbahn-
konzeſſionsgebiete zugunſten Rußlands und Englands
nicht vereinbaren.

Bei der Übertragung des Vorrechtes an Eiſenbahnbauten hat Perſien nicht gerade ermutigende Erfahrungen
gemacht. Trotz ſeines Vorrechts baute Rußland keine
Eiſenbahnen, ſondern nur die Fahrſtraße von Reſcht-
Enſeli nach Teheran. Zunächſt will es die transkaukaſiſche
Bahn mit einer Abzweigung bei Tiflis bis Eriwan und
die transkaſpiſche Bahn über Askabad nach Meſched
führen. Aufgegeben hat es die Anlage von Querbahnen
durch Perſien ans offene Meer, nach Buſchir oder Ben-
der-Abbas zum Perſiſchen Meerbuſen oder nach Tſchar-
bar zum Indiſchen Meer. Dieſe perſiſchen Überlandbahnen würden mindeſtens 1000 Kilometer lang werden, techniſche Schwierigkeiten bieten, vor allem aber
große Koſten erfordern und noch lange empfindliche Fehl-
beträge aufzuweiſen haben.

Außerdem ſuchte das Abkommen eine handelspolitiſche
Aufteilung Perſiens zwiſchen England und Rußland zu
bewirken. Rußland verpflichtete ſich, ſeinen Güteraustauſch
mit Perſien nur vom Kaſpiſchen Meere, England dagegen den ſeinigen nur vom Perſiſchen Meerbuſen aus
zu betreiben. Dieſe Abgrenzung bedeutete keine Beſchrän-
kung für den engliſchen Verkehr, nötigte aber Rußland,
die regelmäßige Dampfſchiffahrtsverbindung einzuſtellen,
die es zwiſchen Odeſſa und den ſüdperſiſchen Häfen mit
großen Hoffnungen eingerichtet hatte. Ende 1903 war
die Ruſſiſche Dampfſchiffahrts- und Handelsgeſellſchaft in
Odeſſa verpflichtet worden, gegen einen jährlichen Zu-

ſchuß von 400000 Mark und Vergütung der Suezkanal=
gebühren einen regelmäßigen Verkehr mit den ſüdperſi=
ſchen Häfen aufrechtzuerhalten. Die Ergebniſſe dieſer
Fahrten ſollen zwar nicht groß geweſen ſein. Doch be=
deutete das Aufgeben dieſer Verbindung ein Zurück=
weichen Rußlands und einen Erfolg Englands.

Bis zu Beginn des unglücklichen Krieges gegen Japan
hatte Rußland in Perſien das Übergewicht errungen.
Ruſſiſcher Einfluß war in Teheran maßgebend. In=
zwiſchen hat England die neue Konjunktur genützt, 1906
Perſien durch britiſche Offiziere und Agenten bereiſen
laſſen und in Teheran an Boden gewonnen. Dort unter=
ſtützte die engliſche Geſandtſchaft die unzufriedenen Prieſter
und Gilden in ihren Forderungen, gewährte ihnen das
Aſylrecht und nötigte dadurch mittelbar die Regierung,
das grundſätzlich zweckmäßigſte Syſtem für den moham=
medaniſchen Orient, den aufgeklärten Despotismus, zu
beſeitigen und durch eine Verfaſſung mit einer Stände=
verſammlung zu erſetzen. Mit Hilfe parlamentariſcher
Intereſſen hofft England, in Perſien moraliſche und
andere Eroberungen zu machen. Doch ſcheint gerade dieſer
Parlamentarismus in Verbindung mit der Erhebung
Japans eine Bewegung in Perſien hervorzurufen, die
ſich ſowohl gegen ruſſiſche wie gegen engliſche Sonder=
intereſſen richtet. Auch in Perſien beginnt das National=
gefühl zu erwachen und kommt in der Forderung zum
Ausdruck: „Perſien für die Perſer, von Perſern ver=
waltet!"

Deutſcherſeits wird man dieſe Bewegung mit Sym=
pathien begrüßen. Deutſchland hegt in bezug auf Perſien
keine politiſchen Hintergedanken, was auch immer von
deutſchfeindlicher Seite behauptet werden mag. Vom deut=

schen Standpunkt aus ist zu wünschen, daß Persien unab=
hängig und unaufgeteilt bleibt, aufblüht und gedeiht. Was
Deutschland beansprucht, ist einzig und allein die Gleich=
berechtigung und die Meistbegünstigung in Persien zur
Wahrung seiner wirtschaftlichen Interessen, zur Förderung
seiner Handelsbeziehungen. Wie Fürst Bülow am 30.
April 1907 im Reichstage mitteilte, haben England und
Rußland aus eigenem Antriebe dem Deutschen Reiche Zu=
sicherungen nach dieser Richtung hin gegeben.

Auf Grund der Meistbegünstigung haben die Deut=
schen eine regelmäßige Dampferverbindung mit dem Per=
sischen Meerbusen eingerichtet. Nur englische Inter=
essenten, die ein Monopol der Schiffahrt im Persischen
Meerbusen behaupten, können darin einen Eingriff in
ihre vermeintlichen Rechte erblicken, nur von dieser
Seite rühren die Klagen englischer Blätter darüber her.

Infolge einer Anregung der persischen Regierung
wird in Teheran eine deutsche Bank begründet werden
als Zweiganstalt der Deutschen Orientbank, die bereits
Niederlassungen in Konstantinopel, Alexandrien und Kairo
besitzt. Von dieser geplanten deutschen Bank haben eng=
lische Blätter behauptet, daß sie dem deutschen Kapital
in Persien einen ausschlaggebenden Einfluß sichern, die
Oberaufsicht Englands untergraben und Persien wirt=
schaftlich unterstützen wolle, während sie doch naturgemäß
nur die Aufgabe haben kann, den deutschen Handelsverkehr
mit Persien (Zuckerausfuhr, Teppicheinfuhr) zu erleichtern.
Auch hier übt Deutschland nur sein Meistbegünstigungs=
recht, da eine englische und eine russische Bank schon lange
in Teheran bestehen.

Deutschlands Güteraustausch mit Persien ist noch
wenig entwickelt und bedarf der Förderung. An Persiens

Einfuhr im Jahre 1905/6 mit annähernd 140 Mill. Mark waren beteiligt Rußland mit 70, England mit 30, Britiſch-Indien mit 16, Frankreich mit 8, Öſterreich-Ungarn mit 5 und Deutſchland mit kaum 3 Mill. Mark.

Außerdem wird mit Unterſtützung und ebenfalls auf Wunſch der perſiſchen Regierung eine höhere deutſche Schule auch zur Heranbildung junger Perſer ins Leben gerufen werden.

Weshalb verſuchen deutſchfeindliche Londoner Blätter die deutſchen Fortſchritte und Abſichten in Perſien bös-willig zu verdächtigen? Eine Bedrohung britiſcher Inter-eſſen und Rechte kann in der Gründung einer deutſchen Bank und einer deutſchen Schule zu Teheran unmöglich erblickt werden. England hat kein Vorzugsrecht auf Perſien. Solange Perſien als ſelbſtändiger Staat aner-kannt wird, haben alle Völker das Recht, ſich dort wirt-ſchaftlich und kulturell zu betätigen.

Gegenwärtig iſt Perſien noch immer am billigſten und raſcheſten über Rußland zu erreichen, und zwar über die Kaukaſusbahn nach Baku und von da über das Kaſ-piſche Meer nach Reſcht-Enſeli zur Fahrſtraße bis Tehe-ran. Vorteilhaft ſind auch die beiden anderen Wege über Rußland nach Perſien, über die geplante Bahn nach Eriwan in der Richtung auf Täbris, die größte Handels-ſtadt des Landes, und über Askabad-Meſched. Allein Rußland beſeitigte Anfang der achtziger Jahre die zoll-freie Durchfuhr, erhebt ſeither von den Durchfuhrwaren nach Perſien ſeine hohen Zölle und hat ſo die günſtigſten Wege nach Perſien für den europäiſchen Handel ver-ſchloſſen.

Will Deutſchland näher an den perſiſchen Markt herankommen, ſo wäre es am zweckmäßigſten, wenn es

ſich in Petersburg bemühte, die ruſſiſche Regierung zur
Wiedergeſtattung der zollfreien Durchfuhr nach Perſien
zu bewegen. Derartige Bemühungen erſcheinen keines=
wegs ausſichtslos. Mit Argwohn muß man in Peters=
burg beobachten, wie der engliſche Einfluß in Teheran
immer ſtärker hervortritt und wie England vom Perſiſchen
Meerbuſen her mit ſeinen Erzeugniſſen immer weiter
nach Perſien eindringt. Rußland allein iſt zu ſchwach,
um der engliſchen Konkurrenz in Perſien auf wirtſchaft=
lichem Gebiet mit Erfolg zu begegnen. Findet es nicht
von anderer Seite Unterſtützung, ſo ſteht zu befürchten,
daß England den perſiſchen Markt für ſich monopoliſiert,
was für Rußland unangenehm, ja gefährlich wäre. Auf
Grund dieſer Erwägungen würde die ruſſiſche Regierung
zu der Erkenntnis gebracht werden, daß es in ihrem
eigenen Intereſſe liegt, wenn ſie im Wege beſonderer Ab=
machungen der mitteleuropäiſchen Ausfuhr nach Perſien
die freie Durchfuhr durch ruſſiſches Gebiet wieder ge=
ſtattet.

Bisher war die deutſche Ausfuhr nach Perſien im
weſentlichen auf die alte Karawanenſtraße von Trapezunt
über Erzerum nach Täbris angewieſen. Dieſer Weg
führt zwar in die bevölkertſten und reichſten Gegenden
Perſiens, iſt aber verfallen und unſicher, beſchwerlich und
überaus koſtſpielig, ſo daß er nur von hochwertigen Waren
benutzt werden kann. Wäre es dem deutſchen und dem
öſterreichiſchen Handel möglich, die beſſeren und billigeren
Wege über Rußland nach Perſien zu wählen, ſo würde
der engliſchen Konkurrenz auf dem perſiſchen Markt wirk=
ſam und erfolgverheißend entgegengetreten werden
können, was durchaus im Intereſſe Rußlands läge. Denn
eine Verbeſſerung der alten Karawanenſtraße von Trape=

zunt bis Täbris (1000 Kilometer) ist bei den vorhan=
denen Schwierigkeiten so gut wie ausgeschlossen, und auch
die Anlage einer Eisenbahn wäre wenig aussichtsvoll und
viel zu kostspielig.

In einer Schrift unter dem Titel: „Österreich und
die wirtschaftliche Erschließung Persiens" lenkte 1907 der
persische Konsul in Wien, Gottlieb Kraus, die Aufmerksam=
keit der kapitalskräftigen Kreise in Österreich auf Persien
und bezeichnete dieses Land als ein erschließungsfähiges
und lohnendes Absatzgebiet für die österreichische
Industrie. Von österreichischer Seite wurden auf Persien
vielfache kulturelle Einflüsse geübt. Der österreichische
Bergrat Pechan hat das persische Münzwesen geregelt,
der österreichische Postrat von Riederer die persische Post
modernisiert, eine österreichische Militärkommission das
persische Heerwesen nach europäischem Muster organisiert.
Gleichwohl konnte sich Österreichs Handel mit Persien
nicht entwickeln, weil die Zugänge nach Persien von Nor=
den her durch Rußland, von Süden her durch England
beherrscht wurden. Wie der persische Konsul in Wien
versichert, hat Persien das ausgesprochene Bedürfnis,
einem andern Staat, der seine Erzeugnisse nach Persien
einführt und dagegen auf den persischen Märkten ein=
kauft, alles Entgegenkommen zu beweisen. Es sei nur
eine Frage des Unternehmungsgeistes und der Tatkraft,
die Konjunktur zu nützen, um dem österreichischen Wirt=
schaftsleben einen neuen Antrieb zu geben. Andernfalls
müsse man es den Deutschen überlassen, die Vorteile der
Lage an Stelle Österreichs zu verwerten. Kraus befür=
wortete zunächst den Abschluß eines Zoll= und Handels=
vertrags mit Persien und die Errichtung einer Bank
daselbst. Persien besitzt einen Obstreichtum, der bei ver=

ſtändiger Pflege demjenigen Kanadas gleichkommen kann,
ferner Baumwolle von guter Qualität, eine entwicklungs=
fähige Seideninduſtrie, großen Tierreichtum und nicht
zuletzt bedeutende mineraliſche Schätze an Erzen, Kupfer,
Naphtha, Kohlen uſw. Kraus meinte ſogar, daß es zweck=
mäßig wäre, einen Teil der öſterreichiſchen Auswanderer
nach Perſien hinzuleiten:

Um an den perſiſchen Markt herankommen zu können,
iſt es vor allem notwendig, der deutſchen Ausfuhr kon=
kurrenzfähige Wege nach Perſien zu ſchaffen. Dieſe Be=
dingung dürfte ſich, wie angedeutet, erfüllen laſſen, wenn
die deutſche Diplomatie ſich in Petersburg nachdrücklich
dafür verwendet, daß die zollfreie Durchfuhr durch Per=
ſien über Rußland zunächſt für den deutſchen Handel
wieder geſtattet wird. Rußlands wirtſchaftliche, ja ſelbſt
ſeine politiſche Stellung in Perſien würde dadurch gegen=
über England geſtärkt werden, und außerdem könnte Ruß=
land auf eine erhebliche Vermehrung ſeines Durchfuhr=
verkehrs und zugleich auf erhöhte Einnahmen aus dem
Betrieb ſeiner nach Perſien führenden Eiſenbahnen ſo=
wie der ruſſiſchen Dampfſchiffahrt auf dem Kaſpiſchen
Meer rechnen, ein Vorteil, der bei der heutigen Finanzlage
Rußlands nicht zu unterſchätzen iſt.

Der Persische Meerbusen.

Annähernd in der Mitte der alten Welt liegt ein Meeresarm, der tief in das Innere Asiens einschneidet. Vor Zeiten lebten an seinen Küsten große kulturfähige Völker. Jahrhunderte hindurch blieb er verödet und unbeachtet. Erst durch den Suezkanal mit seinen weltwirtschaftlichen und weltpolitischen Rückwirkungen ist auch der Persische Meerbusen in den Gesichtskreis der europäischen Völker und Mächte gerückt und wegen seiner wichtigen Lage zu einem Brennpunkt der Weltpolitik entwickelt worden.

Als Rußland in Persien ersichtlich an Einfluß gewann und, abgedrängt vom Bosporus, im Süden durch Persien hindurch eine Verbindung mit dem offenen Meere erlangen zu können hoffte, schrieb Lord Curzon, der spätere Vizekönig von Indien, in seinem Buche über Persien und die persische Frage (1892):

„Ein russischer Hafen im Persischen Meerbusen wäre eine Herausforderung zum Krieg. Der britische Minister, der die Übergabe eines Hafens an Rußland zulassen würde, wäre ein Verräter des Reiches.“

Dieser Ausspruch wurde zur Richtschnur englischer Politik. Rußland ließ zwar Persien nicht aus den Augen, verwandte aber seine volle Tatkraft auf den fernen Osten. An Stelle einer persischen baute es die sibirisch-ostchinesische

Überlandbahn und ſchob ſeine ſüdliche Schienenſtraße über Taſchkent nach Kuſchk gegen Afghaniſtan und Indien vor, ohne trotz des Curzonſchen Hinweiſes die wundeſte Stelle der engliſchen Intereſſen in Aſien zu erkennen. Unbenützt ließ es ſein Vorrecht, in Perſien Eiſenbahnen anzulegen.

Nachdem England über ſeine Schwierigkeiten in Süd= afrika hinweggekommen, Rußland aber in den unglück= lichen Krieg mit Japan geraten war, beeilten ſich in London die leitenden Staatsmänner und Organe, auch die liberalen, ſelbſt die radikalen wie Dilke, für England eine privilegierte Stellung im Perſiſchen Meerbuſen zu beanſpruchen. Anfang Mai 1903 erklärte im Unter= hauſe der Marquis of Lansdowne, Miniſter des Aus= wärtigen im Kabinett Balfour, England habe zwar nicht die Abſicht, den legitimen Handel anderer Mächte auszu= ſchließen, würde aber die Anlage einer maritimen Baſis oder eines befeſtigten Hafens im Perſiſchen Golf durch eine andere Macht als eine ſehr ernſte Bedrohung briti= ſcher Intereſſen anſehen und mit allen zu Gebote ſtehen= den Mitteln dagegen Widerſtand leiſten. („in the third place, I say without hesitation that we should regard the establishment of a Naval base or a fortified port, in the Persian Golf by any other Power as a very grave menace to British interest, and we should certainly resist it with all the means at our disposal. [Cheers.]“)

Dieſe Auslaſſung war zunächſt gegen Rußland ge= richtet. England erachtet ſeine Herrſchaft über Indien für ernſtlich gefährdet, ja für verloren, ſobald Rußland am Perſiſchen Meerbuſen feſten Fuß faßt. Damals ver= öffentlichte Kapitän Mahan, der bekannte nordamerika=

nische Marinepolitiker, in der Londoner „National Re=
view" (September 1903) einen Aufsatz über den Per=
sischen Meerbusen und seine internationalen Beziehungen
und anerkannte darin Englands Verpflichtung, sich zur
eigenen Sicherheit das Übergewicht im Persischen Meer=
busen zu verschaffen, da er die Wege nach Indien, Ost=
asien und Australien flankiere. Als Gegner komme allein
Rußland in Betracht, denn es müsse nach einer Verbindung
seiner großen asiatischen Besitzungen mit dem Meere auch
in jener Gegend streben.

Die Erklärung des Marquis of Lansdowne vom
Mai 1903 hatte indessen ganz unzweifelhaft auch eine
Spitze gegen Deutschland wegen der Bagdadbahn, die
nach ihrer Vollendung den Persischen Meerbusen zu einem
wichtigen und belebten Verkehrsmittelpunkt machen muß.

Schon seit Jahren rücken englische und auch fran=
zösische Blätter das Gespenst der deutschen Bagdadbahn
in den Vordergrund und knüpfen daran allerlei Befürch=
tungen über die Absichten „der größten Militärmacht der
Welt" auf Vorderasien und Persien. Diese Verwertung
der Bagdadbahn von deutschfeindlicher Seite hat deutsche
Interessen schon oft und empfindlich geschädigt. Müh=
selig wurden die finanziellen Bürgschaften für das erste
kurze Stück dieser Bahn Konia—Eregli Burgurlu auf=
getrieben. Seit Erteilung der Konzession zu Anfang 1902
wurden knapp 200 Kilometer einer Bahn gebaut, deren
Gesamtlänge auf 2400 Kilometer veranschlagt worden
ist. In fünf Jahren 200 Kilometer! Wenn der Bau
nicht raschere Fortschritte macht, wird er viele Jahre
beanspruchen. Von dieser Bahn, an der ohnehin nicht=
deutsche Kapitalisten bis zur Hälfte beteiligt sind, ist
vorläufig nicht viel zu hoffen und noch weniger zu fürchten.

England bekämpft die Bagdadbahn von demſelben
grundſätzlichen Standpunkt aus, wie eine Verbindung der
ruſſiſchen Eiſenbahnen mit dem indiſchen Netz oder wie
die Verlängerung der ruſſiſchen Eiſenbahnen durch Per=
ſien bis ans Meer oder wie eine Abzweigung der türkiſchen
Hedſchasbahn nach Ägypten. England will verhindern,
daß es einer europäiſchen Militärmacht durch ſolche Eiſen=
bahnen möglich wird, etwa .in Verbindung mit einem
aſiatiſchen Staat Truppen in die engliſche Intereſſenſphäre
zu werfen. Dieſe Politik iſt begreiflich. Für England
würde es äußerſt unangenehm ſein, wenn z. B. die
Türkei in der Lage wäre, mit Hilfe der Bagdadbahn
und der abgezweigten Hedſchasbahn einige Diviſionen
nach Kairo zu ſenden. Einen ſolchen Vorſtoß könnten die
Engländer nicht leicht abwehren, und ihre Stellung in
Ägypten wäre ernſtlich erſchüttert.

In ſeinem bereits erwähnten Aufſatz über den Per=
ſiſchen Meerbuſen vom September 1903 hat Kapitän
Mahan den Engländern überzeugend dargelegt, daß auch
nach Vollendung der Bagdadbahn die deutſchen und die
engliſchen Intereſſen nicht einander widerſtreiten, ſondern
miteinander gehen. Deutſchland könne ein maritimes
Übergewicht in dem Perſiſchen Meerbuſen bei der langen
bedrohten Verbindungslinie mit der Heimat nie erlangen.
Tatſächlich verfolgt Deutſchland in jenen Gegenden nur
wirtſchaftliche Intereſſen. An deutſche Eroberungspläne
denkt nur engliſche Nervoſität.

Gleichwohl glauben die Engländer, den Deutſchen ge=
wiſſe Abſichten unterſtellen zu ſollen, die ſie mutatis
mutandis ſelbſt hegen. Deutſchland wolle am Endpunkt
der Bagdadbahn ein zweites Kiautſchou, eine deutſche
Flottenſtation begründen. Und um dieſe angebliche

Abſicht zu durchkreuzen, möchten ſie den Bau der Bagdad
bahn entweder verhindern oder aber die Endſtrecke dieſer
Bahn von Bagdad bis zum Perſiſchen Meerbuſen in
ihre Hände bringen.

In einem Werk „Das Perſiſche Problem" (London
1904) hat H. J. Whigham das Ziel der engliſchen Politik
in Perſien weitergeſteckt. England ſoll unter allen Um=
ſtänden für ſich das Recht beanſpruchen, die ganze poli=
tiſche Entwickelung am Perſiſchen Meerbuſen zu beſtim=
men. Zu dieſem Zweck ſoll es zunächſt Eiſenbahnen
bauen, von Mohammerah nach Teheran, ferner von
Bender Abbas nach Kirman, Jesd und Iſfahan. Sodann
müſſe es die Bahrein=Inſeln des Perſiſchen Meerbuſens
in ſeine Verwaltung nehmen, nötigenfalls Buſchir und
Koweit beſetzen. Die Bagdadbahn dürfe zum Endpunkt
nur einen Hafen haben, der mehr oder minder unter
engliſcher Schutzherrſchaft ſtehe. Das ganze Gebiet des
Perſiſchen Meerbuſens ſoll eine engliſche Intereſſenſphäre
werden — mit der diplomatiſchen Phraſe von der „offenen
Tür" für alle Nationen. Jedes Erſcheinen einer fremden
Macht ſoll verhindert werden, ſelbſt dann, wenn die fremde
Macht Gebietserwerbungen nicht beabſichtigt, auch wenn
ſie Pläne nichtterritorialen Charakters nicht hegt!

Noch Ende März 1907 warnte der „Standard" die
engliſche Regierung vor den angeblichen Abſichten Deutſch=
lands auf Perſien. Er hielt es für einen ernſten Fehler,
die Bedeutung der deutſchen Abſichten zu unterſchätzen,
nachdem eine anerkannte Autorität erklärt habe, daß die
Anweſenheit einer fremden Militärmacht im Oſten und
Süden Perſiens eine Bedrohung für den Frieden und die
Sicherheit Indiens ſein würde. Der „Standard" über=
ſieht oder verſchweigt, daß die engliſchen Autoritäten mit

Lord Curzon an der Spitze ſich immer nur gegen Ruß=
land gewendet und immer nur die Feſtſetzung Rußlands
am Perſiſchen Meerbuſen als eine Bedrohung für den
Frieden und die Sicherheit Indiens angeſehen haben.

Bisher hat Deutſchland noch in keiner Weiſe bekundet,
daß es im Perſiſchen Meerbuſen einen befeſtigten Hafen
oder eine Flottenſtation anlegen oder überhaupt Gebiet
erwerben will. Die engliſchen Beſorgniſſe ſind, ſoweit
ſie ſich gegen Deutſchland richten, durchaus unbegründet.
Im Perſiſchen Meerbuſen wird nicht Englands Stellung
mit Indien bedroht, ſondern einzig und allein die Gleich=
berechtigung aller Staaten im Verkehr mit Perſien.

England will den Perſiſchen Meerbuſen zu einem
zweiten Suezkanal und das Hinterland von Koweit mit
dem Euphratgebiet zu einem zweiten Ägypten machen!

Nach engliſcher Auffaſſung gehört ganz Vorderaſien,
ſoweit es nicht ſchon unmittelbar in engliſchem Beſitz
oder unter engliſchem Einfluß ſteht, zu der ausſchließ=
lichen Intereſſenſphäre Englands. Darauf waren die Be=
ſtrebungen der engliſchen Politiker gerichtet, als ſie nach
dem Berliner Frieden von 1878 gegenüber der Türkei
eine Bürgſchaft für die Unabhängigkeit des ganzen türki=
ſchen Vorderaſiens übernahmen. Dieſe Verbürgung er=
folgte damals gegenüber Rußland, kann aber ſelbſtver=
ſtändlich auch gegenüber irgend einer anderen Macht zur
Geltung gebracht werden.

Sollte die Bagdadbahn wirklich einmal unter deut=
ſcher Führung fertiggeſtellt werden und England von
ſeinen angedeuteten Zielen nicht abweichen, ſo könnte ſich
der bisher entlegene Perſiſche Meerbuſen zu einem welt=
politiſchen Wetterwinkel entwickeln.

Deutſche Kulturaufgaben in China.

Auch in China entwickelt ſich aus dem alten Uni=
verſalſtaat nach den erfolgreichen Vorbildern anderer
Völker der Nationalſtaat. Ob in dieſem neuen China die
nationale Strömung ähnlich wie in Japan zum Chau=
vinismus anſchwellen wird?

Bei der Wiederanfrichtung Chinas mitzuwirken, ſind
alle Großmächte beſtrebt in der Erkenntnis, daß die=
jenigen Völker einen wertvollen Vorſprung in China
haben werden, die ſich an der Übermittelung der weſtlichen
Wiſſenſchaft hervorragend beteiligen. Iſt man auch
deutſcherſeits nach dieſer Richtung hin bemüht, ſo wird
vermehrte Nachfrage nach deutſchen Erzeugniſſen in China
die ſichere Folge ſein. Für die Vorzüge deutſcher Wiſſen=
ſchaft und Technik ſind die leitenden Kreiſe Chinas durch=
aus empfänglich. In einigen Aufſätzen über Verwal=
tungsreformen ſagte Anfang 1907 die chineſiſche Zeitung
„Chung=wei=ji bao“: „Die anerkannt beſte Selbſtverwal=
tung iſt die deutſche. Auch China ſollte ſich dieſe zum
Vorbild nehmen, wie Japan von Deutſchland gelernt hat
und dadurch emporgekommen iſt. China muß von Deutſch=
land lernen.“ Soweit das Unterrichtsweſen in Frage
kommt, will man in China vorzugsweiſe auf deutſche
Vorbilder zurückgreifen.

Auf dem Gebiet des Missions- und Schulwesens ist die deutsche Tätigkeit hinter der englischen, nordamerikanischen und französischen in China weit zurückgeblieben. Wie der Geheime Legationsrat Knappe in seiner Schrift: „Deutsche Kulturaufgaben in China" (Berlin 1907 bei Hermann Paetel) mitgeteilt hat, bestehen in China 11 katholische Missionsgesellschaften französischer Nationalität als Inhaber von 4800 niederen, 500 höheren Schulen, 400 Waisenhäusern und 100 Krankenhäusern, ferner 33 protestantische Missionsgesellschaften aus der nordamerikanischen Union mit 920 niederen und 83 höheren Schulen, mit 97 Krankenhäusern und 137 Ärzten; endlich 22 protestantische Missionsgesellschaften englischer Herkunft mit 722 niederen, 37 höheren Schulen, 57 Krankenhäusern und 83 Ärzten. Weit dahinter zurück bleiben die deutschen Missionsgesellschaften, 6 an der Zahl, mit 23 niederen und 4 höheren Schulen, mit 4 Krankenhäusern und 5 Ärzten einschließlich des deutschen Schutzgebietes von Tsingtau, während die zahlreichen Schulen der Engländer in Hongkong und der Franzosen in Tonking und Annam, die überwiegend den Chinesen zugute kommen, nicht eingerechnet sind.

Bei der durchgreifenden Reorganisation ihres Schulwesens haben die Chinesen gewaltige Schwierigkeiten zu überwinden, zunächst bei der Beschaffung von Lehrern und von Lehrmaterial in chinesischer Übersetzung für ein Volk von 400 Millionen. Unter Leitung eines Nordamerikaners wurden 1895 in Tientsin eine Universität und zwei Jahre später in Schanghai eine höhere Lehranstalt begründet, meist mit nordamerikanischen Lehrkräften. Inzwischen sind andere Universitäten und Hochschulen entstanden, in den 15 Provinzialhauptstädten

höhere Lehranstalten und zahllose niedere Schulen. In
allen diesen Lehranstalten überwiegt das englische Element,
weil Tausende von englischen und amerikanischen Missio=
naren als Lehrer zur Verfügung standen. Die Chinesen
bevorzugten die englischen Klassen, da ihnen die Kenntnis
der englischen Sprache für ihr weiteres Fortkommen am
vorteilhaftesten erschien. Noch zahlreicher beteiligten sich
an der Reform des chinesischen Unterrichtswesens die Ja=
paner, die billiger waren und sozusagen in jeder Zahl
schnell erlangt werden konnten. Dagegen sind deutsche
Lehrer vorerst nur vereinzelt in China anzutreffen, ohne
die Militärinstruktoren alles in allem nur sechs und zwar
in Peking, Tientsin, Tsinanfu und Wuschang. Dazu
kommen noch sechs Lehrer der katholisch=deutschen Mis=
sion in Schantung.

Besonderen Wert legt man in China auf die Aus=
bildung junger Chinesen im Auslande. Schon 1872 wur=
den die ersten Versuche mit 120 Chinesen gemacht. Seit
1901 hat ein wahrer Zug junger Chinesen nach dem
Auslande stattgefunden, leider ohne System und An=
leitung. Die einzelnen Provinzgouverneure haben 10
bis 40 Chinesen hinausgeschickt, ohne sie unter ent=
sprechende Aufsicht zu stellen. Bei weitem die meisten
jungen Chinesen gingen nach Japan, wo sie indessen, von
einem flachen Radikalismus angekränkelt, mit revolutio=
nären Gedanken erfüllt wurden und den chinesischen Be=
hörden große Schwierigkeiten machten. Vielleicht findet
man in China, daß es zweckmäßiger ist, die jungen Chi=
nesen nach Ländern zu entsenden, wo sie zu ernsthaften
Studien angehalten werden können. Bisher ging nur
eine verhältnismäßig kleine Zahl von Chinesen nach
Europa. Dabei war man in China bemüht, kein euro=

päisches Land allzusehr zu bevorzugen. In Deutschland
dürften hundert junge Chinesen studieren, doch soll eine
größere Zahl folgen. Vorläufig ist jeder junge chinesische
Student im Auslande auf sich selbst angewiesen. Die
chinesische Gesandtschaft hat keinen Einfluß auf die Aus=
zahlung der Studiengelder, und so haben sich die Herren
ziemlich unabhängig gemacht. In Zukunft soll ihr
Studium überwacht werden.

Allem Anscheine nach ist es dem Geheimrat Knappe,
der viele Jahre deutscher Generalkonsul in Schanghai
war, gelungen, die leitenden Kreise davon zu überzeugen,
wie wichtig es für die politischen und wirtschaftlichen
Interessen Deutschlands in China ist, wenn auch von
deutscher Seite an dem chinesischen Reformwerk mitgewirkt
und modernes Wissen auch durch deutsche Vermittelung
und in deutschem Lichte nach China gebracht wird. Denn
die preußische Regierung ist auf seinen Vorschlag, in
Schanghai eine deutsche Medizinschule zu errichten, in=
soweit eingegangen, als sie einen Beitrag von 40 000
Mark zu diesem Zweck bewilligt und drei deutsche Ärzte
nach Schanghai auf sechs Jahre entsandt hat. Im Herbst
1907 soll die neue Schule eröffnet werden. In engster
Verbindung steht sie mit dem Krankenhause, das der Chef
der Firma Dr. Paulun vor etlichen Jahren für die
Chinesen in Schanghai errichten ließ.

Gegenwärtig gibt es in China eine medizinische
Wissenschaft nach europäischen Begriffen überhaupt noch
nicht. Mit deutscher Hilfe könnte viel und großes ge=
schaffen werden. Inzwischen haben die Franzosen be=
schlossen, mit beträchtlichen Mitteln eine Medizinschule
in Schangtu, der Hauptstadt der Provinz Szechuan, ein=
zurichten, und von englisch=nordamerikanischer Seite ist

bereits 1906 in Peking das „Union Medical College" mit
9 Ärzten und 13 medizinischen Lektionen eröffnet worden.
Die deutsche Medizinschule in Schanghai, in ihren
Grundzügen fertiggestellt, wird nach der Versicherung des
Geheimrats Knappe die volle Unterstützung der Chinesen
finden, der chinesischen Privatwohltätigkeit wie der Be=
hörden in den Yangtseprovinzen. Voraussichtlich wird
die deutsche Medizinschule in Schanghai später einmal
vom Staate übernommen werden. In Schanghai sind
bereits vier deutsche Ärzte ansässig.

Mit der Begründung der deutschen Medizinschule
in Schanghai wird eine erste und wichtige der deutschen
Kulturaufgaben in China erfüllt werden. Das preußische
Kultusministerium hat den großen Wert deutscher Kultur=
bestrebungen in China durch die Bewilligung eines Bei=
trages anerkannt in Vertretung der Reichsregierung, die
anscheinend für diesen Zweck nicht herangezogen werden
konnte.

Auch nach anderer Richtung hin ist manches ge=
schehen, um deutscher Bildung in China Eingang zu ver=
schaffen. Zur Erteilung des deutschen Sprachunterrichts
wurden vier deutsche Lehrer nach China ausgesandt. Vor=
aussichtlich werden sie auf chinesische Kosten übernommen
werden. Weiterer Nachschub dürfte erfolgen. An den
meisten deutschen Konsulaten erteilen die Dolmetscher
Unterricht im Deutschen. In Tientsin lernen die Chi=
nesen die deutsche Sprache bei deutschen Unteroffizieren.
Die Schantung=Eisenbahngesellschaft und die Schantung=
Bergbaugesellschaft bieten den Chinesen Gelegenheit, sich
deutsche Sprachkenntnisse zu erwerben.

Bisher war deutsche Wissenschaft den Chinesen so
gut wie unbekannt und wurde ihnen durch anglo=ameri=

tanische Vermittelung nur ganz ungenügend zur Kennt=
nis gebracht. Deutschland darf nicht länger beiseite stehen
und sich von Engländern und Amerikanern überflügeln
lassen. Mit seinem unermeßlichen Schatz an geistigen
und idealen Kräften, in allem, was Methode heißt, an
der Spitze ist Deutschland berechtigt und verpflichtet, sich
an den Kulturbestrebungen in China zu beteiligen.
Deutschland soll nicht mehr die Ergebnisse seiner Wissen=
schaft zur Verbreitung und Nutzbarmachung anderen
Völkern überlassen, sondern in China ohne Vermittelung
und für eigene Rechnung arbeiten. Das wird auch in
deutschen Kreisen bereits anerkannt. Mit Unterstützung
des Auswärtigen Amtes und deutscher Buchhändler wur=
den verschiedenen chinesischen Schulen schon Sammlungen
deutscher Lehrmittel überwiesen. Auch ist eine größere
Ausstellung deutscher Lehrmittel nach China abgegangen
und wird in allen wichtigeren chinesischen Städten vor=
geführt werden. Ein stattlicher Katalog dieser Aus=
stellung, mit Bildern reich geschmückt, ist von der be=
kannten Buchhandlung F. Volckmar zu Leipzig in
deutscher und chinesischer Sprache herausgegeben worden
und veranschaulicht die hohe Leistungsfähigkeit Deutsch=
lands auf dem wichtigen Gebiet der Lehrmittel.

Außerdem hat das Auswärtige Amt einen Bilder=
atlas unter dem Titel: „Was die chinesische Studien=
kommission in Deutschland gesehen hat" zusammengestellt
und in 100 000 Stück für die chinesischen Schulen mit
chinesischen Erklärungen drucken lassen, damit die Chinesen
eine Vorstellung von dem Deutschen Reich in kultureller
und industrieller Beziehung erhalten.

Bei dem Wettbewerb um die Erringung von Einfluß
auf und in China wird diejenige Macht am weitesten

kommen, die sich herbeiläßt, die Gleichberechtigung der in der Wiederaufrichtung begriffenen ostasiatischen Groß= macht anzuerkennen. Dazu sind die Deutschen von vorn= herein geneigt, weil sie allen aufstrebenden Völkern, auch den Chinesen, Verständnis und Wohlwollen entgegen= bringen und weil bei der weiten Entfernung der beiden Völker voneinander das Hervortreten von Rassengegen= sätzen ausgeschlossen ist.

Als Deutschland sich in Kiautschou festsetzte, war man allgemein der Ansicht, eine Teilung des chinesischen Reiches stehe unabweislich bevor. Diese Ansicht hat sich inzwischen als irrtümlich herausgestellt. Das Chinesische Reich ist auf dem besten Wege, sich mit Hilfe der Errungenschaften der weißen Rasse wieder aufzurichten, und es wird auf eigenen Füßen stehen als eins der weitesten und be= völkertsten Reiche der Erde. Gleichwohl hat die Stellung Deutschlands in Kiautschou im wesentlichen ihre Bedeu= tung behalten. Von Kiautschou aus kann die Beteili= gung deutscher Technik und deutschen Kapitals an der Aufschließung Chinas unmittelbarer, zweckmäßiger und wirksamer in die Wege geleitet werden. In der Tat hat sich von Kiautschou aus der deutsche Unternehmungs= geist leichter und kräftiger nach China hinein entwickelt. Hätte Deutschland sich von Ostasien fern halten, hätte es Kiautschou verlassen, hätte es auf jeden Einfluß im fernen Osten verzichten sollen?

Amerika.

1. Amerika.

Fünf Erdteile unterscheidet die Schulgeographie ziem=
lich willkürlich; sie behandelt das kleine Australien, das
kaum so groß ist wie Brasilien, als einen ganzen, da=
gegen das erheblich größere Südamerika nur als einen
halben Erdteil.

Kann Südamerika überhaupt als ein Teil Amerikas
angesehen werden? Mit Nordamerika hängt Südamerika
äußerlich durch die schmale Landenge von Panama zu=
sammen, die nach neueren Forschungen in der Tertiär=
zeit unterbrochen und erst zuletzt hergestellt wurde. Da=
gegen trennt mit seinem weit größeren Umfange das
amerikanische Mittelmeer die beiden Amerika schärfer
voneinander als das Mittelmeer der alten Welt den
europäischen und afrikanischen Erdteil. Ebensogut wie
die beiden Amerika könnten Europa und Afrika als ein
einziger Erdteil angesehen werden.

Die Unterschiede zwischen dem nördlichen und dem
südlichen Amerika sind groß. In bezug auf Rasse,
Religion, Sprache und Lebensauffassung bestehen scharfe
Gegensätze. Auch in Überlieferung und Geschichte haben
sie keinerlei Gemeinsamkeit. Vielmehr sind politische Ab=

neigungen zwischen den demokratischen Yankees und den mehr aristokratisch geschulten Angehörigen der spanischen Rasse vorhanden.

Durch die modernen Verkehrsmittel hat sich überdies die geographische Lage der einzelnen Länder vielfach verschoben, nicht zuletzt durch die Verbilligung des Seeweges. Getreide wird von New York nach Mannheim billiger verfrachtet als von Insterburg nach Mannheim. Mit seinen entwickeltsten Häfen liegt Südamerika den nordamerikanischen Plätzen nicht erheblich näher als den europäischen. Buenos Aires ist von New York 5870, von Plymouth 6035, von New Orleans 6320 und von Bremen 6570 Seemeilen entfernt. Die geringe Mehrentfernung der europäischen Häfen fällt nicht in Betracht. Was aber wichtiger ist, der Handel Südamerikas hat sich bisher in der Richtung nach Europa und nicht nach Nordamerika entwickelt, und deshalb sind die Dampferverbindungen zwischen Südamerika und Nordwesteuropa ungleich häufiger, rascher und billiger als zwischen Südamerika und Nordamerika. Will man von New York sehr rasch nach Buenos Aires gelangen, so macht man am besten den Umweg über einen nordwesteuropäischen Hafen und kommt unter Benutzung der Schnelldampfer New York—Plymouth und Plymouth—Buenos Aires in kürzerer Zeit ans Ziel als auf dem direkten Wege von Nord- nach Südamerika. Eine Verbesserung der Dampferverbindungen zwischen den nord- und südamerikanischen Häfen würde dieses Mißverhältnis beseitigen, nicht aber die Tatsache, daß Südamerika von Europa annähernd ebenso leicht zu erreichen ist wie von Nordamerika.

Dazu noch eines: Europa und Afrika hängen eng zusammen. Afrika ist fast ganz europäisches Kolonialland geworden und wird von Europa beherrscht. Dagegen ist Südamerika nicht von Nordamerika kolonisiert worden und wird auch vorläufig von der Union noch nicht be= herrscht.

In ihrer ursprünglichen Fassung setzt die Monroe= lehre eine politische Interessengemeinsamkeit ganz Ame= rikas zur Abwehr europäischer Einmischungen voraus. Seitdem Amerika europäische Einmischungen nicht mehr zu besorgen hat, ist die Voraussetzung der Monroelehre hinfällig geworden.

Inzwischen hat man von der Union aus versucht, die Monroelehre immer weiter zu entwickeln, und will sie benutzen, um die beiden Amerika von allen europäischen Einflüssen unabhängig und politisch wie wirtschaftlich zu einem in sich abgeschlossenen großen Ganzen zu machen.

Diese Bestrebungen sind im Rahmen der Monroe= lehre zulässig, werden aber von ihr keineswegs gefordert oder bedingt. Sie setzen eine Interessengemeinsamkeit voraus, die bisher noch nicht vorhanden war und nicht leicht herzustellen sein wird.

2. Die Monroelehre.

Die Monroelehre wird von den Leitern der Union als der Grund= und Eckstein ihrer ganzen auswärtigen Politik betrachtet, sie ist ihnen zum Dogma, zum Heilig= tum geworden, sie ist in das Volksbewußtsein einge= drungen und beherrscht die Massen. Alle Präsidenten bis auf Roosevelt haben sich in diesem Sinne ausge= sprochen. Alle Politiker der Union werden bestrebt sein, sie aufrechtzuerhalten und daraus immer weitergehende Folgerungen zu ziehen.

Entstanden ist die Monroelehre aus dem Gedanken Washingtons, die neue Republik solle sich nicht in die Wirren der europäischen Mächte einmischen. Dieser Gedanke wurde später durch Jackson erweitert zu der Lehre: Keine europäische Macht darf sich in Amerika eine neue Herrschaft begründen.

In der berühmten Botschaft des Präsidenten Monroe vom 2. Dezember 1823 wurden drei Grundsätze ausgesprochen: Die Union wird keine neuen europäischen Kolonien in Amerika dulden. Eine Ausdehnung des politischen Systems der europäischen Staaten, d. i. der Monarchie, auf irgend einen Teil Amerikas ist unzulässig. In die Angelegenheiten der spanisch=amerikanischen Republiken darf sich Europa nicht mischen.

Die Verkündung der Monroelehre war eine erstaunliche Kühnheit, denn damals zählten die freien Unionsstaaten kaum 6 Millionen weiße Einwohner, und Amerika stand noch ganz überwiegend im Besitze europäischer Mächte. Seither ist die Monroelehre von der Union erfolgreich verteidigt, nachdrücklich behauptet und bedeutsam erweitert worden.

Schon ein Jahr nach Verkündung der Monroelehre, als die spanischen Kolonien in Südamerika ihren Unabhängigkeitskrieg führten, erklärte die Union jedes Eingreifen europäischer Mächte als Kriegsfall.

Als im Sommer 1825 gerüchtweise verlautete, Frankreich beabsichtige, Spanien bei der Wiedereroberung seiner Kolonien zu unterstützen und als Preis dafür Kuba zu nehmen, ließ die Union darüber keinen Zweifel, daß sie eine Besitzergreifung Kubas durch eine andere Macht als Spanien unter keinem Vorwande dulden würde. Ein Vorschlag Frankreichs und Englands vom Jahre 1852

an die Union, sich gegenseitig zu verpflichten, niemals
von Kuba Besitz zu ergreifen, wurde von der Union zu=
rückgewiesen. Die Kubanische Frage sei eine rein ameri=
kanische und müsse ohne Mitwirkung europäischer Mächte
erledigt werden. Nicht ohne Anlaß spottete der da=
malige Staatssekretär der Union über die Großmut Frank=
reichs und Englands, auf eine Insel zu verzichten, die
sie nie erlangen würden, während die Union auf etwas
verzichten solle, was leicht einmal in ihre Hände fallen
könnte.

Die Monroelehre gestattet es nach der Auffassung
des Präsidenten Roosevelt keinem europäischen Staat, sich
in Amerika auf Kosten eines amerikanischen Staates zu
vergrößern. Auch darf, was Präsident Grant schon 1869
verkündet hatte, keine Übertragung einer amerikanischen
Kolonie von einer europäischen Macht auf eine andere
erlaubt werden, wenn eine solche Übertragung nach dem
Urteil der Union ihren Interessen feindlich ist.

Als man in der Union besorgte, Deutschland könne die
dänischen Antillen oder das spanische Kuba ankaufen, schrieb
Roosevelt, wieder abgedruckt in seinem Buche „Ameri=
kanismus": „In beiden Fällen ist es nicht denkbar, daß
die Vereinigten Staaten zögern würden, eventuell mit ge=
waffneter Hand dazwischenzutreten. Die Vereinigten
Staaten dürfen keiner großen Militärmacht, die in diesem
Erdteil noch kein Gebiet besitzt, das Recht zugestehen, festen
Fuß zu fassen, und ebensowenig dulden, daß andere,
die bereits Besitzungen hier haben, diese vergrößern."

Schon zu Ende des 19. Jahrhunderts ließ die Union
in Kopenhagen ankündigen, daß ein Verkauf der dänisch=
westindischen Inseln an irgend eine andere Macht den
Krieg bedeute. Auch Senator Lodge, ein Vertrauens=

mann des Präsidenten Roosevelt, verhieß 1900 den Krieg gegen Deutschland oder gegen eine andere Macht, die etwa versuchen wollte, Brasilien oder die dänisch=westindischen Inseln zu nehmen.

Für den Fall einer Angliederung Hollands an das Deutsche Reich begründete Kapitän Mahan ein Ein= schreiten der Union gegen die Einbeziehung der holländisch= amerikanischen Besitzungen in die deutsch=holländische Ge= meinsamkeit.

Bei Eröffnung der allamerikanischen Ausstellung in Buffalo von 1901 bekräftigte Lodge die Monroelehre, die ganz Amerika aufs innigste verbünde: „Keine europäische Macht soll hierher kommen und den Versuch machen, im Karaibischen Meerbusen eine Flottenstation errichten zu wollen. Unter keinen Umständen darf das kleinste Eiland, das allerwüsteste Vorgebirge eines der beiden amerikanischen Kontinente einer europäischen Macht ab= getreten oder verkauft werden."

Gegen den Verkauf der kleinen Insel St. Bartho= lomé durch Schweden an Frankreich im Jahre 1878 hatte die Union noch keinen Einspruch erhoben, an= scheinend wegen der Unwichtigkeit der Insel.

Später versicherte Lodge, als das Verhältnis der Union zu San Domingo geregelt wurde, fest davon über= zeugt gewesen zu sein, daß England und Deutschland 1902 beabsichtigt hätten, sich in Venezuela „einzubohren". Nur der Wachsamkeit der amerikanischen Politik sei es zu danken, daß dieser Plan vereitelt wurde.

Im Jahre 1896 erläuterte der Senat die Monroe= lehre dahin: „Jeder Versuch einer fremden Macht, auf diesem Festlande oder auf irgend einer ihm zugehörigen

Insel oder Inselgruppe neues Gebiet zu erwerben oder das von ihr bereits besessene und besiedelte Gebiet durch Gewalt, Abtretung, Besetzung, Kauf, K o l o n i s a t i o n oder sonstwie zu vermehren, soll als Verletzung der Monroelehre angesehen werden."

Demnach dürfen die gegenwärtigen europäischen Be= sitzrechte in Amerika nur an die Union übertragen werden. Als im Jahre 1867 die englischen Besitzungen in Nordamerika zu der Dominion of Canada zusammen= geschmolzen wurden, erhoben sich in der Union Stimmen, die darin eine Verletzung der Monroelehre erblickten. Im Kongreß gelangte sogar eine Resolution zur Be= ratung, worin die Beunruhigung der Union darüber aus= gesprochen werden sollte, „daß eine so große Anzahl amerikanischer Staaten auf monarchischer Grundlage organisiert wird." Von dieser Organisation wurde be= hauptet, daß sie mit den Überlieferungen und Grund= sätzen der Union nicht zu vereinbaren sei und ihre wich= tigsten Interessen gefährde.

Anfang der sechziger Jahre war die Union so stark, daß während des Bürgerkrieges weder England noch Frankreich es wagten, offen auf die Seite der Süd= staaten zu treten und die große Republik zu sprengen. Mit seinen Interessen und Sympathien stand England auf Seite der Südstaaten, begnügte sich aber mit der Hoffnung auf ihren Sieg ohne seine Hilfe.

Nachhaltig gefestigt wurde die Monroelehre, als Napoleon III. zu Anfang der sechziger Jahre die Absicht bekundete, in Mexiko nicht bloß die Anerkennung ge= wisser Forderungen zu erzwingen, sondern daselbst ein Kaiserreich zu errichten. Damals wurde er durch die drohende Haltung der Union zum Rückzuge genötigt.

Welchen Einfluß die Schlacht bei Königgrätz auf den Entschluß Napoleons übte, ist noch so wenig unter= sucht worden wie die Rückwirkungen des damaligen Bürgerkrieges in der Union auf die deutschen Einigungs= kämpfe.

Kurzsichtig wie so oft hatten die Londoner „Times" in ihrem Haß gegen die Monroelehre von Napoleon III. gerühmt, er habe der Welt durch Weglöschung der Monroelehre einen großen Dienst erwiesen. Das Gegen= teil war bewirkt worden.

Als Lesseps an den Bau des Panamakanals ging, klagten die Blätter der Union darüber, daß seine Bagger= maschinen die Monroelehre durchlöcherten. Diese Bagger= maschinen sollten im Sumpfe der Pariser Börsenkor= ruption stecken bleiben.

Im Jahre 1895 erhob England Anspruch auf ein strittiges Gebiet zwischen Venezuela und Britisch=Guyana, als daselbst Goldländer entdeckt wurden. Venezuela brachte ein Schiedsgericht in Vorschlag. England lehnte ab und drohte mit Krieg. Präsident Cleveland erklärte in einer Botschaft von Weihnachten 1895 in diesem Falle die Monroelehre als maßgebend, da eine europäische Macht ihr Gebiet in Amerika auf Kosten einer benachbarten Republik ausdehnen wolle. Es sei die Pflicht der Union, mit allen Mitteln sich der Aneignung von Gebiet, das nach anzustellenden Ermittelungen zu Venezuela gehört, also einem absichtlichen Eingriff Großbritanniens in ihre Rechte und Interessen zu widersetzen. England fügte sich.

Seither glaubt man in Washington, bei Streitig= keiten zwischen einer europäischen Macht und einem ame= rikanischen Staat als Schiedsrichter obwalten zu müssen. Landabtretung an eine europäische Macht soll in keinem

Falle zugestanden werden. Das Kriegsrecht des Siegers auf Gebietsabtretung wäre sonach durch diese Erweiterung der Monroelehre gegenüber mittel= und südamerikanischen Staaten ausgeschlossen. Ernste Belastungsproben hat diese Behauptung noch nicht bestanden.

Bei Ausbruch des Krieges gegen Spanien im Jahre 1898 verbat sich die Union jede Einmischung Europas und wies selbst den vorsichtigen Vermittelungsversuch des Papstes schroff zurück.

Auf Grund der Monroelehre erklärte Präsident Garfield im Jahre 1881, jeden Versuch einer Verständigung anderer Mächte zu gemeinschaftlichem politischen Vorgehen in Amerika mit Unfreundlichkeit ansehen zu müssen.

Um die Mitte des neunzehnten Jahrhunderts hatte die Union wiederholt die Monroelehre außer acht gelassen, so im Jahre 1850 durch ihr Zusammengehen mit England und Frankreich bei der Friedensstiftung zwischen Haiti und San Domingo und vor allem bei dem Abschluß des Vertrages mit England über den Nicaraguakanal, worin beide Mächte die Verpflichtung eingegangen waren, den Kanal gemeinsam zu bauen, ihn nicht zu befestigen, sondern in Kriegs= und Friedenszeiten offen zu halten. Indessen erhob sich gegen diesen Vertrag alsbald lebhafter Widerspruch, und nach langen Verhandlungen setzte es die Union durch, daß England im Jahre 1900 auf sein Anrecht am Bau des Kanals und im Jahre 1901 auch auf dessen Neutralisierung und Befestigungslosigkeit verzichtete.

An der Marokkokonferenz wie an der Haager Friedenskonferenz hat die Union nur mit Vorbehalt teilgenommen und ausdrücklich auf die Monroelehre verwiesen. Bei der Unterzeichnung des Haager Abkommens zur friedlichen Erledigung internationaler Streitfälle vom 29. Juli 1899 erklärte sie, daß in dem Abkommen nichts so ausgelegt werden darf, „als wenn es für die Union ein Aufgeben ihrer überlieferten Haltung in betreff der rein amerikanischen Fragen in sich schlösse."

In der Auffassung, daß die europäischen Mächte bestrebt seien, Land zu erlangen, wo sie nur könnten, äußerte Ende April 1900 der damalige Kriegssekretär Root, die Union müsse in wenigen Jahren die Monroelehre entweder aufgeben oder für sie kämpfen. Er wollte mit diesem Hinweis zeigen, daß die Union vorbereitet sein müsse, jedem Versuch entgegenzutreten, der die Monroelehre verletzen könnte.

Die Monroelehre ist keine Frage des Rechts, sondern der Politik, also eine Machtfrage.

Ob man die Monroelehre als Teil des Völkerrechts anerkennen wolle oder nicht, erklärte Präsident Roosevelt für ebenso gleichgültig, wie wenn jemand die amerikanische Unabhängigkeitserklärung auf diese formelle Eigenschaft prüfen wollte.

Als das einzige Mittel zur Aufrechterhaltung und Durchführung der Monroelehre bezeichnete Präsident Roosevelt wiederholt die Schaffung einer erstklassigen Schlachtflotte. „So lange wir eine Flotte erster Klasse haben, wird die Monroelehre geachtet werden und nicht viel länger."

Im Rahmen der Monroelehre wurde bisher von den Politikern der Union der Grundsatz aufrechterhalten, keine Bündnisse mit europäischen Mächten zu schließen.

In ihrer ursprünglichen Fassung ist die Monroelehre von den europäischen Mächten schließlich tatsächlich, wenn auch nicht formell, anerkannt worden.

Soweit von Europa aus Bedenken gegen den Grund=
satz der Monroelehre geäußert wurden, erfuhren sie von
der Union aus unter Hinweis auf ähnliche Verhältnisse
in der alten Welt eine nicht unbegründete Zurückweisung.
In einem Aufsatz der „Hamburger Nachrichten“ vom
9. Februar 1896, der von Bismarck beeinflußt war und
auch im Bismarck=Jahrbuch (III. 569) abgedruckt ist,
wurde die Ansicht ausgesprochen, daß die Monroelehre
in ihrer Erweiterung „eine unglaubliche Unverschämt=
heit der übrigen Welt gegenüber sei und eine lediglich auf
große Macht begründete Gewalttat allen amerikanischen
und denjenigen europäischen Staaten gegenüber, die
Interessen in Amerika haben. Man denke sich ein euro=
päisches Analogon dieser amerikanischen Überhebung, daß
also ein Staat, etwa Frankreich oder Rußland, seiner=
seits den Anspruch erheben wollte, in Europa seien keine
Verschiebungen der Grenzen ohne seine Zustimmung er=
laubt, oder daß in Asien irgend eine vorwiegende Macht,
Rußland oder England, die Prätension aufstellte, daß
dort keine Verschiebung der politischen Verhältnisse ohne
seine Zustimmung stattfinden dürfe!“
Formell ist eine Monroelehre für Europa freilich
nicht recht denkbar. Immerhin wachen die europäischen
Mächte darüber, daß keinerlei Grenzverschiebungen ohne
ihre Zustimmung stattfinden. Auch in Afrika bekunden
die vorwiegenden Mächte immer mehr Neigung, Ver=
schiebungen der dortigen Interessenkreise zu verhindern.
Präsident Roosevelt hat einmal daran erinnert, daß Eng=
land über Südafrika eine Monroelehre verhängte, als
andere Mächte sich dort einzumischen gedachten. In
Asien einigten sich Rußland und England über Interessen=
abgrenzungen. England hat für den Persischen Meer=

busen eine Art von Monroelehre verkündet, Japan hat
sie nach seinen Siegen auf Ostasien zu übertragen ver=
sucht, ja sogar die Losung ausgegeben: Asien den Asiaten!
Als die australischen Staaten sich Mitte 1900 zusammen
schlossen, erhoben sie Einspruch gegen jeden weiteren
Gebietserwerb einer europäischen oder asiatischen Macht
im Stillen Meer.

Die amerikanischen Schuldnerstaaten.

Die Monroelehre hat sich überraschend entwickelungs=
fähig und dehnbar erwiesen, namentlich seit dem Her=
vortreten des Präsidenten Roosevelt. In früheren Auf=
sätzen, neu abgedruckt in seinem Buch „Amerikanismus"
(Leipzig 1903) und später als Präsident bei verschiedenen
Gelegenheiten hat er sich darüber geäußert.

Es sei nicht wünschenswert, die Monroelehre genau
zu umschreiben, weil man dadurch verhindert werde, auf
die verschiedenen Grade nationalen Interesses in ver=
schiedenen Fällen Rücksicht zu nehmen. Man habe die
Monroelehre nicht versteinern lassen, sondern stets die
rechte Folgerung daraus gezogen.

Eine Ausgestaltung erfuhr sie zunächst nach dem
Vorgehen Englands und Deutschlands gegen Venezuela
von 1902 wegen böswilliger Zahlungseinstellung ver=
tragsmäßiger Schulden. Damals war von Washington aus
zu verstehen gegeben worden, daß von der Union die
Anwendung von Gewalt gegen amerikanische Staaten
zur Erlangung geldlicher Forderungen als ein Akt der
Feindschaft gegen die Monroelehre betrachtet werden
müsse.

Indessen anerkannte Präsident Roosevelt in seiner
Botschaft vom 4. März 1905 das Recht europäischer

Gläubigerstaaten, amerikanische Schuldnerstaaten zur Erfüllung ihrer Verbindlichkeiten zu zwingen, nötigenfalls durch Blockade oder Bombardement, vorausgesetzt, daß diese Schritte nicht die Form einer dauernden Gebietsbesetzung annähmen, obwohl auch schon darin eine Einmischung in amerikanische Angelegenheiten, also eine Verletzung der Monroelehre liege. Präsident Roosevelt fuhr dann fort: „Die europäischen Regierungen sehen das auch sehr wohl ein und haben uns daher den Gedanken nahe gelegt, daß wir ihnen zu ihren Rechten verhelfen müssen, wenn wir nicht wünschen, daß sie selbst einschreiten. Dies Verlangen ist durchaus berechtigt. Und wenn wir ihm nicht nachkommen, gewähren wir dadurch die „Erlaubnis", sich selbst zu helfen. Mit einem Worte, wenn wir die Monroelehre aufrecht erhalten wollen und von den übrigen Nationen ihre Respektierung fordern, so müssen wir dafür sorgen, daß unsere Schwesterrepubliken, die unter dem Schutze der Monroelehre stehen, ihren auswärtigen Verpflichtungen pünktlich und gewissenhaft nachkommen."

Diesen Gedanken hat Präsident Roosevelt durchgeführt und dabei die Monroelehre durch zwei neue Sätze erweitert:

Fremde Nationen dürfen sich nicht zu Herren amerikanischer Zollämter machen.

Der Union steht das ausschließliche Recht zu, die Finanzverwaltung amerikanischer Schuldnerstaaten zu überwachen.

Schon am 2. April 1903 hatte Präsident Roosevelt in einer Rede zu Chicago erklärt, auf Grund der Monroelehre keinen Erwerb territorialer Rechte durch eine europäische Macht auf Kosten einer schwachen

Schwesterrepublik dulden zu wollen, auch wenn diese Erwerbung nur die Form der Ausübung einer internationalen Überwachung annehmen sollte, die nach seiner Auffassung der Wirkung einer Besitzergreifung gleichkommen würde. Er erachtete sonach die Einsetzung internationaler Ausschüsse zur Überwachung des Staatsschuldendienstes amerikanischer Staaten nach ägyptischem Vorbilde für nicht vereinbar mit der Monroelehre, obwohl derartige Ausschüsse in Venezuela und anderen amerikanischen Staaten sehr nützlich hätten wirken können und keineswegs mit der Besetzung amerikanischen Gebietes gleichbedeutend gewesen wären.

San Domingo hatte seine Anleihe von 1893 durch die Zollerträge verbürgt und die Zollerhebung einer New Yorker Gesellschaft übertragen. Äußerstenfalls sollte die Zollverwaltung an einen internationalen Ausschuß, bestehend aus Vertretern der Union, Englands, Frankreichs, Belgiens und Hollands, übergehen. Dazu kam es aber nicht, als die Zinsenzahlung in Stockung geriet. Vielmehr schritt die Union ein. Präsident Roosevelt vereinbarte mit San Domingo im Jahre 1905 ein neues Abkommen, das die Zollverwaltung der kleinen Insel der Union unterstellte. Die Union übernahm gegenüber San Domingo dieselbe Befugnis, wie sie von einem Ausschuß der europäischen Mächte seit Jahren gegenüber Ägypten ausgeübt wird: die oberste Verwaltung zur Regelung des Schuldendienstes. Von den Einnahmen wird ein Teil der Landesverwaltung zur Bestreitung der notwendigen Ausgaben und ein anderer Teil den Gläubigern nach Verhältnis ihrer Forderungen überwiesen. Nach allerlei parlamentarischen Umständlichkeiten ist das Abkommen Anfang Mai 1907 in Kraft getreten.

Bei der Empfehlung des Abkommens betonte Präsi dent Roosevelt, daß der Union aus der Monroelehre nicht nur Rechte, sondern auch Pflichten erwüchsen, zunächst die Pflicht, für die Erfüllung von Verbindlichkeiten zu sorgen, die amerikanische Schuldnerstaaten gegenüber europäischen Gläubigern eingegangen sind. Insbesondere seien mit der Übernahme der Finanzverwaltung von San Domingo auch Verpflichtungen verbunden. In der Botschaft des Präsidenten Roosevelt vom 16. Februar 1905 hieß es:

„Die Verhältnisse in San Domingo wurden un= erträglich. Die auswärtigen Nationen empfanden, daß der einzige Weg, Zahlung für die Ansprüche ihrer An= gehörigen zu erlangen, der wäre, Gebiet zu erwerben oder die Zollverwaltung zu übernehmen. Die Monroe= lehre hat dies verhindert, und die, welche daraus Nutzen ziehen, müssen zugleich mit den aus ihr erwachsenden Rechten gewisse Verantwortlichkeiten auf sich nehmen. Es wäre mit internationaler Billigkeit unvereinbar gewesen, wenn die Vereinigten Staaten es abgelehnt hätten, die europäischen Mächte das andere Verfahren einschlagen zu lassen, das ihnen zur Befriedigung ihrer Ansprüche zur Verfügung stand, und sich gleichzeitig geweigert hätten, selbst Schritte zu tun. Wir müssen entweder den anderen Regierungen gestatten, Maßnahmen zur Wahrung ihrer Interessen zu ergreifen, oder selbst ein geeignetes Vor= gehen einschlagen. Wenn der Welt die bona fides der Vereinigten Staaten in Erfüllung ihrer Verpflichtungen bewiesen wird, so wird sicher die allgemeine Zustimmung zur Monroelehre die Folge sein, was eine Erweiterung des Bereiches friedlicher Beilegung internationaler Schwierigkeiten bedeutet."

In der Union war man befriedigt, weil dadurch der Einfluß der Vormacht ausgedehnt wurde, und schreckte vor der damit verbundenen Verantwortlichkeit keineswegs zurück. Wie Senator Lodge, ein Vertrauensmann des Präsidenten Roosevelt, damals äußerte, müsse die Union bei der Prüfung europäischer Finanzansprüche an amerikanische Staaten darauf achten, einmal, daß die amerikanischen Schuldnerstaaten „reell" bezahlen, was sie schulden, aber auch, daß sie von ihren europäischen Gläubigern nicht übervorteilt werden.

Für die europäischen Mächte könnte es unter Umständen peinlich werden, die Vermittelung der Union anzurufen, und für die Union schwierig, den Schiedsspruch abzugeben.

Gegen das Abkommen mit San Domingo erhoben die Mächte keinen Widerspruch. Nach einem Chicagoer Blatt soll es die deutsche Reichsregierung willkommen geheißen haben. Ein solches Vorgehen sei gegenüber allen diesen unsicheren Staatsgebilden schon lange unerläßlich gewesen und stehe der Union als der geographisch und politisch nächsten Macht wohl an. Es handle sich mehr um eine Pflegschaft, als um ein Protektorat in der üblichen Bedeutung des Wortes. Wie Präsident Roosevelt Mitte August 1905 in Chautauque bemerkte, wird durch das Abkommen die Einführung eines eigentlichen Protektorats überflüssig.

Nunmehr kann die Union in ähnlicher Weise einschreiten, wenn andere verschuldete amerikanische Staaten mit ihren europäischen Gläubigern zu keiner Verständigung gelangen, sie kann und wird ihre finanzielle Obervormundschaft in Amerika immer mehr ausdehnen auf Grund der neuen Erweiterung der Monroelehre durch

den Präsidenten Roosevelt. Haiti dürfte bald an die
Reihe kommen. Anfang 1906 nahm man in Washington
mit Genugtuung eine Beschwerde Italiens über Zins=
verkürzungen dieser Negerrepublik entgegen.

In ein gewisses Abhängigkeitsverhältnis zu der
Union ist zunächst Nicaragua gebracht worden durch
die Anleihe von 1904, die gegen Verpfändung eines Teils
der Zolleingänge die New Yorker Bankiergruppe Wein=
berger, Adler, Salomon und Genossen übernahm. Diese
Anleihe (1 Million Dollars mit 6 Prozent verzinslich,
zum Kurse von 75 Prozent übernommen, in 25 Jahren
rückzahlbar!) sicherte den Unternehmern unverhältnis=
mäßig hohen Gewinn und diente zugleich den politischen
Zwecken der Unionsregierung.

Indessen will Präsident Roosevelt, wie er in seiner
Botschaft vom 16. Februar 1905 betonte, nicht die Mei=
nung aufkommen lassen, als wäre die Monroelehre
dazu da, den mittel= und südamerikanischen Republiken
als Deckmantel gegen das Eintreiben berechtigter Schuld=
forderungen von seiten der europäischen Mächte zu dienen.
Die Monroelehre sei kein Freibrief zur Verletzung des
Völkerrechts.

Wie er am 11. August 1905 erklärte, haben die
mittel= und südamerikanischen Staaten auf Grund der
Monroelehre keinen Schutz zu erwarten, falls sie sich
der Bezahlung rechtsverbindlicher Schulden entziehen
wollten. Versuchen sie es, so bleibt den europäischen
Mächten das Recht, nötigenfalls ihre Ansprüche zu er=
zwingen. Doch soll die Union die Vorkehrungen der be=
treffenden europäischen Macht zur Wahrung ihrer Inter=
essen überwachen, um zu verhindern, daß bei etwaigen

Vollstreckungen amerikanisches Land auch nur vorüber=
gehend von fremden Truppen besetzt wird.

In seiner Botschaft vom 4. Dezember 1906 kam
Präsident Roosevelt nochmals auf diese Angelegenheit
zurück und verkündete, daß „Betrug oder andere ver=
brecherische Handlungen oder Verletzung von Verträgen
durch den Schuldner ein zwangsweises Eingreifen gegen
einen fremden Staat rechtfertigen könnten, der seine
Verbindlichkeiten gegen seine Gläubiger zu erfüllen sich
weigere". Schließlich empfahl er, den endgültigen Aus=
trag aller sich auf diesem Gebiet erhebenden Rechts=
streitigkeiten der Haager Konferenz anheimzugeben.

In diesem Sinne hatte der allamerikanische Kongreß
vom Sommer 1906 beschlossen, die Haager Friedens=
konferenz zu ersuchen, in Erwägung zu ziehen, ob und
in welchem Umfange die Anwendung von Waffengewalt
bei der Eintreibung öffentlicher Schulden erlaubt ist.
Bei der Erörterung dieser Frage wollte man von ameri=
kanischer Seite die Dragolehre, wonach die Anwendung
von Waffengewalt bei Eintreibung öffentlicher Schulden
in Zukunft ausgeschlossen werden soll, anempfehlen, da=
mit sie zu einem Grundsatz des Völkerrechts erhoben
wird.

Unter den Rückwirkungen des deutsch=englischen Vor=
gehens gegen Venezuela von 1902 entstand, zuerst von
dem argentinischen Diplomaten Calvo erdacht, die Drago
lehre, so benannt nach dem argentinischen Minister des
Äußern, der sie in einer Note vom 29. Dezember 1902
nach Washington formulierte. Danach soll die Ein=
treibung finanzieller Ansprüche der Staatsangehörigen
eines Landes bei der Regierung eines anderen Landes
nicht mehr durch Waffengewalt erfolgen dürfen, sondern

der Gläubiger darauf beschränkt werden, sich an die
Gerichte des Schuldnerstaates zu wenden.

Mit diesem neuen Satz war die Union einverstanden,
da er ihr geeignet schien, die Erweiterung der Monroelehre zu fördern. Wie Staatssekretär Root während
des allamerikanischen Kongresses von 1906 versicherte,
werde die Union Schuldansprüche ihrer Angehörigen niemals durch das Heer oder die Flotte beitreiben lassen,
habe das auch niemals getan. Außerdem hob Staatssekretär Root hervor, daß die Union mit Bezug auf
ihre Staatsangehörigen die Beitreibung von Schuld-
rechten fremder Staaten mit Waffengewalt niemals
dulden würde.

Staatssekretär Root befürwortet einen Vermittelungs-
vorschlag durch ein internationales Abkommen, wonach
bei der Eintreibung gewöhnlicher öffentlicher Schulden,
die aus Verträgen erwachsen, eine gewisse Beschränkung
in der Anwendung von Gewalt beobachtet werden soll.

In den interessierten Kreisen Englands, des größten
Gläubigerstaates, hat die Dragolehre scharfen Widerspruch hervorgerufen. Wenn zahlungsunfähige oder
zahlungsunwillige Schuldnerstaaten von den Gläubigerstaaten nicht mehr äußersten Falles mit Waffengewalt zur
Erfüllung ihrer Verpflichtungen angehalten werden
können, dann sinkt ihr Kredit, und sie werden bei neuem
Geldbedarf Anleihen oder Kapitalien vom europäischen
Geldmarkt unter keinen Umständen zu erwarten haben.
Darüber sind die betreffenden Schuldnerstaaten schwerlich im Unklaren. Aber soweit sie bankerott sind, erhalten sie ohnehin kein Geld mehr von Europa, und die
übrigen zahlungsfähigeren Staaten hoffen, ihren Geldbedarf fortan in der Union decken zu können, wo nach den

Schilderungen New Yorker Blätter die Milliardäre und die Milliarden wie die Pilze aus der Erde wachsen.

Den mittel= und südamerikanischen Staaten wird bei finanziellen Schwierigkeiten die Erweiterung der Monroe= lehre manche Enttäuschung bringen. Nach wie vor müssen sie ihre Verpflichtungen gegenüber Europa er= füllen, sei es nun in Güte oder gezwungen durch Ver= mittelung der nordamerikanischen Union. Zunächst ge= raten sie, soweit sie nicht zahlen können oder zahlen wollen, unter die finanzielle Obervormundschaft der Union und, wo sich das europäische Kapital zurückzieht, in Ab= hängigkeit von den übermächtigen Finanzkönigen und den großen Trusts der Union. Freilich wird auch das euro= päische Kapital in Mittel= und Südamerika mit besonderen Schwierigkeiten zu rechnen haben. Erachtet es der Hei= matsstaat mit Rücksicht auf die Union nicht für zweck= mäßig, seine Kapitalsinteressen in Mittel= und Südamerika gegebenenfalls zu schützen, und ist auf wirksamen Schutz gegen Vergewaltigung mit Sicherheit nicht zu rechnen, so wird das europäische Kapital von Mittel= und Süd= amerika zurückgeschreckt werden und für Neuanlagen nicht mehr leicht zu gewinnen sein.

Dagegen darf das Kapital der Union ausgiebigsten Schutzes gewiß sein, ja es wird in Mittel= und Süd= amerika eine Vorzugsstellung genießen und daraufhin noch weit umfangreicher als bisher nach Anlagen suchen.

Die Verscheuchung des europäischen Kapitals aus Mittel= und Südamerika mag von der Union nicht un= mittelbar beabsichtigt sein, ist ihr aber sehr willkommen, da sie dessen bisheriges Übergewicht mißgünstig beobachtet.

Mag auch der nordamerikanische Dollar in Mittel= und Südamerika schon sehr einflußreich geworden sein, so wird er doch schwerlich die Erkenntnis auf die Dauer unterdrücken können, daß die Monroelehre in ihrer Erweiterung schließlich den Zwecken der Union dient, ihre Monopolisierungsbestrebungen im Süden fördert und die finanzielle und politische Selbständigkeit aller übrigen amerikanischen Staaten langsam untergräbt.

Angesichts der mißlichen Folgen des deutsch=englischen Vorgehens gegen Venezuela vom Jahre 1902 ist anzunehmen, daß sich ein solches Vorgehen nicht so leicht wiederholen wird. Von vornherein hat das Einschreiten gegen Schuldnerstaaten keine völkerrechtliche Grundlage. Anleihegeschäfte mit fremden Staatsregierungen sind Privatangelegenheiten und als solche von dem Hauptgläubigerstaat, von England, stets aufgefaßt worden. Als Argentinien, Portugal und Griechenland ihre Zahlungen einstellten, haben die Gläubigerstaaten nicht entfernt daran gedacht, die Forderungen ihrer Angehörigen mit Waffengewalt einzutreiben. Gegen Venezuela ging man schärfer vor, weil man dort nicht Zahlungsunfähigkeit, sondern böswilligen Rechtsbruch voraussetzte, und übte mit Hilfe der Flotte einen Druck aus, der ohne die Einmischung der Unionsregierung rascheren Erfolg gehabt haben würde.

Als die Reichsregierung sich entschloß, gegen Venezuela im Wege der Exekution vorzugehen, nahm man allgemein an, daß Hansemann, bevor die Diskontogesellschaft auf den Bau der Venezuelabahn gegen entsprechende Zinsbürgschaft eingegangen war, im Auswärtigen Amt angefragt hatte, ob er nötigenfalls auf den Schutz des Reiches rechnen könnte, und daß er auf seine Anfrage beruhigende Zusicherung erhalten hatte. Daraus zog man den Schluß, daß die Reichsregierung

eine besondere Verpflichtung eingegangen war, sich für
die Forderungen der Diskontogesellschaft an Venezuela
mit ganzer Kraft einzusetzen und auch äußerste Maß=
nahmen nicht zu scheuen. Tatsächlich hatte aber Hanse=
mann, bevor er das Eisenbahngeschäft mit Venezuela ab=
schloß, die leitenden Kreise in Berlin nicht befragt, sondern
sie mit der vollzogenen Tatsache überrascht.

Die Monroelehre und Mittelamerika.

Folgerichtig innerhalb der Monroelehre hielt sich der Vorschlag des mexikanischen Präsidenten Diaz auf dem allamerikanischen Kongreß in Mexiko vom Sommer 1902. Danach sollte als Grundsatz amerikanischer Politik die Anerkennung des derzeitigen Besitzstandes unter gegenseitiger Verbürgung aufgestellt werden. Diese Diazlehre wurde von der Mehrheit angenommen. Doch blieb die Haltung der Union dazu mindestens unklar.

Ein anderer Vorschlag des Präsidenten Diaz vom Mai 1907 soll ein gemeinsames Protektorat der Union und Mexikos über die mittelamerikanischen Staaten in Aussicht genommen haben, doch gehen die Wünsche vieler Unionspolitiker weiter.

Die Erwerbung tropischer Länder wurde von vielen Unionspolitikern schon längst für dringend notwendig erachtet. Zunächst sollten alle westindischen Inseln von der Union entweder angekauft oder besetzt oder durch enge Bündnisse ihr angegliedert werden.

Mitte April 1907 erklärte der Senator Beveridge in einer Sitzung der Akademie für politische und soziale Wissenschaften zu Washington die künftige Herrschaft der Union über alle westindischen Inseln für ebenso unvermeidlich wie die Herrschaft über Kuba.

Kuba war den Unionspolitikern schon lange besonders begehrenswert erschienen. Bereits am 2. Oktober 1823 hatte Präsident Jefferson an Monroe geschrieben: „Ich gestehe offen, daß ich von je auf Kuba als auf den interessantesten Zuwachs zu unserem Staatensystem geschaut habe. Die Kontrolle, die uns die Insel, zusammen mit der Südspitze von Florida, über den Golf von Mexiko, seine Küstenländer und den Isthmus gäbe, würde das Maß unseres politischen Wohlbefindens voll machen."

Steffen A. Douglas sagte vor einem halben Jahrhundert: „Es ist unsere Bestimmung, Kuba zu besitzen, und es ist lächerlich oder verrückt, darüber noch zu streiten. Kuba gehört naturgemäß zum amerikanischen Festland, es bewacht die Mündung des Mississippi, d. i. das Herz der Union und der Rumpf der Nation. Kubas Erwerb ist nur eine Frage der Zeit."

Kuba ist seit Mai 1902 eine selbständige freie Republik, hat aber in seiner Verfassung der Union vertragsmäßig Mitte 1901 ein Protektoratsrecht einräumen müssen. Die Union kontrolliert die auswärtige Politik Kubas und kann daselbst einschreiten zur Wahrung der kubanischen Unabhängigkeit und zur Erhaltung einer Regierung, die imstande ist, für den Schutz von Leben, Eigentum und persönlicher Freiheit zu sorgen. Als auf Kuba im Herbst 1906 Unruhen ausbrachen, schritt die Union mit Waffengewalt ein, um die Ordnung aufrecht zu erhalten.

Eine engere Angliederung Kubas an die Union wird erstrebt, die formelle Einverleibung der Insel in die Union aber nicht beabsichtigt, weil man der farbigen Bevölkerung keinesfalls die bürgerliche Vollberechtigung einräumen will. Außerdem nimmt man Rücksicht auf

die Stimmung der übrigen amerikanischen Republiken.
Allamerika erscheint den Unionspolitikern schließlich doch
wichtiger als Kuba.

Einen formell noch loser angegliederten Vasallen-
staat schuf sich die Union Ende 1903 in der neuen Republik Panama.

Ende 1846 hatte sie mit der Republik Neu-Gra-
nada, dem heutigen Kolumbien, ein Abkommen verein-
bart und sich darin verpflichtet, die vollständige Neu-
tralität der Landenge von Panama zu verbürgen. Auf
Grund dieses Vertrages entsandte die Union wiederholt
Truppen dorthin, um die Ruhe aufrecht zu erhalten und
den freien Verkehr zu sichern, zog sich aber immer wieder
zurück. Anfang 1870 erhielt die Union das Recht, den
Panamakanal zu bauen, verzichtete aber auf dessen Ausführung. Im Jahre 1878 wurde eine neue Konzession
erteilt, die Lesseps erwarb. Nach dem Zusammenbruch
der Lesseps'schen Gesellschaft übernahm die Union im Jahre
1904 alle Arbeiten und Rechte gegen Zahlung von 210
Millionen Mark, um den Kanal fertig zu stellen, stieß
aber mit den Verhandlungen über die Konzessionsbe-
dingungen bei Kolumbien auf Schwierigkeiten. Dort
hoffte man eine höhere Abfindung herausschlagen zu
können. Als die Verhandlungen sich in die Länge zogen,
wurden die Bewohner der Landenge ungeduldig, und es
kam am 3. November 1903 in der Stadt Panama zu
einer Revolution. Kriegsschiffe der Union waren bereits
erschienen. Man entwaffnete ein Bataillon der kolum-
bischen Regierung und drohte mit der Landung von
Truppen aus der Union. Am 6. November sandte die
neue Regierung einen Vertreter nach Washington, und
schon am 13. November wurde die neue Republik Panama

von der Union anerkannt. Fünf Tage später erfolgte der Abschluß des Panamakanalvertrages mit der neuen Regierung, worin die Union die Unabhängigkeit Panamas gewährleistete, dagegen für den Bau des Kanals einen Landstreifen von 17 Kilometer Breite zugewiesen erhielt gegen Zahlung von insgesamt 51,2 Millionen Mark.

Kolumbien protestierte gegen die Vergewaltigung und berief sich auf seinen Vertrag mit der Union von 1846, fand indessen in der Union kein Gehör, und als es Truppen nach Panama entsandte, wurde ihre Landung von einem Vertreter der Union untersagt. Kolumbien stand mit seinen geldgierigen Machthabern allein da und fand nirgends Unterstützung.

Für alle Zukunft will die Union Panama zu Wasser und zu Lande beschützen und es in Ordnung halten.

Der Panamakanal ist für die Union wirtschaftlich, politisch und militärisch von größtem Wert, er erhöht ihren Einfluß im amerikanischen Mittelmeer, macht sie zum Oberherrn dieses wichtigen Meeres und gestattet ihr, die mittelamerikanischen Staaten mit Mexiko zu umklammern.

Seitdem die Union in Panama festen Fuß gefaßt hat, verlangen viele Politiker die Ausdehnung ihres Protektorats über die schwachen mittelamerikanischen Staaten, da deren Regierungen nicht imstande seien, eine geordnete Verwaltung und dauernd friedliche Verhältnisse herzustellen.

Manchen Politikern der Union erschien Mexiko schon lange begehrenswert. Im Jahre 1868 prophezeite Seward, daß in dreißig Jahren Mexiko die Hauptstadt der Union sein werde, derselbe Seward, der einen Vertrag mit Dänemark wegen Erwerbung der Thomasinsel ab-

geschlossen hatte. In einem Werk über „Amerikanisch
diplomatische Fragen" vom Jahre 1901, das unter Be
nutzung der Unionsarchive geschrieben wurde, nahm
J. B. Henderson an, daß nach dem Tode des Präsi
denten Diaz Mexiko zum Schauplatz erneuter Wirren
werden würde. Ruhestörung vor der eigenen Tür dürfe
die Union aber so wenig dulden wie etwa auf Kuba, und
werde daher früher oder später Mexiko annektieren wie
die anderen unter unverantwortlichen Regierungen leben
den mittelamerikanischen Staaten.

Cecil Rhodes hat es einmal als Aufgabe der anglo
amerikanischen Rasse bezeichnet, Mexiko und die spa
nischen Republiken von Südamerika zu erobern. An
scheinend dachte Rhodes damals an ein Zusammen
wirken zwischen England und Nordamerika, da die
Angliederung Kanadas der Union in jeder Hinsicht
näher liegt.

Mehrfach haben Präsident Roosevelt wie früher
Staatssekretär Hay jedes Eroberungsgelüst der Union
auf das übrige Amerika zurückgewiesen, aber doch nur
für ihre Person. Denn die Einverleibung von Texas
und Unterkalifornien, ferner von Portorico, die Angliederung von Kuba usw. zeigten, daß die Union sich
durch die Monroelehre nicht verhindern ließ, ihren Besitzstand auf Kosten anderer amerikanischer Staaten zu
erweitern. Da für die Besetzung Kubas weder die Monroelehre noch das Völkerrecht herangezogen werden konnte,
erklärte die Union „aus Gründen der Menschlichkeit"
nach Kuba genötigt worden zu sein.

Aufrichtiger waren die Vertreter der Union, als
Spanien sich um die Mitte des neunzehnten Jahr=
hunderts weigerte, Kuba für 120 Millionen Dollars

zu verkaufen. Damals drohten sie mit der Wegnahme
der Insel. „Da die Union niemals wirkliche Ruhe
und Sicherheit genießen kann, so lange Kuba nicht ihrem
Gebiet einverleibt ist, und da die Selbsterhaltung sowohl
für Staaten wie für Personen das wichtigste Naturgesetz
bildet, so müssen wir dieses Gesetz auch auf die Er=
werbung Kubas anwenden. Nachdem Spanien den von
uns für die Insel gebotenen, weit über ihren gegen=
wärtigen Wert hinausgehenden Preis ausgeschlagen
haben wird, tritt an uns die Frage heran: Gefährdet
Kuba im Besitz Spaniens unseren inneren Frieden und
unsere teuere Union? Beantwortet man diese Frage
bejahend, dann werden wir durch alle göttlichen und
menschlichen Gesetze berechtigt sein, die Insel Spanien
zu entreißen, wenn wir die Macht dazu haben; nach
demselben Grundsatz, der einem Manne das Recht gibt,
das Haus seines Nachbarn in Brand zu stecken, wenn es
für ihn kein anderes Mittel gibt, das seinige vor der
Zerstörung durch Feuer zu bewahren. Wir würden
unserer Pflicht abtrünnig, unserer tapferen Vorfahren
unwürdig sein und gegen unsere Nachkommen feigen Ver=
rat üben, wollten wir ruhig zusehen, wie Kuba afrikani=
siert und ein zweites St. Domingo wird, wie die
Flammen auf unsere benachbarten Küsten überspringen
und das schöne Gebäude unserer Union in Gefahr
bringen oder gar verzehren."

Als Präsident Roosevelt seine Wiederwahl betrieb,
gab er der Monroelehre an Stelle der ursprünglich
defensiven ein offensives Gesicht. Mit Hinweis auf die
Erfolge des Krieges gegen Spanien erklärte er am
27. August 1902: „Unser Interesse an der Monroe=
lehre ist lebhafter als jemals zuvor. Sie ist die ein=

sache Feststellung unserer bestimmten Ansicht, daß es
den jetzt in diesem Weltteil bestehenden Nationen über=
lassen bleiben muß, ihr eigenes Geschick untereinander
zu entscheiden, und daß d i e s e r W e l t t e i l n i c h t
l ä n g e r a l s K o l o n i s a t i o n s s t ä t t e f ü r i r g e n d
e i n e e u r o p ä i s c h e M a c h t betrachtet werden darf.
Nur die Vereinigten Staaten können diese Lehre wirksam
machen, denn eine Nation, welche diese Lehre aufstellt,
muß auch die Macht haben, sie durchzuführen, da sie
wahrscheinlich in irgend einer Weise mit anderen Nationen
in Widerspruch geraten wird."

Später fügte er beschwichtigend hinzu: Die Monroe=
lehre sei keineswegs als ein Angriffsmittel zu be=
trachten. Sie bedeute nicht, daß die Union gegen irgend
eine Macht angriffsweise vorgehen wolle, sondern nur,
daß sie als größte Macht des Erdteiles dem Grundsatz
der Monroelehre treubleiben werde, wonach Amerika
von keiner europäischen Macht als ein Gegenstand poli=
tischer Kolonisation angesehen werden dürfe.

Die Monroelehre hatte den Bestand der europäischen
Kolonien in Amerika noch anerkannt. Seit Jahrzehnten
erhoben sich Stimmen dagegen. Schon 1870 äußerte
Staatssekretär Fish die Hoffnung, daß die europäischen
Mächte sich freiwillig aus Amerika und seinen Inseln
zurückziehen würden, damit der ganze Erdteil amerika=
nisch werde. Präsident Grant erhoffte ebenfalls das
Aufhören der politischen Zusammenhänge Europas mit
Amerika von dem natürlichen Gang der Dinge.

In dem republikanischen Programm von 1896, das
der gewählte Präsident gebilligt hatte, hieß es: „Wir
sehen zuversichtlich dem schließlichen Rückzuge der euro
päischen Mächte von unseren sowie der Vereinigung

13*

aller englisch sprechenden Länder des Erdteils durch
freien Vertrag seiner Bewohner entgegen."

Am schärffsten hat Roosevelt dahingehende Folge=
rungen der Monroelehre in seinem Buch über Ameri=
tanismus gezogen:

„Jeder rechtschaffene Patriot, jeder Politiker in
unserem Lande sieht verlangend dem Tag entgegen, wo
keine einzige europäische Macht mehr ein Stückchen
amerikanischen Bodens im Besitz haben wird. Es kann
sein, daß in einer ferneren Zukunft alle englisch sprechen=
den Völker sich zu einer Art Staatenbund vereinigen
werden. Wie wünschenswert dies auch sein mag, für
den Augenblick ist dies eine Phantasie. Die einzige Hoff=
nung, die es heute für eine Kolonie gibt, die ihre volle
sittliche und geistige Entwickelung erreichen will, ist, daß
sie unabhängig oder ein Teil eines unabhängigen
Staates wird."

Ende 1903 brachte die republikanische Mehrheit im
Senat nochmals den Standpunkt zum Ausdruck, daß nach
wie vor der Ausschluß sämtlicher europäischer Mächte von
dem Boden Amerikas anzustreben sei.

Mit dem Verlust ihrer Kolonien infolge der Monroe=
lehre werden die beteiligten Staaten, vor allem Eng
land, aber auch Frankreich, Holland und Dänemark in
absehbarer Zeit zu rechnen haben.

Die Monroelehre und Südamerika.

Schon in der Fassung der Monroelehre vom Jahre 1823 hatte die Union eine Art von Protektorat über ganz Amerika beansprucht durch die Erklärung: „Jede Beeinträchtigung der Unabhängigkeit eines der von uns anerkannten amerikanischen Freistaaten würden wir als einen feindseligen Akt gegen uns selbst ansehen."

Die Union legte sich den vielsagenden Namen „Vereinigte Staaten von Amerika" bei.

Mitte 1904 wies Präsident Roosevelt die Botschafter, Gesandten und Konsuln der Union an, sich künftig „amerikanischer Botschafter", „amerikanischer Gesandter", „amerikanischer Konsul" zu nennen.

Auf der allamerikanischen Ausstellung in Buffalo von Mitte 1901 hatte der damalige Vizepräsident Roosevelt die Monroelehre als Grundlage für die allamerikanische d. i. für die gemeinsame Politik amerikanischer Staaten „gegenüber dem Auslande" bezeichnet, unter Ausland also nur die nichtamerikanischen Staaten verstanden.

Von vornherein betrachtete sich die Union als die überwiegende (preponderant) amerikanische Macht und hat auf dem Wege zur Obermacht (paramount) bedeutsame Fortschritte gemacht.

Wie Präsident Polk (1845 bis 1849), der Neumexiko und Kalifornien erwarb, verkündete, ist die Union berufen, alle Länder der westlichen Halbkugel unter ihre schützenden Fittiche zu nehmen.

Mit steigender Zuversicht hat sich die Union zum Schirmherrn Amerikas erhoben, sie will ihre kräftige Hand schützend über die schwächeren Staaten halten, ein Anspruch, den die europäischen Mächte kaum noch ernsthaft zu bestreiten wagen.

Aus der Monroelehre wird ein nicht leicht zu umschreibendes Kontrollieren der amerikanischen Staaten durch die Union entwickelt, eine Art von Vormundschaft, die Präsident Roosevelt in seiner Botschaft vom Dezember 1904 beanspruchte. Diese Vormundschaft, sagte ein Bundessenator während des Venezuelastreites, haben wir nicht auf uns genommen, sondern sie ist auf uns gefallen nach dem Gesetz der politischen Gravitation. Dieses Gesetz war nur eine Neuumschreibung für das alte Recht des Stärkeren.

Fremde Mächte dürfen sich in Amerika nicht einmischen. Um ihnen jeden Vorwand dazu zu nehmen, müssen wir bemüht sein, äußerte Präsident Roosevelt Mitte 1905, unseren Schwesterrepubliken, sobald sie einer Hilfe bedürfen, auf dem Wege nach Frieden und Ordnung beizustehen. Die Union ist berufen und berechtigt, die Ordnung nötigenfalls zu erzwingen, („Speak softly and carry a big stick"), seitdem sie gegenüber Europa eine gewisse Verantwortlichkeit für die mittel- und südamerikanischen Regierungen zunächst in bezug auf den Staatsschuldendienst übernommen hat. Ein jedes der amerikanischen Länder, dessen Bevölkerung sich gut führe, könne auf die herzliche Freundschaft der Union rechnen. Anhalten-

des Unrechttun aber und Ohnmacht würden, wie sie ander=
wärts auch schließlich das Einschreiten einer zivilisierten
Nation erfordern, auf der westlichen Hemisphäre auf
Grund der Monroelehre, wie Präsident Roosevelt in
seiner Botschaft vom Dezember 1904 androhte, die Union
zwingen, wenn auch widerstrebend, eine internationale
Polizeigewalt auszuüben.

Das Streben nach Suzeränität der Union über ganz
Amerika enthüllte während des Venezuelastreites von
1895 mit England Staatssekretär Olney in einer Note
nach London mit folgenden Worten: „We are practically
sovereign on this continent and our fiat is law!“ „Wir
sind die tatsächlichen Herren auf diesem Erdteil, und
unser Machtwort ist Gesetz.“

Diese Ansprüche fanden in der Union selbst laute
Zustimmung. Alle Bedenken dagegen wurden unterdrückt,
auch die Zweifel des Kapitäns Mahan in seiner Schrift
über „Die asiatische Frage und ihre Rückwirkung auf
die internationale Politik“ vom Jahre 1900, ob die Aus=
dehnung der Monroelehre so weit gehen dürfe, daß die
Union die Unabhängigkeit der südamerikanischen Staaten
gegen alle europäischen Mächte sicher stellen solle, ob diese
Politik wirklich klug und auf die Dauer durchführbar sei.
Nach seiner Meinung hören südlich von Panama die
Interessen der Union so ziemlich auf. Für das Tal des
Amazonenstromes befürwortete er die Festsetzung einer
großen neutralen Zone zu Handelszwecken im Wege inter=
nationaler Abmachungen. Nur bis dorthin sollte sich die
Wirksamkeit der Monroelehre erstrecken.

Dagegen erweckten die Ansprüche der Union bei den
übrigen amerikanischen Staaten Mißtrauen, auch da, wo
man früher Vertrauen zu der Union und ihrem Schutz

gegen außeramerikanische und amerikanische Feinde ge=
hegt hatte.

Mit Unbehagen beobachtete man, wie die Union
sich in die Streitigkeiten und Wirren der amerikanischen
Staaten einmischte.

Auf das Geheiß der Union mußte Chile nach seinem
Sieg über Peru und Bolivien darauf verzichten, sich
Gebietsteile abtreten zu lassen.

Als im Frühjahr 1907 der mittelamerikanische Krieg
zwischen Nicaragua, Honduras und San Salvador durch
den Sieg Nicaraguas so ziemlich entschieden war, er=
schienen Seetruppen der Union in den Häfen dieser
Staaten, und die Union gebot Einhalt, angeblich um
die amerikanischen Interessen zu schützen und einer Ein=
mischung europäischer Mächte vorzubeugen.

In den Streit zwischen Brasilien und Bolivien um
das Akregebiet vom Jahre 1903 hat die Union zwar
nicht unmittelbar eingegriffen, aber Anlaß zu dem Streit
gab eine von der Unionsregierung unterstützte Gruppe
der Newyorker Hochfinanz, die anfangs 1902 das wichtige
Kautschukgebiet von der bolivianischen Regierung unter
Übernahme der ganzen Finanzverwaltung auf 60 Jahre
gepachtet hatte. Auf Andrängen Brasiliens mußte dieser
Pachtvertrag rückgängig gemacht werden. Man er=
innerte sich in Brasilien der langen Studienreise eines
Kanonenbootes der Union im Jahre 1901 bis tief in
das Gebiet des Amazonenstromes hinein, befürchtete
allerlei Absichten der Union und verständigte sich mit
Bolivien, um die Union von brasilianischem Gebiet fern
zu halten.

In den achtziger Jahren tauchte der Vorschlag auf,
den Präsidenten der Union zum ständigen Schiedsrichter

für alle Streitigkeiten zwischen den amerikanischen Staaten
zu machen. Staatssekretär Blaine suchte diesen Vorschlag
zu verwirklichen, nicht zuletzt, um für alle Zukunft die
Berufung einer europäischen Macht zum Schiedsrichter
auszuschließen. Von einem solchen Schiedsgericht be=
fürchteten die südamerikanischen Staaten eine Schmäle=
rung ihrer souveränen Rechte.

Nach langen Verhandlungen auch auf früheren all=
amerikanischen Kongressen beschloß der Kongreß in Rio
de Janeiro 1906, Zwistigkeiten unter den amerikanischen
Staaten künftig durch Vermittlung zu schlichten im Zu=
sammenhang mit einem allgemeinen Schiedsgericht, wie
es auf den Haager Friedenskonferenzen angestrebt wird.
Chile bekämpfte ein amerikanisches Schiedsgericht aus
Mißtrauen gegen die Union. Auch die Union verlangte
Freiwilligkeit und wollte sich nicht binden; anfangs, um
in dem Streit zwischen Kolumbien und Panama freie
Hand zu behalten, und später, um von Fall zu Fall selbst
oberster Schiedsrichter zu werden.

Erbitternd wirkten gewisse Vorkommnisse, die den
Anschein erweckten, als ob die Union in anderen ameri=
kanischen Staaten Wirren hervorzurufen oder Streitig=
keiten zu verschärfen geneigt sei.

Ende 1905 ließ die argentinische Regierung mehrere
höhere Offiziere in der Provinzialhauptstadt San Juan
verhaften, weil sie Vereinbarungen der südamerikanischen
Staaten gegen das Übergewicht der Union zu durch=
kreuzen suchten. Vereinbarungen dieser Art scheinen ge=
plant worden zu sein, haben aber zu Ergebnissen nicht
geführt.

Im Herbst 1906 wurden zu St. Louis ein mexi=
kanischer Geheimbund und eine mexikanische Zeitung ge-

gründet mit der Aufgabe, Mexiko zu revolutionieren. Da=
mals beschwerten sich mexikanische Blätter über die revo=
lutionären Umtriebe der Union auf Kosten benachbarter
Republiken.

Nachhaltig gesteigert wurde das Mißtrauen in den
mittel= und südamerikanischen Staaten durch den unge=
stümen Erweiterungsdrang der Union, wie er noch greif=
barer als zuvor nach dem Kriege gegen Spanien sich in
Taten umsetzte: Die Angliederung Portoricos, das Pro=
tektorat über Kuba, der Handstreich auf Panama, der
dort nur eine Schattenrepublik schuf, um die offene Be=
sitzergreifung der Landenge durch die Union zu ver=
decken, die Übernahme der Finanzverwaltung von San
Domingo, endlich die starken Flottenrüstungen der Union
mit dem Übereifer der Allamerikanisten und Imperia=
listen nach Erweiterung des Machtkreises der Union in
Amerika selbst und darüber hinaus.

Die Monroelehre anerkennt man auch in Mittel= und
Südamerika, aber nur als ein Mittel der Abwehr gegen
den europäischen Imperialismus, als eine Gewähr für
die Selbständigkeit und Unabhängigkeit aller Staaten,
als eine Sicherung für ihre friedliche Entwickelung, als
Schutz gegen Vergewaltigung, doch nicht als eine Hand=
habe für die Union, ihr Gebiet zu erweitern oder die
mittel= und südamerikanischen Staaten unter ihre Bot=
mäßigkeit oder Vormundschaft zu bringen.

Die mittel= und südamerikanischen Staaten wollen
auch gegenüber der Union die errungene Selbständigkeit
und Unabhängigkeit behaupten. Selbst der Bundespräsi=
dent Brasiliens versicherte trotz der freundlichsten Be=
ziehungen zu der Union im Herbst 1906, Brasilien würde
einer Auslegung der Monroelehre im Sinne einer Be=

vormundung aller südamerikanischen Staaten durch die Union niemals zustimmen können. Brasilien mit einer Bevölkerung von 20 Millionen bedürfe solcher Bevormundung nicht, könne auf eigenen Füßen stehen und seine Angelegenheiten selbst regeln.

Seit geraumer Zeit besteht in Südamerika das Bedürfnis nach einer gegenseitigen Annäherung, um ein Gegengewicht gegen die Übermacht der Union zu schaffen. Wiederholt ist ein Bund der südamerikanischen Staaten in Anregung gebracht worden, doch ohne Erfolg. Die alten Eifersüchteleien und Streitigkeiten der einzelnen Staaten sind zu groß, um die Erkenntnis ihrer Interessengemeinsamkeit zum Durchbruch kommen zu lassen. Die einzelnen Staaten mit ihrer außerordentlich verschiedenartigen Bevölkerung, zum Teil durch innere Kämpfe zersetzt, werden durch vielfache Interessengegensätze getrennt, und ihre Vereinigung steht vorläufig nicht in Aussicht.

Seit seiner Republikanisierung Ende 1889 erfreut sich Brasilien des besonderen Schutzes der Union und gilt als Vorposten der Unionspolitik in Südamerika. Anfang 1906 hieß es, Brasilien solle gegen Einräumung einer gewissen Vormachtsstellung in Südamerika unter Verbürgung seines Gebiets zu der Union in ein staatsrechtliches Verhältnis treten wie etwa Bayern zu Preußen.

Brasilien und Argentinien verstärken ihre Flotte. Folgt auch Chile, so werden die drei südamerikanischen Hauptstaaten zur See zwar kräftiger dastehen, aber dennoch kein Gegengewicht gegen die Union bilden, weil sie uneinig bleiben.

In Argentinien denken manche Politiker an eine Angliederung von Uruguay und Paraguay und erregen die

Eifersucht Brasiliens und Chiles, wo man jede Ver=
schiebung des politischen Gleichgewichts bekämpfen würde.

Unter den bestehenden Umständen ist es der Union
nicht schwer, einen Staat gegen den anderen auszuspielen,
um vorherrschenden Einfluß zu erlangen. Das Zustande=
kommen eines Dreibundes zwischen Brasilien, Argen=
tinien und Chile im Jahre 1904 scheiterte zwar an der
alten Nebenbuhlerschaft zwischen Argentinien und Bra=
silien, wurde aber auch von der Union durchkreuzt.

Eine Annäherung zwischen dem spanischen Süd=
amerika und dem alten Mutterlande zeigte sich auf dem
iberisch=amerikanischen Kongreß zu Madrid von Ende
1900. Dort berieten die Vertreter sämtlicher Staaten
Europas und Amerikas, soweit sie der spanischen Natio=
nalität angehören, über den Zusammenschluß aller spa=
nisch redenden Völker in handelspolitischer und kultureller
Hinsicht. Wohl kam ein gewisses Gefühl der Gemein=
samkeit der romanischen Rasse gegenüber der Union zum
Ausdruck, doch blieb der Kongreß praktisch bedeutungslos.

Die Uneinigkeit der südamerikanischen Staaten scheint
unabänderlich zu sein, sie verhindert ein dauerndes Schutz=
und Trutzbündnis gegen Übergriffe der Union, sie wäre
vielleicht nur zu beseitigen, wenn der Druck der Union
unerträglich werden sollte.

Eroberungsgelüste gegenüber den südamerikanischen
Staaten hegen die Unionspolitiker nicht. In dieser Hin=
sicht ist ihren Versicherungen voller Glauben beizumessen.
Denn es läßt sich keine annehmbare Form der Angliede=
rung der südamerikanischen Staaten an die Union ab=
sehen. Ein Eintritt der südamerikanischen Staaten in die
Union als gleichberechtigte Glieder auf Grund der Unions=
verfassung würde zwar auf das einfachste das angestrebte

Allamerika verwirklichen, ist aber ausgeschlossen und stößt vor allem in der Union selbst auf den entschiedensten Widerstand. Hat man doch in der Union verlangt, daß, was auch immer die Ausdehnungspolitik an neuen Tatsachen bringen mag, dadurch in keinem Fall die politische Grundlage der Union erschüttert werden dürfe.

Die Stellung der Schwarzen in der Union ist eine ungelöste Frage, und noch größere Schwierigkeiten müssen entstehen gegenüber den farbigen Mischlingen in Mittel- und Südamerika. Darin sind so ziemlich alle Unionspolitiker einig, daß den farbigen Rassen die bürgerliche Vollberechtigung zunächst in der Union unter keinen Umständen erteilt werden darf. Diese Rassenfragen sind bedenkliche Hindernisse für die Verwirklichung der allamerikanischen Bestrebungen. Die Mischlinge in Mittel- und Südamerika werden sich nicht wie Indianer behandeln lassen, sondern volle Gleichberechtigung fordern.

Die Unterschiede der Weißen im Norden und Süden hat Anfang 1896 der „Chileno" in Valparaiso angedeutet: „Wir Spanisch-Amerikaner haben nichts gemein mit dem Volke der Union. Wir sind von dessen Denkweise weiter entfernt als von der irgend einer europäischen Nation. Spanien gab uns seine Rasse, seine Sprache und seine Gesittung. Frankreich hat uns ein Jahrhundert genährt mit seiner Kunst und Literatur. England hat uns Handel, Industrie, Eisenbahnen und Dampfschiffe besorgt. Deutschland hat uns Schulmeister, Offiziere und eine uns hochnützliche Einwanderung geschickt."

Amerika ist ein starker Begriff und hat im Norden die verschiedensten Völkerschaften zu einer geschlossenen Gesamtheit zusammengeschweißt. Ob er aber auch imstande sein wird, die tiefgehenden Rassengegensätze zwischen dem nördlichen und dem mittleren und südlichen Amerika zu überwinden?

Dazu kommen noch die religiösen Gegensätze zwischen der Union und den Völkern Mittel= und Südamerikas. In den dortigen klerikalen Kreisen gilt die Union als eine protestantische Macht, deren Übergewicht sie auf das nach= drücklichste bekämpfen zu müssen glauben. Zweifellos bilden die klerikalen Kreise Mittel= und Südamerikas ein nicht zu unterschätzendes Gegengewicht gegen die all= amerikanischen Bestrebungen der Union. Für die Union wirken zwar im Süden die Missionare der Missouri= Synode mit großen Mitteln, werden aber auch in deutsch= brasilischen Kreisen beanstandet, weil sie nebenbei zu angli= sieren suchen und Religion und Geschäft miteinander ver= quicken.

Um die südamerikanischen Staaten für den allameri= kanischen Gedanken zu gewinnen, um ihnen allamerika= nisches Gemeingefühl einzuflößen, verheißen ihnen die Unionspolitiker in ihrer Presse Schutz gegen vermeint= liche vorgeschobene Gefahren, gegen angebliche europäische Eroberungsgelüste, gegen Kolonialabsichten Deutschlands, gegen jedwede Gefährdung ihrer Unabhängigkeit.

Wie Henderson, Sprecher des Kongresses bis 1902, in der New Yorker Monatsschrift „The American Monthly Review of Reviews" von Ende 1902 ausführte, wird die Union auf Grund der Monroelehre für Brasilien ein moralischer Rückhalt sein, jeden Fuß breit brasilianischen Landes wird sie vor europäischen Angriffen schützen.

Die Union will nicht zusehen, wie sich große Militär= mächte in Amerika ausbreiten und die Schwesterrepubliken im Süden verhindern, sich nach ihren eigenen Wünschen zu entwickeln.

So lange in den mittel= und südamerikanischen Staaten derartige Befürchtungen vorhanden waren, wirkte das Mittel. Völlig entkräftet wurden sie durch die Union selbst mit ihrer Betonung und Erweiterung der Monroe= lehre. Welcher europäische Staat denkt noch daran, die Unabhängigkeit der amerikanischen Staaten anzutasten oder sich in ihre Händel einzumischen oder einen Druck auf sie zu üben? Viele südamerikanische Politiker haben es ausgesprochen, daß Südamerika von Europa nichts mehr befürchte, wohl aber noch viel erwarte, vermehrte Zuwanderung, erhöhten Güteraustausch usw., daß man bisher ein anderes als das zivilisierte Europa noch nicht kennen gelernt habe. Ja, es ist nicht verschwiegen worden, daß man sich hier und da mehr durch die Politik der Union als durch Europa bedroht fühlt.

Haben die allamerikanischen Bestrebungen der Union, die darauf hinauslaufen, die beiden Amerika zu einem Zoll= und Kriegsverband zusammenfassen, Aussicht auf Verwirklichung?

Diese Frage läßt sich nicht bejahen, wenn die großen südamerikanischen Staaten fortfahren können, ohne Stö= rung oder Druck von außen sich zunächst wirtschaftlich zu entwickeln. Wo ein Staat wirtschaftlich gedeiht, da wird er auch politisch widerstandskräftiger, da hebt sich das Unabhängigkeitsgefühl und drängt fremde Einflüsse zurück. Selbst Mexiko hat sich unter dem Präsidenten Diaz sichtlich konsolidiert. Befreit von der europäischen Herrschaft und ohne Furcht vor ihrer Wiederkehr stehen die großen südamerikanischen Staaten da, selbständig auch gegenüber der Union, deren Schutz sie bisher nicht in

Anspruch zu nehmen hatten und voraussichtlich auch in
Zukunft nicht benötigen werden. Selbst bei ihrem wirt=
schaftlichen Aufschwung leistete ihnen nicht die Union,
sondern Europa gute Dienste. Mit ihren wirtschaftlichen
Interessen, mit ihren kulturellen Bestrebungen neigen sie
mehr zu Europa als zur Union.

Wollen die großen südamerikanischen Staaten selb=
ständig und unabhängig bleiben, dann müssen sie vor
allem selbst für Ordnung nach innen und Frieden nach
außen sorgen, um jeden Einspruch der Union zu ver=
hüten, die sich berufen glaubt, über Ordnung und Frieden
in ganz Amerika wachen zu müssen.

Überdies liegt die Annahme nahe, daß die mittel=
und südamerikanischen Staaten unter dem Damokles=
schwert der allamerikanischen Ziele der Union dazu ge=
drängt werden, innere Unruhen und äußere Kämpfe zu
vermeiden. Erschließen sie sich dieser Erkenntnis nicht,
so steht zu befürchten, daß die Unionspolitiker ihre Macht=
ausdehnungsbestrebungen hinter dem Satze zu verbergen
suchen werden: Auf die Dauer ist die wünschenswerte
und notwendige Einigkeit nur inmitten eines allameri=
kanischen Staatenverbandes unter Oberaufsicht der Union
herzustellen.

Was die mittel= und südamerikanischen Staaten an=
streben sollen, Ordnung im Innern, Frieden nach außen,
Selbständigkeit und Unabhängigkeit, entspricht durchaus
den Wünschen und Interessen der europäischen Mächte,
insbesondere Deutschlands, und wird zuletzt auch von der
Union als unvermeidlich und berechtigt anerkannt werden
müssen.

Das sind Zukunftshoffnungen. Vorläufig übt die
Union infolge der Uneinigkeit der mittel= und südameri=

kanischen Staaten, zum Teil auch wegen ihrer inneren Zerfahrenheit und äußeren Schwäche, ohne formell eine Oberherrschaft zu besitzen, mehr oder minder entscheiden den Einfluß bei wichtigeren Fragen der inneren Politik und vor allem auf die auswärtige Politik des ganzen Erdteils.

Die Aufschließung Südamerikas.

Allgemein gilt Südamerika als ein Erdteil von un=
geheuren Bodenschätzen. Hat doch einmal Alexander
von Humboldt von dem reichen Gebiet des Amazonen=
stromes gesagt, daß sich dereinst dort die Stätte der
höchsten Kultur auf Erden entwickeln werde. Von Süd=
amerika behaupten Kundige, es könne nicht nur das Viel=
fache seiner gegenwärtigen Bevölkerung, sondern nötigen=
falls die ganze Menschheit ernähren. Was Südamerika
zu seiner Entwickelung benötigt, sind in erster Reihe
Menschen und sodann Kapitalien.

Bis um die Wende des Jahrhunderts war die Union
an der wirtschaftlichen Entwickelung der mittel= und
südamerikanischen Staaten wenig oder gar nicht be=
teiligt. Der Aufschwung Argentiniens, Brasiliens und
anderer mittel= und südamerikanischen Staaten erfolgte
wesentlich unter Führung und Mitwirkung europäischer
Kräfte und Kapitalien.

Ein Blick auf Argentinien zeigt die überwiegende Be=
deutung der europäischen Zuwanderung für die Ent=
wickelung dieses Landes, das nach der Versicherung kun=
diger Kreise einmal das kräftigste Staatswesen, ja die
führende Macht Südamerikas werden wird.

Argentiniens wirtschaftlicher Aufschwung ist erstaunlich. Im letzten Jahrhundert vermehrte sich seine Bevölkerung von 1½ auf 5½ Millionen Menschen, allerdings wesentlich durch die europäische Einwanderung. Seine Ausfuhr stieg von 56 Millionen Mark in 1861 auf 1292 Millionen Mark in 1905, wovon mehr als ein Drittel nach Deutschland ging. Argentinien liefert große Überschüsse an Weizen, Mais, Lein, Fleisch usw. Es steht erst im Anfang seiner Entwickelung.

Was Argentinien geworden ist, verdankt es neben der Gunst der natürlichen Bedingungen der europäischen, nicht zuletzt der deutschen Einwanderung, europäischem Kapital, europäischer Intelligenz, europäischer Arbeitskraft, europäischer Kultur.

Ein Deutschargentinier Julius Wolff in Buenos Aires hat in Schmollers Jahrbuch für 1906 die große Bedeutung des Fremdenelements für die wirtschaftliche Entwickelung Argentiniens dargelegt:

„Nirgends ist die Einwanderung so wichtig und wertvoll als wirtschaftlicher und sozialer Faktor geworden, nirgends ist die ganze Existenz eines Staates so eng mit der Tätigkeit der Einwanderer verknüpft wie in Argentinien. Das moderne Argentinien ist wesentlich das Werk fremder Arbeit in Argentinien und ohne diese Arbeit gar nicht mehr zu denken."

Die Einwanderung begann Ende der fünfziger Jahre und belief sich bis Ende 1895 auf zwei Millionen Menschen, wovon indessen nur die Hälfte im Lande verblieb. Denn bei der Zählung von 1895 fand sich unter vier Millionen Einwohnern etwa eine Million Ausländer vor, wobei allerdings zu bemerken, daß die argentinische Statistik alle im Lande geborenen Kinder fremder Eltern

14*

als Argentinier verzeichnet. Von den Fremden waren 500 000 Italiener, 200 000 Spanier, 94 000 Franzosen, 22 000 Engländer, 17 000 Deutsche, je 15 000 Russen und Schweizer und nur 1500 Nordamerikaner. Die Romanen waren demnach am stärksten vertreten. Merkwürdig ist, daß die Fremden nur ganz vereinzelt das argentinische Bürgerrecht erwerben. Gleichwohl haben sie ein wirtschaftliches Übergewicht, ja sogar der Zahl nach in der Hauptstadt, wo neben 318 000 Argentiniern 345 000 Fremde leben, und ferner in den kultiviertesten Provinzen. In diesen Provinzen ist die Zahl der fremden Ackerbauer bis um das Sechsfache größer als die der einheimischen. Unter 407 000 Grundbesitzern· zählte man 116 000 Ausländer, trotzdem, wie schon erwähnt, die Kinder von Ausländern als Argentinier angesehen werden. In fast allen Provinzen finden sich unter den Grundbesitzern verhältnismäßig mehr Ausländer als Argentinier. Auch in Industrie und Gewerbe haben die Ausländer, wie Wolff ziffernmäßig darlegt, das Übergewicht. Noch mehr zeigt sich im Handel der höhere wirtschaftliche Wert der Ausländer gegenüber den Einheimischen. Die nationale Erzeugung Argentiniens wird wesentlich von fremden Elementen getragen und gehalten. Die gebildeten Argentinier wissen, was die Fremden geleistet haben und bedeuten. Vorübergehend waren zwar fremdenfeindliche Anwandlungen zu bemerken, aber eine eigentlich fremdenfeindliche Politik hat bisher in Argentinien nicht Boden gewinnen können.

Höchst bedeutsam ist die Frage, ob eine wirkliche Verschmelzung des fremden und des einheimischen Elementes in Argentinien erfolgen wird. Bisher hat man es noch nicht unternommen, eine Massennaturalisation der Ausländer herbeizuführen, auch nicht das Bestreben bekundet, den natürlichen Gang der Entwickelung durch die Gesetzgebung zu beeinflussen. Die Argentinier haben sich begnügt, die im Lande geborenen Kinder der Fremden als Argentinier in Anspruch zu nehmen, und werden voraussichtlich auch in Zukunft bei dieser Praxis verbleiben, da die Wahrung der nationalpolitischen Interessen keine weiteren Maßregeln erfordert. Denn trotz der Überlegenheit der Fremden im Wirtschaftsleben und trotz ihres großen Einflusses auf die geistige Kultur des Landes steht nach Julius Wolff eine Verdrängung und Vernichtung des Argentiniertums in politischem und nationalem Sinne nicht in Aussicht, und besonders erklärt er die vielverbreitete Annahme für irrig, daß in näherer oder fernerer Zukunft ein Neu-Italien am La Plata erstehen werde.

Was in Argentinien heranwächst, ist eine neue Rasse, in der sich die Eigenschaften vieler ausländischen Bestandteile mit dem kreolischen Element zu einer neuen und eigenartigen Verbindung verschmelzen. Der frühere Gesandte der Union in Buenos Aires, John Barrett, versicherte in der „American Monthly Illustrated Review of Reviews" von 1905, daß sich Argentinien zum Vaterlande einer neuen, starken, energischen und ehrgeizigen Rasse herausbilde. Die Mischung des ursprünglichen spanischen Blutes mit dem der anderen lateinischen Rassen (der italienischen und französischen), im Vereine mit germanischem (Angelsachsen, Deutsche, Skandinavier, Deutsch Schweizer, Deutsch-Österreicher u. a.) müsse in einem neuen Lande und in einem ausgezeichneten Klima ein Volk hervorbringen, das die besten Charaktereigenschaften aller dieser Nationen in sich vereinige.

An dem Aufschwung Argentiniens war das Deutsch=
tum qualitativ bisher so hervorragend beteiligt, daß von
deutschen Kreisen in Argentinien behauptet werden konnte,
ohne die starke deutsche Einwanderung und ohne ihre
weitere Andauer würde Argentinien zu einem Vasallen
der Union oder zu einem Trabanten Brasiliens herab=
sinken.

Nach Brasilien sind mehr Deutsche eingewandert
als nach Argentinien, aber es waren ganz überwiegend
ländliche Ansiedler. Die Zahl dieser Deutschen und ihrer
Abkömmlinge wird auf 400 000 Köpfe angegeben. In
Brasilien schätzt man den deutschen Kolonisten mit seiner
unübertrefflichen Kleinarbeit und rühmt ihr nach, daß
sie am tiefsten greife, am meisten befruchte und der Ge=
samtheit am nützlichsten sei.

Wie Professor Burgeß von der Columbia=Universi=
tät in New York hervorhob, als er in Berlin seine
Vorlesungen eröffnete, wäre ein starker deutscher Aus=
wandererstrom nach Südamerika von großem Vorteil
für die Union und die Welt überhaupt, denn durch solche
Einwanderung würde sich jener gewaltige Erdteil mit
Menschen bevölkern, die imstande sind, ihn der Kultur
zu erschließen.

Die politisch nur zu harmlosen deutschen Kolonisten
in Südbrasilien, die leicht in einer Vorstadt New Yorks
untergebracht werden könnten, haben das Mißfallen
deutschfeindlicher Kreise in der Union und auch in England
erregt. Ja, es ist dieses Mißfallen erst hervorgerufen
worden durch deutschfeindliche Organe in England.

Mitte 1901 machte ein Blatt der Union, der „Spring=
field Daily Republican", auf diesen sonderbaren Um=
stand aufmerksam und stellte fest, daß von der eng=

lischen Presse der verderbliche Gedanke genährt werde,
Deutschland und die Union seien Feinde. So habe der
Londoner „Spectator" das Gespenst des deutschen Ehr
geizes nach Land in Südamerika vorgeführt. Weshalb?
Bei einem Kriege zwischen der Union und Deutschland
wolle England ausgezeichnete Geschäfte machen und so
habe die Deutschfeindlichkeit der englischen Presse nur
den Zweck, englischen Ehrgeiz und englische Interessen
zu fördern, und zwar schließlich auf Kosten der Union.

In der Tat waren englische Blätter bemüht gewesen,
Südamerika zu einem Gegenstand des Streites zwischen
Deutschland und der Union zu machen. Im Oktober 1901
versicherte die Londoner „Morning Post", daß die deutsche
Auswanderung nach Südamerika zu einem Streit mit der
Union führen müsse, da sie die Monroelehre verletze!

Eindringlich und oft hat die Londoner „National
Review" die Union vor den Absichten Deutschlands auf
Südamerika gewarnt. Im Oktoberheft 1901 behauptete
sie ein Einverständnis zwischen Rußland und Deutsch=
land, wonach Deutschland sich in Südamerika für Ruß=
lands Vorrücken in Asien entschädigen solle! Nach ihrer
Angabe sollten durchschnittlich 75 000 Deutsche jährlich
nach Südamerika auswandern, während die ganze deutsche
Auswanderung nach Südamerika jährlich noch nicht 1000
Köpfe ausmacht. Wie das englische Blatt noch behauptete,
werde der deutsche Kaiser die Zahl der deutschen Auswanderer auf 100 000 jährlich erhöhen und sich drüben
eine deutsche Bevölkerung sichern, bis er mit seinen Plänen
hervorrücke. Deutschland wolle sich in Südamerika das
überseeische Reich gründen, das ihm heute fehle. Es
bereite sich dort für die Union ein Gegenstück zum Trans-
vaalkrieg vor!

An diesen Treibereien beteiligten sich selbstverständlich auch die Londoner „Times" mit der wiederholten Ver= sicherung, die deutschen Kolonisten in Brasilien seien zu einer alldeutschen Gefahr für Amerika geworden.

Ende 1901 brachte die „National Review" in An= regung, Deutschland möge zum Nutzen des Handels, des Fortschritts und der Menschheit Venezuela und Ko= lumbien unter sein Protektorat stellen. Bald darauf behauptete dasselbe Blatt, Deutschland hege hinterlistige Absichten auf Brasilien, sogar auf Venezuela und lenke dorthin den Strom seiner Auswanderung.

Dasselbe Blatt versicherte im Januar 1903, Deutsch= land sei in Amerika das bestgehaßte Land. Man wisse dort, daß es sein Augenmerk auf Südamerika richte. Die rasche Vermehrung der Unionsflotte sei nur eine Folge der Entwickelung der deutschen Kriegsflotte. Deutschland sei unehrlich und bemüht, England mit der Union zu entzweien.

Auch die Angabe, daß Deutschland seine Flotten= rüstungen betreibe, um zur rechten Zeit einen Vorstoß in Südamerika zu unternehmen, war englisches Erzeugnis. Diese Angabe fand sich u. a. in der Londoner „Saturday Review" vom April 1901, in demselben Blatt, das wiederholt dargelegt hatte, Deutschland rüste seine Flotte, um die englische zu überfallen und in England einzu= dringen.

Die Verdächtigungen deutschfeindlicher englischer Blätter fanden in der gelben Presse der Union, namentlich im „New Yorker Herald", lauten Widerhall. Deutsch= land mit seinen politischen Absichten auf Südamerika müsse von der Union abgewehrt werden. Das Anwachsen

der deutschen Bevölkerung in Südbrasilien, so gering
es auch war, wurde als das wesentlichste Hindernis der
allamerikanischen Bestrebungen bezeichnet. Auch der Se=
nator Lodge, dem Präsident Roosevelt sein Buch über
amerikanische Ideale gewidmet hat, glaubte von
Annektionsgelüsten Deutschlands auf Brasilien sprechen
zu dürfen mit verständlichem Hinweis auf die Kriegs=
tüchtigkeit von Heer und Flotte der Union.

Selbst der demokratische Präsidentschaftskandidat
Bryan, der als Gesandter der Union in Rio de Janeiro
die Verhältnisse näher kennen zu lernen Gelegenheit
hatte, unterstützte in seinen Berichten die Auffassung,
wonach Deutschland auf Südbrasilien Absichten hege, ob=
wohl er Mitte 1901 auf einem deutschen Bundesschießen
in Porto Alegre eine Lobrede auf das deutsche Element
gehalten und gesagt hatte, diesem deutschen Element
verdanke die Union hauptsächlich ihre intellektuelle und
wirtschaftliche Machtstellung, dasselbe Element habe durch
seine Tüchtigkeit auch die brasilianischen Südstaaten zu
nachahmenswerten Vorbildern für ganz Amerika gemacht.
Was Bryan offenherzig anerkannt hatte, bestätigte, bei=
läufig bemerkt, der Franzose André Brisse in der Pariser
„Revue de Geographie" vom Jahre 1905: daß die wirt=
schaftliche Macht der Union zum guten Teil deutscher
Arbeit zu verdanken sei. Wie Dr. Hermann Meyer, der
weitblickende Gründer deutscher Kolonien in Rio Grande
do Sul, meinte, habe Bryan die Absicht gehabt, die
deutsche Bevölkerung einzuschläfern. Meyer warnte vor
den Lockungen aus der Union, die mit ihrem Allameri=
kanismus überall in die losen Fugen der südamerikanischen
Staatsgebäude einsickere und sie zum Wanken zu bringen
drohe.

Es war nicht gerade erstaunlich, daß all die ange=
deuteten Verdächtigungen auch in die Presse Südamerikas
und insbesondere Brasiliens übergingen und manche
politischen Kreise daselbst verängstigten. Vorübergehend
mag man in Brasilien wirklich das Erstehen eines deutschen
Staatsgebildes besorgt haben.

Noch im Frühjahr 1906 unterstellte der brasilianische
Gelehrte Dr. Romero den Deutschen in den drei Süd=
staaten die Absicht, sich unauffällig zu vermehren, bis
sie stark genug wären, sich zu erheben, eine selbständige
deutsche Republik zu bilden und sich von Brasilien los=
zusagen. Früher habe Deutschland die brasilianischen Süd=
staaten unmittelbar erobern wollen. Nunmehr habe man
im Hinblick auf die Monroelehre die Taktik in der an=
gedeuteten Weise geändert. Diese Unterstellung erinnerte
unwillkürlich daran, wie die Union es angefangen hatte,
Panama von Bolivien loszulösen und zu einer besonderen
kleinen Republik umzugestalten.

Immerhin sind gewichtige Tatsachen für die An=
nahme vorhanden, daß die sogenannte deutsche Gefahr
von den leitenden Kreisen in Brasilien als das erkannt
wird, was sie wirklich ist, als ein Hirngespinst der deutsch=
feindlichen und sensationslustigen Presse in England und
in der Union. Als Mitte 1906 der „New York Herald"
wieder viel von der deutschen Gefahr in Brasilien fa=
buliert hatte, trat Bundespräsident Penna im Herbst 1906
mit erfreulicher Deutlichkeit all den Verdächtigungen ent=
gegen und bestritt das Bestehen einer „deutschen Gefahr".
Einem an Ausdehnung so gewaltigen Reiche wie Bra=
silien müsse jede Unterstützung zu seiner wirtschaftlichen
Erschließung willkommen sein, einerlei, ob sie von Nord=
amerika oder von Europa komme, das sei ganz selbst=

verständlich). Im übrigen sei der Gedanke, daß irgend eine fremde Macht (z. B. Deutschland) an andere als wirtschaftliche Eroberungen in Brasilien denken könne, absurd und haltlos.

Auch der brasilianische Minister des Äußern, Baron Branco, verteidigte die Deutschen in Brasilien, als sie im Frühjahr 1906 von dem früheren französischen Minister Meline des Landesverrats beschuldigt worden waren, und erklärte, daß die Brasilianer deutscher Abkunft ebenso gute Patrioten seien wie die Nachkommen der Portugiesen, Spanier oder Italiener.

In der Union selbst erhoben sich Stimmen zugunsten der Deutschen in Brasilien und betonten die politische Harmlosigkeit der dortigen deutschen Siedlungen.

Mitte 1903 anerkannte die New Yorker „Tribune" die Vorzüge der deutschen Einwanderer und schrieb: Die brasilianische Regierung sei durch die deutsche Einwanderung nicht beunruhigt, sondern im Gegenteil sehr enttäuscht darüber, daß diese Einwanderung in den letzten zehn Jahren bedeutend zurückging. Sie betrachte es als ein Unglück für Brasilien, daß die Deutschen fortfahren, nach Nordamerika auszuwandern anstatt nach Brasilien.

Selbst die sonst deutschfeindliche New Yorker „Sun" meinte im Mai 1906, es wäre ein Segen für Brasilien, wenn die deutsche Einwanderung vermehrt werden könnte. „Der deutsche Ansiedler ist eine fleißige und arbeitsame Seele; er trägt in jedem Lande, das er sich als Heimat erwählt, nicht allein zur örtlichen Entwicklung, sondern auch zur Entfaltung des allgemeinen Handels bei. Die Gefahr, mit der die deutschen Kolonien in Brasilien die amerikanische Suprematie in dem west

lichen Erdteile bedrohen sollen, verdient keine ernstliche
Beachtung."

Mehrfach entsandte die Union Agenten nach Süd=
amerika mit dem Auftrage, über die Verhältnisse der
deutschen Bevölkerung daselbst zu berichten. Zu diesem
Zweck ging Ende 1903 auch der Sollicitor des Staats=
departements, Penfield, nach Brasilien. Er faßte seine
Beobachtungen dahin zusammen: Die deutschen Kolonisten
in Südbrasilien stehen jeden Sondergelüsten fern und
sind jeder teuto=brasilianischen Politik abhold. Die Union
habe durchaus keinen Grund zur Eifersucht. Der deutsche
Einfluß sei in Brasilien gestiegen, habe aber keine po=
litische Bedeutung.

Ende 1902 anerkannte Stefan Boucal in der „North
American Review" nach allerlei politischen Ausfällen
gegen die Deutschen in Brasilien, daß die Union im
Grunde genommen keine Veranlassung habe, die überaus
glücklichen und gut verwalteten deutschen Kolonien in
Brasilien, diese Oase der Emsigkeit und des Gewerb=
fleißes inmitten einer großen Wüste von Intrigen und
Korruption, mit feindseligen Augen zu betrachten, allein
die Monroelehre gebiete eine andere Auffassung!

Auch ein Mann wie der Staatssekretär Root, aller=
dings vordem ein versatiler Anwalt der New Yorker
Hochfinanz, konnte sich nicht enthalten, auf seiner Rund=
reise durch Südamerika als Vertreter der Union im Herbst
1906 die Brasilianer vor dem Deutschtum zu warnen.
Es sei hohe Zeit, gerüstet zu sein, damit den Deutschen
jede Lust vergehe, sich selbständig zu machen. Gleich=
wohl äußerte derselbe Politiker nach seiner Rückkehr, um
die Union für Brasilien zu interessieren, in Kansas City
am 20. November 1906: Tausende von Deutschen ließen

sich bereits in Südbrasilien nieder. Die Deutschen seien in Brasilien höchst willkommen und dort ebenso nützliche und gute Bürger wie in Nordamerika; er hoffe, daß noch viele Deutsche nach Brasilien gehen und mit ihren Bürgertugenden an dem Aufbau ihres Adoptiv-Vaterlandes weiter arbeiten würden.

Um die beständigen Verdächtigungen Deutschlands durch die deutschfeindliche Presse der Union zu entkräften, erklärte Ende 1901 der deutsche Botschafter in Washington namens der Reichsregierung, daß sie nicht beabsichtige, in Südamerika oder in den westindischen Gewässern Kohlenstationen zu erwerben oder dort sonst in irgend welcher Weise Fuß zu fassen.

Auch der Reichskanzler Fürst Bülow trat am 19. März 1903 mit größter Entschiedenheit der Behauptung entgegen, daß Deutschland Absichten auf Südamerika hege. In einer Unterredung mit dem Vertreter des leitenden deutschen Organs in Buenos Aires, der „Laplata-Zeitung" fügte der Reichskanzler noch hinzu: „Es ist falsch, daß wir die Einwanderung nach Brasilien fördern. Wir fördern überhaupt die Auswanderung nach irgend einer Gegend der Welt grundsätzlich nicht; das würden unsere Militärs und unsere an Arbeitermangel leidenden Landwirte auch gar nicht gestatten. Es bestehen aber in Brasilien seit Jahrzehnten starke deutsche Kolonien, die nicht durch uns, sondern durch die eifrigen Bemühungen der früheren brasilianischen Machthaber geschaffen worden sind. Da entspricht es nur dem Gesetze der Anziehungskraft, wenn Angehörige und Freunde von Kolonisten, die durch ihre Arbeit zu einem gewissen Wohlstande gelangt sind, ihre Schritte auch dorthin lenken. Dasselbe ist in noch viel stärkerem Maße bei der Auswanderung

nach den Vereinigten Staaten der Fall. Wir wollen auch
in Brasilien keinen Staat im Staate bilden, und wir
erwarten, daß die Deutschen drüben nützliche Glieder
ihrer neuen Heimat werden; diese Lehre hat der Bruder
des Deutschen Kaisers den Deutschen Nordamerikas ge=
predigt, und das gilt für die Deutschen der ganzen Welt.
Richtig aber ist es, daß es unseren Wünschen entspricht,
wenn die Deutschen in Brasilien, wie überall, ihre Mutter=
sprache nicht vergessen und die Anhänglichkeit an die
alte Heimat nicht verlieren. Wer schnell das Land ver=
gißt, das seine Vorfahren Jahrhunderte hindurch ge=
schützt und genährt hat, wird ein unzuverlässiger Ein=
wohner der neuen Heimat sein. Umgekehrt wird der=
jenige, dessen edelste Empfindungen, Treue, Dankbarkeit
und Pietät, wacherhalten werden, seiner neuen Heimat
ein verläßlicher Bürger sein."

Ein ausgezeichneter Kenner Brasiliens, der frühere
deutsche Gesandte in Rio de Janeiro, Dr. Krauel, empfahl
in einem Vortrage über „deutsche Interessen in Bra=
silien" vom Jahre 1900 das Studium der deutschen
Kolonien und Kolonisten daselbst zur Förderung ihrer
wirtschaftlichen Lage, anstatt phantastischen Träumen über
eine engere politische Verbindung Deutschlands mit den
Deutsch=Brasilianern nachzuhängen. Den wirtschaftlichen
Eroberungen würden dann moralische folgen, politische
seien ausgeschlossen.

Die vorläufig noch erfolglosen Bestrebungen, die
deutsche Auswanderung von Nord= nach Südamerika ab=
zulenken, sind keineswegs politischen Hintergedanken ent=
sprungen.

Die deutsche Einwanderung nach Südamerika wird
wegen ihres großen sozialen und wirtschaftlichen Wertes

in der Union hoch geschätzt, während man die weit zahl
reichere italienische Einwanderung nicht beachtet. Aber
gerade weil sie so hoch eingeschätzt wird, findet die
deutsche Einwanderung besondere Anfeindung, und diese
Anfeindung erklärt sich aus einer noch nicht genügend gewürdigten Schwäche der Union. An Kapitalien überreich,
um ihre Macht und ihren Einfluß auszudehnen, besitzt
sie nicht im Überfluß, was man das kostbarste Kapital
genannt hat. Trotz ihrer großen Bevölkerung ist die
Union außerstande, ihren Ausdehnungsdrang durch Entsendung von Auswanderern und Kolonisten zu betätigen.
Nur nach dem benachbarten Kanada ist eine verhältnismäßig geringe Auswanderung junger Landwirte zu bemerken, die dort günstigere Erwerbsbedingungen zu
finden hoffen. Kolonisten in größerer Zahl hat die Union
nicht abzugeben, ja es fragt sich, ob sie überhaupt die
Kraft besitzt, zu kolonisieren. Sind doch die früheren
mexikanischen Gebietsteile nach ihrer Angliederung an
die Union im großen und ganzen spanisch-amerikanisch
geblieben. Die Auswanderung aus der Union ist gering
und hat nach den Philippinen abgenommen. Nur Unternehmer, Kapitalisten und Abenteurer gehen hinaus und
nur mit der Absicht, nach gemachter Beute möglichst
bald wieder zurückzukehren. Für ein stilles, bescheidenes
Arbeiten als Ansiedler ist der Mann der Union nicht geschaffen. Immer und überall tritt er nur als Unternehmer auf ohne, aber in den meisten Fällen mit Kapital
und drängt ungestüm vorwärts nach Gewinn.

Auf Betreiben der Unionsregierung bildete sich Mitte
Mai 1902 in New York eine Kapitalistengruppe mit der
Aufgabe, zunächst die drei Südstaaten Brasiliens mit Kolo-
nisten zu besiedeln. Jährlich sollten 100000 der über-

schlüssigen, auch der zurückgewiesenen europäischen Ein=
wanderer von der Union nach Brasilien weitergesandt
werden. Dieser Plan ist natürlich auf dem Papier ge=
blieben.

Nach der Auffassung vieler Unionspolitiker bildet
Südamerika eine natürliche Ergänzung zu dem Gebiet
der Union. Mit Hilfe von Unternehmern und Kapitalien
aus der Union soll Südamerika, dessen Bevölkerung nicht
genüge, wirtschaftlich rascher aufgeschlossen werden. Nach
Ausbau ihrer Eisenbahnen werden Argentinien und Bra=
silien ihre großen natürlichen Reichtümer ungleich um=
fangreicher als bisher ausbeuten können und dann ver=
mutlich größere Anziehungskraft auf die europäische Aus=
wanderung üben. Unter diesen Umständen befürchten die
Unionspolitiker, es werde die europäische Auswanderung
nach der Union aufhören und sich vollends nach Süd=
amerika richten, insbesondere Deutschland könne mit
seinem Bevölkerungsüberschuß Südamerika wirtschaftlich
aufrichten, es zum reichsten Lande der Erde machen und
sich daselbst überwiegenden Einfluß, wenn nicht gar
die Oberherrschaft verschaffen. Angesichts solcher Möglich=
keiten möchten die Unionspolitiker rechtzeitig die „Kon=
trolle" über Südamerika erlangen, um nach Maßgabe
ihrer Interessen die Entwickelung jener Staaten leiten
zu können.

Tatsächlich haben sich bereits Stimmen erhoben, die
auf Grund der Monroelehre eine Abdrängung der euro=
päischen, besonders der deutschen Einwanderung aus Süd=
amerika fordern. In diesem Sinne äußerte sich u. a.
Henderson, bis 1902 Sprecher des Kongresses, und es
fanden sich englische Blätter, die aus Haß gegen Deutsch=
land die Anwendung der Monroelehre gegen die deutsche

Einwanderung für begründet erklärten. In einem Aufsatz unter dem Titel: „Deutsch Amerika" vom April 1900
schilderte die Londoner „Morning Post" mit den üblichen
Übertreibungen die Tätigkeit und Erfolge der Deutschen
in Guatemala und bemerkte, die deutschen Unternehmungen
in Mittelamerika seien nicht nur wirtschaftlich, sondern
auch politisch von großer Bedeutung. „Verhältnisse, wie
sie in Guatemala bestehen und über kurz oder lang in
anderen Teilen des spanischen Amerika eintreten werden,
hatte Monroe allerdings nicht im Auge. Aber es ist
offenbar, daß die neue Lage der Dinge ebensosehr dem
Geiste der berühmten Präsidentenbotschaft zuwider ist,
als ob sie das Ergebnis einer anerkannt aggressiven Politik
wäre. Man kann annektieren und aufsaugen, ohne daß
man die Diplomatie oder Gewalt zu Hilfe nimmt."

Sollte die Union jemals beabsichtigen, die Monroe=
lehre als ein Mittel zur Verdrängung europäischer Ein=
wanderer, Kapitalien und Arbeit aus Mittel= und Süd=
amerika anzuwenden, so würden diese Länder die Monroe=
lehre als einen Hemmschuh für ihre Entwickelung zu
beklagen haben. Denn die Kraft der Union an Kapitalien
und vollends an Menschen reicht nicht entfernt aus, um
die gewaltigen Ländermassen Südamerikas für die Zivi=
lisation zu gewinnen.

Im Falle einer so bedenklichen Erweiterung der
Monroelehre würden folgerichtig überall in Amerika euro=
päische Einwanderer nicht mehr zugelassen werden dürfen,
weder im Süden noch im Norden. Die Beteiligung euro=
päischen Kapitals an Unternehmungen in Amerika wäre
unstatthaft. Es müßten die südamerikanischen Staaten
darauf verzichten, was sie bisher unbestreitbar in ihrem
eigensten Interesse getan haben, deutsche Lehrmeister für

Heer und Verwaltung, für die Technik und andere Wissenschaften zu berufen. Ferner würde es den Amerikanern
verwehrt sein, an europäischen Hochschulen ihre Aus-
bildung zu erweitern. Schließlich dürften wohlhabende
Amerikaner nicht mehr Sommerreisen nach Europa unternehmen, was in den letzten Jahren jährlich weit über
100 000 Bürger der Union getan haben. Erst dann wären
die äußersten Vertreter der Monroelehre zufriedengestellt.

Indessen wird diese Erweiterung der Monroelehre
nicht leicht durchführbar sein, so lange die südamerikanischen Staaten die fremde Einwanderung gestatten, ja
sogar begünstigen.

In den Augen vieler Unionspolitiker war die europäische Einwanderung nach Südamerika zu einer europäischen Gefahr herangewachsen. Nunmehr werden diese
Politiker, nachdem die Zuwanderung von Japanern begonnen hat, auch von einer entsprechenden gelben Gefahr
zu reden haben.

Chinesische Arbeiter waren schon früher in mittel-
und südamerikanischen Staaten anzutreffen, kamen aber
politisch nicht in Betracht. Anders treten die Japaner
auf. Schon seit Jahren wandten sie ihre Aufmerksamkeit der mittel- und südamerikanischen Küste des Stillen
Meeres zu und knüpften zunächst mit Mexiko und Chile
freundliche Beziehungen an.

In Mexiko und in den südlicheren Staaten besteht
keine Abneigung gegen die gelbe Einwanderung. Mexiko
fördert sie, um mit ihrer Hilfe die wirtschaftliche Hebung
des Landes zu beschleunigen. Von Mexiko aus suchen die
japanischen Kulis in die Union einzudringen, seitdem
ihnen die Einwanderung über San Francisco verwehrt
wird.

Durch einen Handelsvertrag von 1906 hat Ko
lumbien die japanische Einwanderung gestattet.

Dem Anschein nach will Japan den Hauptstrom seiner
Auswanderer nach Brasilien lenken.

Keine zweite Regierung hat die Auswanderung nach
Brasilien so planmäßig, umsichtig und opferwillig organi=
siert wie die japanische. Im Jahre 1900 bestellte sie
einen Vertreter für Brasilien und ließ sich genau über die
wirtschaftlichen Verhältnisse dieses Landes unterrichten.

In der Kolonialschule zu Tokio wird bei dem Unter=
richt die Gründung japanischer Siedelungsgesellschaften
in Südamerika besonders berücksichtigt.

Brasilien begünstigt die japanische Einwanderung und
will mit ihrer Hilfe den Anbau von Reis in großem
Maßstabe durchführen.

Ende 1906 verständigte sich der brasilianische Staat
Sao Paolo mit Japan über die Einwanderung von
12 000 japanischen Arbeitern binnen Jahresfrist zur Ver=
wendung auf den Kaffeepflanzungen.

Japan wird in Brasilien wie sonst in Mittel= und
Südamerika nicht nur als Auswandererstaat, sondern noch
mehr als Ausfuhrstaat hervortreten und seinen Absatz
auf Kosten Europas wie der Union erweitern.

Graf Okuma, der nationalistische japanische Politiker,
empfahl seinen Landsleuten, in Mittel= und Südamerika
neue Ansiedlungsgebiete zu suchen, und forderte zugleich
die Entsendung einiger japanischer Kriegsschiffe, um be=
ständig an jenen Küsten zu kreuzen, wo japanische An=
siedler in beträchtlicher Anzahl wohnen.

Zwischen Japan und Amerika haben japanische Ge=
sellschaften schon längst regelmäßige Dampferverbin=
dungen eingerichtet, vermehren und verbessern sie und

drängen die Union auch auf diesem Gebiete zurück, wo sie allerdings bisher nur ungenügenden Unternehmungs= geist betätigt hat.

Für die Union ist die gelbe Gefahr in Südamerika unzweifelhaft weit bedenklicher als die vermeintliche europäische Gefahr. Die gelbe Rasse hat größeren Menschenüberfluß, ist genügsamer, erzeugt billiger und hält weit fester an ihrer Eigenart als die europäische Zuwanderung.

Vom europäischen Standpunkt betrachtet ist das Auf= treten der gelben Rasse in Südamerika insofern nicht ganz unerwünscht, als dadurch den allamerikanischen Be= strebungen ein neuer, sehr ernsthafter Gegner erwächst.

Sollte die Union den Versuch machen, die Monroe= lehre zu einer Handhabe gegen die nichtamerikanische Einwanderung nach Südamerika anzuwenden, so würde voraussichtlich Japan entschiedenen Einspruch dagegen erheben.

Über diesen Einspruch wird die Union nicht hinweg= gehen können, denn dahinter steht eine Macht, auf die sie Rücksicht nehmen muß.

Europäisch-amerikanische Kapitalkonkurrenz.

Ernsthafter als die politische ist die wirtschaftliche Seite der Monroelehre mit ihren allamerikanischen Folgerungen.

Erstaunliche Fortschritte, ja Eroberungen hat die Union im übrigen Amerika gemacht mit Hilfe ihrer gewaltigen Kapitalsüberschüsse, durch den Wagemut und die Skrupellosigkeit ihrer Kapitalisten und nicht zuletzt durch die weitgehende Förderung der Unionsregierung.

Bis um die Wende des Jahrhunderts war in den amerikanischen Staaten außerhalb der Union über= wiegend englisches, daneben aber auch deutsches, fran= zösisches, belgisches, holländisches und spanisches Kapital angelegt.

Nach halbamtlichen Angaben stellten sich die deut= schen Kapitalsinteressen in Grundbesitz, Industrie, Eisen= bahnen und Handel Ende 1904 für ganz Amerika auf 5 bis 6, für Mittel= und Südamerika allein auf 2,8 bis 3,4 Milliarden Mark.

Die deutschen Kapitalsinteressen in Amerika sind im wesentlichen auf die anerkennenswerte Tätigkeit des Handels wie des Mittel= und Kleinkapitals zurückzuführen. Wie in Ostasien und anderwärts, so hat auch in Amerika das deutsche Großkapital versagt, wo es sich um schöpfe= rische Unternehmungen auf nationaler Grundlage han=

delte. Für Staatsanleihen und Aktienausgaben ist es
zu haben, weil hier bei raschem Umsatz guter Gewinn
ohne Wagnis herausspringt. Sonst hält es sich zurück,
obschon oder vielleicht weil es sich im wesentlichen in
Aktienbanken organisiert und zuletzt in einigen Großbanken zentralisiert hat. Diese Klagen finden sich selbst
in amtlichen Berichten.

Am bedenklichsten hat sich die Unfähigkeit des
deutschen Großkapitals in Argentinien gezeigt. Erste
Berliner Banken verleiteten zu Ende der achtziger Jahre
die deutschen Sparer zum Ankauf argentinischer Staats-
papiere in Höhe von mehr als 300 Millionen Mark.
Nach der Zahlungseinstellung Argentiniens im Jahre
1892 sanken diese Papiere auf ein Drittel ihres Wertes.
Dabei waren die deutschen Banken nur die Hintermänner
englischer Unternehmer gewesen und hatten, was sie auch
sonst vielfach versäumten, nicht einmal dafür gesorgt,
daß bei der Verwendung der in Deutschland aufgenomme-
nen Anleihen für Eisenbahnen usw. deutsche Techniker
und Industrieerzeugnisse bevorzugt wurden. So verloren alle Teile, die Deutschen in der Heimat an Kapital,
die Deutschen in Argentinien an Einfluß und die deutschen
Industriellen hatten das Nachsehen.

In seinem Streben nach banktechnischen Geschäften
mit raschem und sicherem Gewinn hat das deutsche Großkapital bisher, von wenigen Ausnahmen abgesehen, für
fruchtbringende, erfolgversprechende, weitausschauende
Unternehmungen (Eisenbahnen, Häfen, Bergwerke, Fabriken, Pflanzungen) in Verbindung mit deutscher Intelligenz und deutscher Arbeit im Auslande kein Verständnis
betätigt, aussichtsvolle Anerbietungen preisgegeben und
den deutschen Interessenten, Technikern, Kaufleuten, Kolo-

nisten usw. im Auslande nicht jene Unterstützung zuge=
wendet, wie sie Engländer und Franzosen und vor allem
die Unternehmer aus der Union von ihrem nationalen
Großkapital erwarten und erhalten. So erklärt sich die
beklagenswerte Tatsache, daß namentlich in Südamerika
trotz der eifrigen Tätigkeit des deutschen Handels der
deutsche Unternehmergeist von Engländern, Franzosen
und selbst von Belgiern, vor allem aber von der Union
her überflügelt und zurückgedrängt wird. An den aus=
sichtsvollen Eisenbahn=, Siedelungs= und Bergwerkskon=
zessionen in den südamerikanischen Staaten, wie nament=
lich in Mexiko, konnten sich die Deutschen, obwohl sie
überall als tüchtige Geschäftsleute angesehen sind und in
besserem Rufe stehen als die Spekulanten aus der Union
mit ihren oft zweifelhaften Gründungen, nicht beteiligen,
weil das Großkapital daheim versagte. Für eine kubanische
Anleihe wurden Mitte 1904 an der Frankfurter Börse
32 Millionen Mark gezeichnet. Handelt es sich aber um
Eisenbahnbauten in Argentinien oder zur Unterstützung
deutscher Ansiedlungen in Brasilien, dann sind die deut=
schen Börsen nicht zu haben, mögen die Eisenbahnen so
nützlich und gewinnverheißend als nur möglich sein. Von
der Erkenntnis, daß sie im Auslande auch nationale Auf=
gaben haben und aussichtsvolle Unternehmungen mit
deutschen Kräften in eigener Verwaltung durchführen
müssen, sind die Leiter der deutschen Großbanken noch
weit entfernt.

Mit der Gründung deutscher überseeischer Banken
wird wenig erreicht, wenn die alte Unfähigkeit fortdauert.
Auch in Mexiko ist solche Bank begründet worden, und
trotzdem sind dort seither die Deutschen, die niemals poli=
tische Händel mit Mexiko hatten, durch die Franzosen

verdrängt worden, deren Großkapital sich an hervorragen-
den Bankunternehmungen in bedeutendem Umfange be-
teiligte, Baumwollspinnereien errichtete, Bergwerke eröffnete usw. Die französischen Kapitalsanlagen in Amerika
werden auf über 2 Milliarden Mark geschätzt.

Mit der Zunahme der italienischen Einwanderung
in Brasilien und Argentinien hat auch italienisches Kapital die Konkurrenz aufgenommen und in Südbrasilien
ein ganzes Netz italienischer Banken begründet.

Weitblickend und wagemutig, außerdem das erste
am Platze, hat das englische Kapital auch in Amerika
zahllose Unternehmungen auf allen Gebieten des Wirt-
schaftslebens durchgeführt, hauptsächlich auch in Südamerika. Manche Verluste hat es erlitten, aber sie waren
im Vergleiche zu dem Gewinn nur verschwindend. Noch
heute übersteigen in Südamerika die englischen Kapitalsinteressen alle anderen. In Brasilien hat sich das englische Kapital unter Rothschilds Führung eine geradezu
herrschende Stellung errungen. Die meisten Eisenbahnen
in Brasilien und Argentinien wurden von Engländern
gebaut, selbstverständlich von englischen Technikern und
mit englischen Materialien. Auch in Uruguay, Peru,
Ecuador und Bolivien überwiegt englisches Kapital.

Als Kapitalsmacht und Gläubigerstaat ist die Union
mit ihren Angehörigen im übrigen Amerika verhältnismäßig spät hervorgetreten, aber um so tatkräftiger, un-
gestümer, grundsatzloser und erfolgreicher. Große Kapitalien aus der Union fließen überall zu, wo sich in
Amerika günstige Aussichten bieten, zunächst in die Nachbarstaaten. In Grundbesitz und Fabriken Kanadas sollen
mehr als 2 Milliarden Mark Kapitalien aus der Union
angelegt sein.

In Mexiko arbeiteten nach halbamtlichen Berichten von Mitte 1907 annähernd 3½ bis 4 Milliarden Mark Kapitalien aus der Union, und zwar vorzugsweise in Eisenbahnen, ferner in Bergwerken, Ackerbauunternehmungen, Fabriken, Banken usw. Das Übergewicht der Kapitalisten aus der Union empfanden die Mexikaner besonders im Eisenbahnverkehr. Die mexikanischen Eisenbahnen wurden fast ausschließlich von Unternehmern und Kapitalisten aus der Union erbaut und standen derartig unter ihrem Einfluß, daß die mexikanischen Frachtsätze in erster Reihe den Interessen der Union dienten. Vielfach waren die Frachten für Sendungen innerhalb Mexikos höher als die Frachten für die Einfuhr der Union nach Mexiko. Mit den billig herangeführten Erzeugnissen der Union konnte die mexikanische Industrie nicht mehr recht konkurrieren. Da schritt Präsident Diaz ein und ließ zunächst die Mehrzahl der Nationalbahnaktien ankaufen, sicherte sich später überwiegenden Einfluß auf die Zentralbahn und erlangte dadurch die Verfügung über die Feststellung der Frachtsätze auf den wichtigsten Bahnen. So unterdrückte Präsident Diaz noch rechtzeitig das Aufkommen übermächtiger Eisenbahntrusts, wie sie in der Union so lebhaft beklagt werden.

Tatkräftig und erfolgreich dringt der Kapitalismus aus der Union auch in den übrigen amerikanischen Staaten vor. Mit Vorliebe wirft er sich in Kolumbien und Bolivien, Peru, Ecuador, Guatemala und Venezuela auf den Bau von Eisenbahnen in Verbindung mit Landspekulationen und Bergwerksunternehmungen. In Chile sucht er sich der Salpeterlager zu bemächtigen. Selbst in Argentinien spielt der Kapitalismus der Union bereits eine große Rolle und will dort wie in Brasilien

neue Eisenbahnen anlegen, Hafenbauten ausführen, Berg=
werke erwerben usw.

Anfang 1906 überließ die Regierung des brasilia=
nischen Staates Maranhao einer Gesellschaft aus der
Union ein Gebiet von 35 000 Quadratkilometern zur Aus=
beutung von Gold, Silber, Kupfer und Blei. Auch bildete
sich in Chicago ein Syndikat zur Finanzierung von Eisen=
bahnen in Brasilien. Bereits sind wichtige Bahnen von
Kapitalisten aus der Union übernommen worden.

Mit ihren Kapitalsreserven sei die Union stets be=
reit, so versicherte Staatssekretär Root auf seiner süd=
amerikanischen Rundreise vom Herbst 1906 in Buenos
Aires, anderen Ländern beizustehen. Durch das Ein=
greifen von Unionskapital werde Argentinien bald seine
Schulden abtragen, seine reichen Hifsmittel entwickeln
und gleich der Union eine Gläubigernation werden.

„Geldmacht ist Weltmacht!" sagt man in der Union
und handelt danach. Für das Moltkesche Wort: „Die
Börse hat in unseren Tagen einen Einfluß gewonnen,
der die bewaffnete Macht für ihre Interessen ins Feld zu
rufen vermag! Mexiko und Ägypten sind von europäischen
Heeren heimgesucht worden, um die Forderungen der Hoch=
finanz zu liquidieren!" lassen sich viele neue Belege aus
Amerika beibringen. Der Aufstand auf Kuba ist durch
die Zucker= und Tabaksspekulanten in der Union ge=
fördert, wenn nicht hervorgerufen, der Krieg gegen
Spanien durch die Armeelieferanten der Union ange=
zettelt, der erste Venezuelastreit mit England von 1895
durch Übergriffe von Spekulanten aus der Union herbei=
geführt worden. In den inneren und äußeren Streitig=
keiten der meisten amerikanischen Staaten spielt der
rollende Dollar mit. Soll doch selbst der Bürgerkrieg

in Chile von 1891 durch Kapitalisten aus der Union genährt, ja veranlaßt worden sein.

Bricht in einem mittel oder südamerikanischen Staat
eine Revolution aus, die nicht selten von Interessenten
aus der Union gewünscht wird, so ist es die erste Sorge
des neuen Machthabers, die Gunst des Vertreters der
Union zu gewinnen, dessen Stellung in der Regel für
den Verlauf der Bewegung maßgebend ist.

Übermächtig ist in der Union der Kapitalismus gegenüber der Korruption in Parlament und Verwaltung und
aufs innigste verquickt mit der Politik. Von den maßgebenden Staatsmännern läßt er sich benutzen und stellt
sich in ihre Dienste, fordert aber als Gegenleistung um
so ausgiebigere Begünstigung seiner Interessen. Von der
Tagespresse innerhalb und außerhalb der Union wird
die öffentliche Meinung beeinflußt, zunächst im Sinne
der Allgemeinheit, d. h. der Union und ihrer Bestrebungen
und sodann im Interesse der beteiligten Kapitalisten, die
sich gern in den Mantel patriotischer Bestrebungen hüllen
lassen. Viel angewendet wird der Trick, die europäischen
Kapitalisten vor Kreditgewährung und anderen Unternehmungen in Mittel- und Südamerika zu warnen und
die dortigen Verhältnisse als aussichtslos hinzustellen.
Bewußt oder unbewußt wird von obenher mitgewirkt und
durch Beschränkung des notwendigen Schutzes infolge
Erweiterung der Monroelehre die Verscheuchung des
europäischen Kapitals noch verstärkt. Dagegen haben die
Kapitalisten der Union auf den ausgiebigsten Schutz ihrer
Regierung wie der zuständigen Gesandtschaften und Kon-
sulate zu rechnen, ja sie werden von ihren Behörden zu
allerlei Unternehmungen angeregt und mit dem ganzen
amtlichen Einfluß unterstützt. So verdrängt man all

mählich die europäische Konkurrenz und schafft freie Bahn
für den Kapitalismus der Union in ganz Amerika, für
das Monopol dieses Kapitalismus in allen amerikanischen
Staaten.

Mit Hilfe des Kapitalismus hofft die Union noch
immer mehr zu erreichen. Nachdem der Plan einer all=
amerikanischen Bank in New York mit Zweiggeschäften
in allen Hauptstädten Amerikas als aussichtslos vor=
läufig aufgegeben werden mußte, hat man die Gründung
von Banken durch Kapitalisten der Union in den wichtigsten
Städten Mittel= und Südamerikas empfohlen, und wenn
es nach den Wünschen des Staatssekretärs Root ginge, so
würden zu diesem Zweck wie überhaupt bei Anlage von
Unionskapitalien im Auslande staatliche Beihilfen ge=
währt werden.

In einem Bericht vom Frühjahr 1906 äußerte das
österreichisch=ungarische Konsulat zu Rio de Janeiro, es
scheine, als ob die Union durch die Kapitalsanlagen ihrer
Angehörigen sich Handelsvorteile sichern wolle. Hatte
man es hier wirklich, wie das Konsulat meinte, mit einem
planmäßigen Vorgehen zu tun?

Noch sind die südamerikanischen Staaten finanziell
von Europa, namentlich von England, abhängiger, als von
der Union, aber mit dem Vordringen der Kapitalien aus der
Union verschiebt sich das Verhältnis zum Schaden euro=
päischer Interessen. Ohnehin sind in Mittel= und Süd=
amerika alle Kreise, die aus der Union Kapitalien erhalten
haben oder irgendwie davon abhängig sind oder noch
Kapitalien erwarten, die gegebenen Freunde der Union
und ihrer allamerikanischen Bestrebungen, die in der nicht
zu unterschätzenden Kapitalskraft der Union ein wichtiges
Bindemittel finden.

Allamerikanische Zollverbandsbestrebungen.

In politischer Hinsicht konnte die Monroelehre leicht durchgeführt werden. Die Union war ihr Träger; sie handelte ohne Zustimmung oder Beteiligung der übrigen Staaten, sie hatte ernstliche Angriffe nicht zu fürchten und endlich war Europa uneinig.

Auf wirtschaftlichem Gebiet gestaltet sich die Ver= wirklichung der Monroelehre sehr erheblich schwieriger, weil dazu ein Einvernehmen mit allen oder wenigstens mit den meisten amerikanischen Staaten erforderlich ist. Trotz mehrfacher Anläufe ist es noch nicht gelungen, über die widerstreitenden Interessengegensätze ein Einver= nehmen zu erzielen.

Die erste Anregung zur Gründung eines allameri= kanischen Zollvereins ging zu Anfang der achtziger Jahre von dem damaligen Staatssekretär Blaine aus. Ende 1882 erließ er an alle selbständigen amerikanischen Staaten die Einladung zu einem allamerikanischen Kongreß. Dieser Kongreß wurde aufgegeben, da Peru und Chile, in er= bittertem Krieg begriffen, ablehnten. Blaine trat zurück. Sein Nachfolger suchte zunächst durch Verträge dasselbe Ziel zu erreichen und vereinbarte Anfang 1883 mit Mexiko den zollfreien Austausch der beiderseitigen Natur= erzeugnisse.

Im Jahre 1884 setzte die Union einen Ausschuß nieder, um ihre Handelsbeziehungen zu den südlichen Republiken und Vorschläge zu ihrer Erleichterung zu prüfen. Im wesentlichen befürwortete der Ausschuß den Abschluß von Handelsverträgen unter gegenseitigen Zu= geständnissen und die Herstellung unmittelbarer Dampfer= verbindungen zwischen Nord= und Südamerika.

Diese Vorschläge fanden im Süden günstige Auf= nahme. Im Senat der Union wurde man dadurch er= mutigt, Anfang 1886 auf den Blaineschen Gedanken eines allamerikanischen Zollvereins zurückzugreifen und zu dessen Verwirklichung einen allamerikanischen Kongreß zu berufen. Dieser Kongreß sollte schon im Oktober 1887 zusammentreten, verzögerte sich aber durch die Präsident= schaftswahlen. Ernsthafter betrieben wurden die allameri= kanischen Zollvereinsbestrebungen, als Blaine unter Präsident Harrison im Jahre 1889 wieder das Staats= sekretariat übernahm. Ende 1889 trat in Washington der erste allamerikanische Kongreß zusammen, dem 1901 der zweite in Mexiko und 1906 der dritte in Rio de Janeiro folgten.

Blaines nächstes Ziel war die Erschließung neuer Märkte im Süden für die Industrie der Union. Er verwies auf das Vordringen der europäischen Mächte in Asien und Afrika und lenkte die Aufmerksamkeit der Union auf Südamerika.

Damals erscholl zuerst der Ruf: Amerika den Ameri= kanern! Eine Formel, die von Anfang an mehr wirt= schaftlichen als politischen Inhalt hatte. Von seinen all= amerikanischen Zollbestrebungen erwartete Blaine eine Belebung des allamerikanischen Gedankens überhaupt, eine Stärkung der wirtschaftlichen und die Festigung der politischen Vormachtstellung der Union.

Der Gedanke, ganz Amerika zu einem einzigen Zollgebiet zusammenzufassen, war überraschend einfach und klar. Bald mußte man aber erkennen, daß die Verwirklichung dieses Gedankens sich ·sehr verwickelt und schwierig gestaltete.

Für die Interessen der Union wäre es am vorteilhaftesten gewesen, wenn alle amerikanischen Staaten ihren hohen Zolltarif angenommen und nach Maßgabe der Unionsinteressen bei der Verdrängung der nichtamerikanischen Waren mitgewirkt hätten. Indessen verhielten sich gegen die Übernahme des Zolltarifs der Union die übrigen amerikanischen Staaten von vornherein ablehnend, um nicht von der Union auch wirtschaftlich umklammert, kontrolliert und monopolisiert zu werden. Undurchführbar erschien selbst der Union ein Zollbund nach dem Vorbilde des alten deutschen Zollvereins mit gemeinschaftlichem Zolltarif, einheitlicher Zollverwaltung und Verteilung der Einnahmen nach der Kopfzahl der Bevölkerung. Vorbedingung einer solchen Gemeinsamkeit ist eine gewisse Gleichartigkeit der Kultur und Zivilisation. In dieser Hinsicht bestehen aber zwischen den nord-, mittel- und südamerikanischen Staaten weitgehende Verschiedenheiten. Überdies befürchtete man in Südamerika von einem allamerikanischen Zollparlamente Gefahren für die eigene Unabhängigkeit.

Erfolglos war auch die wiederholte Anregung eines südamerikanischen Zollvereins nach deutschem Vorbilde. Schon Bolivar hatte an einen wirtschaftlichen Zusammenschluß der spanisch-amerikanischen Staaten gedacht. Ende 1903 wurde der Plan von Manuel Herrero wieder auf

genommen mit einer Spitze gegen die Union, „gegen
die Gefahr der Aufsaugung durch den demokratischen
Koloß, der das Erweiterungswerk bereits im Norden des
Festlandes begonnen hat". Unter den modernen Ver=
kehrsverhältnissen seien überall die Völker einander näher
gerückt, und so dürfe es auch in Mittel= und Südamerika
zwischen ihnen keine Unterschiede mehr geben. Der Vor=
schlag war aussichtslos angesichts der Uneinigkeit und
Eifersucht unter den südamerikanischen Staaten. Immer=
hin wird Argentinien das hundertjährige Jubelfest seiner
Selbständigkeit im Jahre 1910 durch Veranstaltung einer
l a t e i n i s c h = amerikanischen Ausstellung in Buenos
Aires begehen.

Auch ein allamerikanischer Zollbund mit Freihandel
im Innern erwies sich nicht durchführbar. Nach einem
Vorschlage von Mitte 1890 wollte die Union alle Er=
zeugnisse der amerikanischen Staaten zollfrei einlassen,
wenn die wichtigsten ihrer Erzeugnisse nach den anderen
amerikanischen Staaten zollfrei eingeführt werden könnten,
vorausgesetzt, daß die Warenbeförderung mit Schiffen
erfolgte, die in Amerika gebaut würden. Auch dieser
Vorschlag fand keinen Anklang.

Nicht zweckmäßig erschien den Unionspolitikern eine
Anregung des Generals Wilson von Ende 1902. Danach
sollte die Union zur Herstellung ihres Handelsübergewichts
in Amerika zunächst eine handelspolitische Vereinigung
mit Kanada und Mexiko anstreben.

So versuchte man wiederholt, einen allamerikanischen
Zollverband durch Gegenseitigkeitsverträge anzubahnen.
Im Jahre 1891 schloß die Union Gegenseitigkeitsverträge
in den Grenzen von Abschnitt 3 des Mac Kinleytarifes
mit verschiedenen Staaten, namentlich mit Brasilien, ab

und bewilligte darin Vorzugszölle für gewisse Rohstoffe, vor allem Zollfreiheit für Kaffee, während Brasilien seine Zölle für Gummiwaren, Uhren, Lacke, Farben, Mehl und Milch um 20 Prozent ermäßigte. Diese Verträge befriedigten in Brasilien usw. nicht, weil sie die Zoll= erträge, die Haupteinnahmen daselbst, verminderten, ohne die Einfuhr zu verbilligen, und wurden bald wieder auf= gehoben. Argentinien hatte sich dagegen ablehnend ver= halten, weil die Union die verlangte Zollfreiheit für Wolle nicht bewilligen zu können glaubte.

Einschneidender als die Gegenseitigkeitsbegünstigun= gen von 1891 und vorübergehend auch von 1904 war das Vorzugszollverhältnis, das zwischen der Union und Brasilien am 1. Juli 1906 in Kraft trat. Nach dem brasilianischen Zollgesetz haben Anrecht auf eine Zoll= ermäßigung von 20 Prozent für gewisse Erzeugnisse alle jene Länder, die Kaffee zollfrei einlassen und mehr als 4 Millionen Sack jährlich beziehen. Bei geringerer Ab= nahme vermindert sich die Zollermäßigung auf die Hälfte. Da nun Kaffee von allen europäischen Ländern mit mehr oder minder hohen Zöllen belegt wird, so sahen sie sich von der brasilianischen Zollvergünstigung ausgeschlossen. Tatsächlich war sie nur für die Union berechnet, die Kaffee zollfrei einläßt und davon jährlich mehr als 15 Millio= nen Sack bezieht. Brasilien soll diese Vorzugszölle erst unter einem gewissen Druck der Union bewilligt haben. Abschnitt 3 des Dingleytarifs gibt dem Präsidenten der Union das Recht, die Zollfreiheit für gewisse süd= und mittelamerikanische Erzeugnisse, namentlich Kaffee, gegen= über solchen Staaten aufzuheben, die Waren aus der Union mit zu hohen Zöllen belegen. Auch verwies die Union auf Portorico, Hawaii und die Philippinen, r=

der Kaffeebau glänzend gedeihen würde, wenn sie zu seinem Schutz Kaffeezölle einführen sollte.

Die brasilianischen Vorzugszölle beziehen sich auf Farben, Tinten (außer Schreibtinte), Uhren, Gummiwaren, Lack, Wagen und Gewichte, Windmühlen, Klaviere, Schreibmaschinen, Eiskästen, verdichtete Milch und Weizenmehl, also meist auf Erzeugnisse, die bis dahin vorzugsweise aus Europa, auch aus Deutschland, nach Brasilien kamen.

Die brasilianischen Vorzugszölle wurden zunächst bis Ende 1906 bewilligt, später aber aufrechterhalten, angeblich, um weitergehenden Forderungen der Union vorzubeugen.

Vorläufig haben die europäischen Staaten noch keine Vergeltungsmaßregeln ergriffen, obwohl sie wertvolle Abnehmer Brasiliens sind, namentlich Deutschland für Kaffee, Tabak usw.

Durch die brasilianische Zollbegünstigung für Mehl aus der Union wurde die argentinische Mehlausfuhr nach Brasilien (1905: 103 000 Tonnen) schwer geschädigt. Argentinien zögerte, Maßregeln gegen Brasilien zu ergreifen, und verhandelte mit der Union in der Hoffnung, Zollfreiheit für argentinische Rindshäute zu erlangen.

In der Absicht der Unionspolitiker liegt es offenbar, Vorzugszollverhältnisse nach brasilischem Vorbilde auch mit anderen, womöglich mit allen, amerikanischen Staaten zu vereinbaren.

Mäßige Vorzugszölle im nachbarlichen Grenzverkehr für gewisse Erzeugnisse waren in früheren Zeiten nicht selten, sind aber durch die verbesserten Verkehrsverhältnisse beseitigt worden. Was die Union anstrebt, ist etwas Anderes, ist ein System von Vorzugsverhältnissen zur

Ausgestaltung eines allamerikanischen Zollverbandes. Der Weg scheint gangbar zu sein, ist aber äußerst umständlich und schwierig. Zahllose Interessengegensätze sind dabei unter einen Hut zu bringen und wo das nicht gelingt, da hat die Union zu befürchten, daß die unbefriedigten Staaten Rückhalt an Europa suchen oder damit drohen.

Auf Grund der Monroelehre behauptet man in der Union eine Art von Vorrecht über die Märkte der übrigen amerikanischen Staaten. So äußerte Präsident Harrison am 19. April 1891 seine Unzufriedenheit darüber, daß die europäischen Staaten den ganzen Handel der südlichen Republiken an sich ziehen. „Dieser Handel," sagte er, „ist von Rechts wegen unser, und zwar sowohl wegen der Nachbarschaft und wegen der bequemen Verbindung, wie auch wegen der Sympathie, die den Erdteil, in dem es keine Monarchie gibt, miteinander verbindet."

Diese Auffassung ist seither in der Union vielfach hervorgetreten. Mit Mißbehagen beobachten weite Kreise den lebhaften Güteraustausch zwischen Südamerika und Europa und erblicken darin eine unerträgliche Beeinträchtigung der Interessen der Union.

Ein halbamtliches Organ der Unionsregierung, die „Tribuna", bezweifelte in einem Aufsatz unter dem Titel „Nachlässiger Monroeismus" den Nutzen der Monroe- lehre, wenn sie die Europäer nicht daran verhindern könne, den Handel der Union im Süden zu verdrängen. Es sei eine schmachvolle Tatsache, daß die Union von Isthmus bis zum Kap Horn, ja selbst nördlich der Land- enge, von europäischen Bewerbern aus dem Felde ge- schlagen werde. Selbst nach Mexiko liefere die Union nur ein Drittel der Einfuhr dieses Landes. Venezuela und Kolumbien beziehen mehr von England als von de

Union. Je weiter nach Süden, desto schlimmer lägen die Dinge für die Union. Es sei eine schimpfliche Tatsache, daß England an Argentinien allein mehr verkaufe, als die Union auf dem ganzen südamerikanischen Festlande absetze.

Diese Tatsache ist durchaus nicht schimpflich, sondern natürlich. Nordamerika und Südamerika ergänzen sich nicht wie etwa Afrika und Europa, sondern sind vielfach Konkurrenten, namentlich die Union und Argentinien. Beide führen überwiegend dieselben Lebensmittel und Rohstoffe aus, Getreide, Fleisch, Häute usw., deshalb hält sich ihr gegenseitiger Güteraustausch in engen Grenzen. Beide suchen Absatz für ihre Ausfuhr auf den europäischen Märkten, und so hat sich ihr Güteraustausch mit Europa ausgiebiger gestaltet. Dasselbe gilt mehr oder minder von den übrigen südamerikanischen Staaten, auch von Brasilien trotz seiner großen Kaffeeausfuhr nach der Union.

Europa ist weitaus der kaufkräftigste Abnehmer für die Ausfuhr und deshalb auch der leistungsfähigste Lieferant für die Einfuhr aller amerikanischen Staaten, einschließlich der Union.

In der Regel wird von den allamerikanischen Zollverbandspolitikern übersehen, daß die Union selbst mit ihrer Ausfuhr ganz überwiegend nach Europa neigt, denn von einer Gesamtausfuhr von 7400 Millionen Mark in 1905/6 sandte sie für mehr als 5000 Millionen Mark, also mehr als zwei Drittel nach Europa (für 2427 Millionen Mark nach England, für 974 Millionen Mark nach Deutschland usw.), dagegen nur für 1492 Millionen Mark nach Amerika und außerdem für 660 Millionen Mark nach den übrigen Erdteilen. Ein Reich, das mit seiner

Ausfuhr so überwiegend auf Europa angewiesen ist, kann es nicht unnatürlich finden, daß bei den anderen Staaten desselben Erdteils die gleichen Verhältnisse obwalten.

Nach den Aufstellungen der Union stellte sich ihr Güteraustausch mit den wichtigsten amerikanischen Staaten wie folgt:

	Einfuhr		Ausfuhr	
	insgesamt	aus d. Union	insgesamt	nach d. Union
	in Mill. Mark:		in Mill. Mark:	
Kanada (1905)	1100	695	932	321
Mexiko (1905)	365	210	504	344
Argentinien (1905)	831,2	117,2	1308,3	63,4
Brasilien (1904)	527,9	58,8	803,5	404,9
Chile (1904)	240,6	21,4	330,9	47,0
Peru (1904)	87,8	15,6	82,7	7,6
Uruguay (1903)	108,8	9,2	162,1	7,1

An dem Außenhandel Kanadas und Mexikos, wie aller mittelamerikanischen Staaten, ist die Union stark beteiligt, schwach dagegen an dem Außenhandel der süd= amerikanischen Staaten.

		Einfuhr aus	Ausfuhr nach
		Südamerika in Mill. Mark:	
England	1890:	268,3	517,3
	1900:	534,7	433,9
Deutschland	1890:	300,1	139,1
	1900:	489,6	188,3
Frankreich	1890:	334,0	236,6
	1900:	396,9	104,3
Union	1890:	355,3	147,8
	1900:	371,7	152,4

Für Südamerika sind England, Deutschland und Frankreich, ein jedes für sich, wertvollere Abnehmer als die Union. Insgesamt kauften sie von Südamerika im Jahre 1900 viermal so viel als die Union!

Deutschland bezieht jährlich für 370 Millionen Mark landwirtschaftliche Erzeugnisse aus Argentinien, darunter für über 100 Millionen Mark Wolle, ferner für 170 Millionen Mark aus Brasilien, darunter für 100 Millionen Mark Kaffee, endlich für 160 Millionen Mark aus Chile, darunter für 110 Millionen Mark Salpeter.

Englands Ausfuhr nach Südamerika ist wesentlich deshalb um vieles größer, weil englisches Kapital in Südamerika mit hohen Beträgen in Eisenbahn= und anderen Unternehmungen angelegt worden ist und bei allen Lieferungen die Bevorzugung der englischen In= dustrie verlangt.

Argentiniens Außenhandel in Millionen Mark:

	Einfuhr aus		Ausfuhr nach	
	1901:	1906:	1901:	1906:
Insgesamt	456	1080	672	1168
davon England:	145	380	119	173
Deutschland:	67	153	85	157
Frankreich:	39	106	114	143
Italien:	58	96	17	28
Belgien:	34	49	54	102
Ordre nach Europa:	—	—	119	382
Europa:	343	784	508	985
Union:	62	157	37	53

An dem Außenhandel Argentiniens ist die Union nur in geringem Maße beteiligt, und ihr Anteil hat nicht ganz Schritt gehalten mit der Steigerung des Ge= samthandels. Dagegen ist der Anteil Deutschlands größer, als er nach der vorstehenden argentinischen Statistik er= scheint, da nicht unerhebliche Mengen der deutschen Einfuhr auf fremden Schiffen eingehen und die Aus=

fuhr auf Ordre nach Europa meist für Deutschland be=
stimmt ist.

Brasiliens Außenhandel in Millionen Mark:

	Einfuhr		Ausfuhr	
	1902:	1906:	1901:	1904:
Insgesamt	465	664	1050	1070
davon England:	131	188	148	168
Deutschland:	53	97	168	144
Frankreich:	41	61	135	52
Portugal:	33	43	7	12
Italien:	17	22	11	10
Belgien:	11	28	81	37
Österreich=Ungarn:	9	10	32	29
Europa:	295	449	582	452
Union:	57	76	495	520

Für Brasilien und seine beiden Hauptausfuhrerzeug=
nisse (1906 Kaffee für 440, Gummi für 210 Millionen
Mark) ist die Union ein ebenso wichtiges Absatzgebiet
geworden wie Europa.

Im Interesse aller amerikanischen Staaten liegt es,
für ihre Einfuhr an Industrieerzeugnissen die unbe=
schränkte Konkurrenzfreiheit zwischen Europa und der
Union, wie sie bisher bestand, aufrecht zu erhalten, um sich
die preiswürdigsten Bezugsquellen zu sichern.

Von einem allamerikanischen Zollverband hat die
vertrustete Großindustrie der Union greifbare Vorteile
zu erwarten. Sie hofft, die mittel= und südamerikanischen
Märkte unter Ausschluß der europäischen Konkurrenz kon=
trollieren und monopolisieren zu können. Unerfindlich
ist indessen, was die Landwirte und sonstigen Rohstoff=
erzeuger in der Union wie in den übrigen amerikanischen
Staaten von einem amerikanischen Zollverband zu er

warten oder zu erhoffen haben. Wo, wie in Argentinien und in den meisten anderen südamerikanischen Staaten, das Gedeihen der Gesamtheit von der Lebensmittel- und Rohstofferzeugung abhängt, könnte diese Grundlage des wirtschaftlichen Lebens durch einen allamerikanischen Zollverband bedenklich erschüttert werden.

Bisher waren die allamerikanischen Zollverbandsbestrebungen der Union nicht erfolglos. Zunächst führten sie zu einer sorgfältigeren Pflege der Handelsbeziehungen der Union mit den südlicheren Staaten, namentlich auch unter Präsident Roosevelt, der sich nachdrücklich dafür einsetzte. Die allamerikanischen Kongresse haben zwar noch nicht große Ergebnisse erzielt, noch nicht die angestrebte Vereinheitlichung von Münze, Maß und Handelsgesetzgebung zustande gebracht, aber sie haben doch eine gewisse Annäherung der amerikanischen Staaten in die Wege geleitet, sie sind zu einer ständigen Einrichtung geworden und werden alle vier Jahre stattfinden. Verhandelt wird in englischer Sprache, obwohl sie nur in der Union die Staatssprache ist. Vertreter der europäischen Kolonien sind bisher noch nicht herangezogen worden. Anfang 1891 wurde in Washington ein Handelsamt für die amerikanischen Republiken gegründet, dem Andrew Carnegie Ende 1906 3 Millionen Mark zur Errichtung eines eigenen Gebäudes überwies. Dieses Handelsamt hat durch Erteilung von Auskünften über die Lage der Märkte im Süden, über die Leistungsfähigkeit der Industrie der Union usw. wertvolle praktische Kleinarbeit für die Förderung des gegenseitigen Güteraustausches geleistet.

Während des ersten allamerikanischen Kongresses von 1889 veranstaltete man für die Vertreter der amerikanischen Staaten eine vierzigtägige Rundreise durch die wichtigsten Städte der Union. Auf der Weltausstellung zu Chicago von 1893 zeigte man ihnen, was die Industrie der Union zu leisten vermochte.

Handelsabgesandte aus der Union bereisten mit staatlicher Unterstützung die südamerikanischen Staaten, um dort die Ansicht zu verbreiten, daß alles, was bisher Europa lieferte, ebenso gut und ebenso billig aus der Union bezogen werden könne. Nachdem die Industrie der Union sich in vielen Erzeugnissen selbst auf den europäischen Märkten konkurrenzfähig erwiesen hat, wird sie es sicher auch in Südamerika werden.

Im übrigen sind die Geschäftsleute der Union weiterblickend, sie suchen ihren Gewinn erst in künftigen Geschäften, liefern wertvolle und hübsche Mustersammlungen unentgeltlich und werden sich auch den Wünschen der Abnehmer besser anzupassen wissen.

Zuweilen wissen die klugen Spekulanten der Union die Monroelehre zur Geltung zu bringen. In einem Abkommen haben die beiden größten Elektrizitätsgesellschaften Europas und Amerikas, die Allgemeine Elektrizitätsgesellschaft in Berlin und die General Electric Company in New York, den Weltmarkt in zwei Interessengebiete eingeteilt. Dabei mußte es die amerikanische Gesellschaft durchzusetzen, daß ihr auch Mittel- und Südamerika als ausschließliches Geschäftsgebiet überwiesen wurden. Die deutsche Gesellschaft verzichtete auf die aussichtsvollen und aufnahmefähigen südamerikanischen Märkte. Eine solche Kurzsichtigkeit läßt sich nicht einmal vom geschäftlichen Standpunkt rechtfertigen. In politischer Hinsicht könnte sie bedenklich werden, falls ähnliche Abkommen auch von anderen großen Industriegruppen

abgeschlossen werden sollten. Elektrizitätswerke in Süd=
amerika, die von Deutschen angelegt wurden, sind viel=
fach in die Hände von Kapitalisten aus der Union über=
gegangen.

Wären die europäischen Geschäftsleute so klug und
weitblickend wie ihre Berufsgenossen in der Union, so
würden sie in Südamerika den Anbau solcher Erzeugnisse
fördern, die Europa bisher von Nordamerika beziehen
mußte. Dazu gehört in erster Reihe die Baumwolle.
Europa würde einen wachsenden Teil seines Bedarfs an
Baumwolle aus Südamerika beziehen, sich von der Union
unabhängiger machen und Brasilien wie Argentinien in
ein Konkurrenzverhältnis gegen die Union drängen.

Auf die außerordentlichen Fortschritte der Union in
den lateinischen Ländern Amerikas hat Staatssekretär
Dernburg in seiner Rede vom 11. Januar 1907 hinge=
wiesen. Alle die Bestrebungen der Union nach Handels=
verträgen mit Vorzugszöllen, nach Schiffahrtsverbindun=
gen tragen jenes ausschließliche Gepräge, wie es der
Unionspolitik eigentümlich ist. Dernburg glaubt an das
stete Steigen des wirtschaftlichen Einflusses der Union
auf ganz Amerika zum Schaden Europas. Nach seiner
Meinung ist diese Erscheinung nur deshalb noch nicht
fühlbar geworden, weil Süd= und Mittelamerika selbst
sich aufsteigend entwickeln und ihre Einfuhrbedürfnisse
außerordentlich vermehrt haben. Dernburg nannte das
Vorgehen der Union großzügig, zielbewußt, erfolgreich.

Es ist ein gutes Recht der Union, neue Märkte für
ihren Überschuß an Industrieerzeugnissen zu suchen, zu=
nächst auch in Mittel= und Südamerika. Ist es aber
folgerichtig, daß dieselbe Union, die nicht nur in Ost=

asien, sondern auch in Marokko und Abessinien für ihren Handel die Gleichberechtigung beansprucht und die offene Tür behauptet, den europäischen Völkern die Gleichbe= rechtigung verwehren, die offene Tür in Mittel= und Südamerika verschließen will?

Auf diese Frage sind die Unionspolitiker die Ant= wort schuldig geblieben. Ihre allamerikanischen Be= strebungen erscheinen nicht nur unlogisch, was drüben wenig bedeuten mag, sondern auch unbillig. Was man für sich beansprucht, freien Wettbewerb auf dem Welt= markt, darf man anderen nicht nehmen. Die Freiheit des Wettbewerbs auf den mittel= und südamerikanischen Märkten liegt im Interesse der gesamten Weltwirtschaft, vor allem im Interesse der Verbraucher.

Wo auf fremden Märkten freier Wettbewerb herrscht, da liefern die großen Trusts der Union häufig, wenn nicht meist, unter den hohen Inlandpreisen. Sind auf Grund irgend welcher Abmachungen alle amerikanischen Staaten zu einem großen Zollgebiet vereinigt, auch die mittel= und südamerikanischen Staaten im Sinne der Union zum Inland geworden, dann stehen sie vor der Gefahr, sich bei ihrem Bedarf an Industrieerzeugnissen die Preise von den mächtigen Trusts der Union vor= schreiben zu lassen.

Sind doch die großen Trusts in der Union die Vor= kämpfer der allamerikanischen Bestrebungen, soweit sie darauf hinauslaufen, den europäischen Wettbewerb aus= zuschalten und die mittel= und südamerikanischen Märkte zu monopolisieren oder mindestens zu „kontrollieren" Wie groß und drückend die Trustgefahr ist, zeigen die Klagen der Verbraucher aus der Union selbst und nicht

minder die Absicht der Unionsregierung, Maßregeln
gegen die Übermacht der großen Trusts zu ergreifen.

Für die europäischen Staaten empfiehlt es sich nicht,
wie die Union auf den mittel= und südamerikanischen
Märkten Vorrechte oder Vorzugszölle anzustreben. Das
wäre aussichtslos und würde von der Union als uner=
träglich empfunden werden. Auch erhebliche Zoller=
mäßigungen sind von den mittel= und südamerikanischen
Staaten nicht zu erwarten, weil sie, mit Brasilien und
Argentinien an der Spitze, annähernd die Hälfte ihrer
gesamten Einnahmen aus den Zöllen ziehen.

Dagegen müssen die europäischen Mächte gegenüber
den mittel= und südamerikanischen Staaten auf der Gleich=
berechtigung und Meistbegünstigung bestehen. Gleich=
berechtigung und Meistbegünstigung sind für alle Teile
nützlich und notwendig und stehen mit den liberalen Über=
lieferungen der Union völlig im Einklang. Ist man in
der Union, wie man dort glaubt, den europäischen Staaten
wirtschaftlich überlegen, so wird es ihr im freien Wett=
bewerb und ohne Vorzugszölle gelingen, die mittel= und
südamerikanischen Märkte für sich zu erobern.

In seiner Botschaft an den Kongreß vom Oktober
1901 anerkannte Präsident Roosevelt, daß auf Grund
der Monroelehre die Union ausschließliche Beziehungen
des Handelsverkehrs mit irgend einem anderen ameri=
kanischen Staat nicht verlangen kann.

Immerhin war die Monroelehre nicht ohne Rück=
wirkung. Seit dem Hervortreten der allamerikanischen
Bestrebungen hat, abgesehen von der Union selbst, kein
amerikanischer Staat es gewagt, Tarifverträge mit einem
europäischen Staat abzuschließen.

Dagegen hat Präsident Roosevelt versucht, die Monroelehre unter gewissen Umständen auf handels politische Abmachungen auszudehnen. Nach einer seiner Botschaften wird die Union es nicht dulden, daß die ameri= kanischen Staaten wider ihren Willen zu irgend welchen Abmachungen in betreff ihres Handels gezwungen werden. Bei Streitigkeiten mit amerikanischen Staaten wäre es möglich, daß der siegreiche europäische Staat, da er kein Land erwerben darf, sich durch Handelsabmachungen schadlos zu halten sucht. Auch das soll in Zukunft ver= wehrt sein. Von Fall zu Fall würde sich darüber die jeweilige Unionsregierung die Entscheidung vorbehalten und nach ihrem Ermessen abgeben. Diese Erweiterung der Monroelehre ist wohl ausgesonnen.

Blaine war der Meinung, daß die Union, um ge- deihen zu können, die südamerikanischen Märkte be herrschen müsse. Er sah zwar den außerordentlichen Auf= schwung der Industrie in der Union voraus, rechnete aber nicht mit der Möglichkeit, daß die Industrie der Union auch auf andern als den südamerikanischen Märkten kon= kurrenzfähig auftreten würde. Seitdem der gewaltige Aufschwung der Union eine starke Steigerung ihres Aus= fuhrbedürfnisses hervorgerufen und zugleich ihre Kon= kurrenzfähigkeit auf allen Teilen des Weltmarktes er hellt hat, kann die Beherrschung der südamerikanischen Märkte nicht mehr als ein Lebensbedürfnis ihrer In= dustrie angesehen werden. Und seitdem die Union neue Märkte für ihre industriellen Überschüsse vor allem in Europa, aber auch in Ostasien, suchte und fand, hat sie selbst ihre allamerikanischen Abschließungsbestrebungen durchkreuzt. Ein Amerika, das sich abschließt, hat in Europa und Ostasien nichts zu suchen. Das internationale

Geschäft beruht auf dem Güteraustausch. Wo man keine
Einfuhr will, muß man auf die Ausfuhr verzichten.
Gegen Ende des 19. Jahrhunderts wurde die Mög=
lichkeit großer Zollverbandspläne lebhaft erörtert. Den
Anstoß dazu hatten die allamerikanischen Zollverbands=
bestrebungen gegeben, die zuerst Mitte der achtziger Jahre
hervortraten. Als Gegenströmung entstand in Kanada
später der größerbritische Zollverbandsgedanke, der dann
von Chamberlain unternommen wurde. Damals glaubte
man in Europa allgemein an das Zustandekommen eines
allamerikanischen und eines größerbritischen Zollver=
bandes, man besorgte, daß diese beiden großen Verbände
sich wirtschaftlich selbst genügen und von den übrigen
Staaten abschließen würden. Seither hat man aber in
der Richtung auf dieses Ziel greifbare Fortschritte noch
nicht gemacht. Wo Vorzugszölle eingeführt wurden, ge=
nügten sie nicht, um den fremden Handel abzudrängen.
Solche Vorzugszölle werden immer nur in sehr be=
schränktem Maße erhoben werden, da die örtlichen In=
teressen, namentlich aufstrebende Industrien, aber auch
niedergehende Landwirte, nicht nur einen gewissen Schutz
beanspruchen, sondern auch alle fremden Monopole ab=
lehnen. Diese Widerstände sind so groß, daß sie die
größerbritischen wie die allamerikanischen Zollbestrebungen
verhindern werden, das letzte Ziel, einen nach außen
hin völlig abgeschlossenen Zollverband, zu erreichen.
Beiden Gebilden widerstrebte die ganze weltwirt=
schaftliche Entwicklung der Neuzeit mit ihrem Drange nach
Ausgestaltung des internationalen Güterverkehrs unter
Überwindung künstlicher Schranken, mit dem Bedürfnis
der starken Staaten, über die eigenen Grenzen, ja über
den eigenen Erdteil hinaus freien Spielraum für wirt=

schaftliche Betätigung zu erlangen. Tatsächlich sind die
Bestrebungen nach Zusammenfassung großer, sich selbst ge
nügender Zollverbände zurückgetreten.

Die allamerikanischen wie die größerbritischen Zoll
verbandspläne sind zwar in erster Reihe durch wirtschaftliche Erwägungen angeregt worden, mit wirtschaftlichen
Interessen aber nicht ausreichend zu begründen. Ge-
kräftigt wurden sie erst durch politische Hintergedanken,
durch das Streben der Vormacht nach Stärkung ihrer
Stellung. Vom wirtschaftlichen Standpunkt aus ist der
allamerikanische Zollverband der Union nicht notwendig
und für die mittel- und südamerikanischen Staaten nicht
vorteilhaft.

Sollte die Union mit ihren Trusts die mittel- und
südamerikanischen Staaten in wirtschaftliche Fesseln
schlagen, so würden politische Folgen nicht ausbleiben und
in den mittel- und südamerikanischen Staaten Strömungen
hervorrufen, wie sie unmittelbar vor dem Unabhängigkeitskriege in den ersten Unionsstaaten zum Ausbruch
kamen, als sie den Druck des englischen Handelsmonopols
unerträglich fanden und zu den Waffen griffen, um sich
davon zu befreien.

Friedrich List sah den Aufschwung der Union und
Amerikas voraus. Schon im Jahre 1837 sprach er von
der Möglichkeit allamerikanischer Bestrebungen, warnte
aber vor Übertreibungen des Schutzzolles. Wenn in
Amerika die Gemüter durch den Satz verwirrt würden,
daß Amerika sich selbst genug sei, wenn sich Amerika abschließen wolle, „dann reift die Frucht des Verfalles"

Soweit sich überhaupt von einer „amerikanischen
Gefahr" sprechen läßt, ist sie nicht in der Konkurrenz der
Union auf dem Weltmarkt zu suchen, sondern in ihren

Bestrebungen, auf den Märkten Mittel= und Südamerikas eine Vorzugsstellung zu erlangen und den Mitbewerb aller übrigen Länder von dort auszuschließen.

Nehmen diese Bestrebungen greifbare Form an, so werden sie zweckmäßig und wirksam nur durch ein Zu= sammengehen aller europäischen Staaten abgewehrt werden können.

Allamerikanische Verkehrspläne.

Nach einer Verfügung der Newyorker Postverwaltung vom Frühjahr 1907 ist die Post von Newyork nach Rio de Janeiro, Buenos Ayres usw. über Europa zu leiten, und zwar mit den deutschen Postdampfern. Auf dem unmittelbaren Wege von Newyork nach Buenos Aires haben die Postsachen 5870 Seemeilen zurückzulegen, auf dem neuen Umwege über die Nordseehäfen dagegen durch= schnittlich 9000 Seemeilen. Weshalb bevorzugt die New= yorker Postverwaltung diesen großen Umweg? Weil die Dampfschiffahrtsverbindungen zwischen Nord= und Süd= amerika selten, unregelmäßig und langsam sind und nicht entfernt mit dem häufigen, regelmäßigen und raschen Dampferdienst konkurrieren können, der zwischen den Nordseehäfen einerseits mit Nordamerika und anderer= seits mit Südamerika besteht.

Trotz aller Bemühungen hat die Unionsregierung eine Verbesserung der Schiffahrtsbedingungen zur Er= leichterung des Güteraustausches mit Südamerika noch immer nicht durchsetzen können. Der Dampferverkehr der Union mit Südamerika ist unregelmäßig und ungenügend. Selbst in mexikanischen Häfen sind die englischen Dampfer zahlreicher. Dagegen hat sich der Schiffsverkehr zwischen Mittel= und Südamerika und Europa außerordentlich lebhaft entwickelt. So trafen 1906 in Buenos Aires ein: englische Schiffe von 2,4 Millionen Tonnen, italienische und deutsche von je 0,5, französische von 0,3 Millionen Tonnen Gehalt usw., aus der Union dagegen nur acht Schiffe mit 8500 Tonnen.

Da die Fortschritte des europäischen Handels in Mittel- und Südamerika zu einem nicht geringen Teil auf die Ausgestaltung der Schiffahrtsverbindungen zurückzuführen sind, so wurde in der Union schon seit Jahren die Errichtung wöchentlicher staatsunterstützter Dampferverbindungen mit der Ostküste wie mit der Westküste Südamerikas verlangt. Für diese Forderung trat Präsident Roosevelt in einer Sonderbotschaft vom 23. Januar 1907 ein und bemerkte: Südamerika müßte eigentlich mit der Union in den engsten Handelsbeziehungen stehen, habe aber mit ihr kaum einen unmittelbaren Verkehr, sondern beschränke seine Handelsbeziehungen fast nur auf Europa. Südamerika müsse dem Großhandel der Union gewonnen werden.

Indessen lehnte Ende Februar 1907 das Repräsentantenhaus den Gesetzentwurf über die staatliche Unterstützung von Dampfschiffahrtsverbindungen u. a. auch mit Mittel- und Südamerika ab.

Seit Herbst 1906 läßt der Brasilianische Lloyd einen Teil seiner Dampfer die Häfen zwischen Rio de Janeiro und New York anlaufen.

Allamerikanischen Bestrebungen soll auch eine allamerikanische Eisenbahn dienen.

Seit 1889 wird der Plan erörtert, ohne daß erhebliche Fortschritte zu verzeichnen wären. Die ganze Strecke von New York nach Buenos Aires hat eine Länge von 16 460 Kilometern. Davon war etwa die Hälfte vorhanden und für die Überlandbahn zu benutzen, meist in Nordamerika. Bald werden die betreffenden Strecken des Eisenbahnnetzes der Union und Mexikos bis Guate= mala weitergeführt worden sein. Auch dieser Fortschritt wäre nicht bedeutsam, denn es bleibt noch immer das längste und schwierigste Stück von Guatemala über die Anden durch Ecuador und Peru nach Bolivien und Argen= tinien zu bauen, ein Stück von über 6000 Kilometer Länge durch Gegenden von großem Reichtum, die aber mit ihren gewaltigen Höhenzügen bedeutende technische und mit der Unfriedlichkeit ihrer Bevölkerung auch poli= tische Schwierigkeiten bereiten. Außerdem fehlt es dort an Steinkohlen. Der Bau dieser Strecke dürfte min= destens eine Milliarde Mark beanspruchen. Von Süden aus soll man mit Anschlußbahnen entgegenkommen, aber die Anschlußstrecken haben vielfach verschiedene Spur= weiten, die zwischen 0,75 und 1,6 Meter schwanken, so daß selbst nach Vollendung der Bahn ein Durchgangsver= kehr nicht leicht herzustellen sein wird. Um etwaige In= vasionen möglichst zu erschweren, möchte man im Süden die Spurweite der Schienen in ihrer Verschiedenheit er= halten.

Für den Bau der allamerikanischen Bahn hat sich eine Gesellschaft gebildet, außerdem ist ein ständiger, all= amerikanischer Eisenbahnausschuß in Washington einge= setzt worden. Indessen ist der Enthusiasmus für die Sache verflogen, und man hört so viel wie nichts von ihrem Fortgange. Man wird zufrieden sein, wenn es gelingt, in absehbarer Zeit von Norden her die Bahn bis Panama weiter zu führen.

Als auf dem ersten allamerikanischen Kongreß von 1889 der Plan einer allamerikanischen Bahn in die

17*

Öffentlichkeit gesetzt wurde, knüpfte man daran in der Union große Hoffnungen. Durch die Bahn werde die Union ein entschiedenes Übergewicht über die südameri= kanischen Staaten gewinnen und die europäischen Er= zeugnisse von den südamerikanischen Märkten verdrängen. Man setzte dabei voraus, daß mit Hilfe der allameri= kanischen Eisenbahn Erzeugnisse der Union billiger und rascher als europäische auf südamerikanische Märkte ge= bracht werden könnten. Der europäische Verkehr mit Süd= amerika werde dann zum größeren Teil durch die Union gehen.

In Wirklichkeit sind die Eisenbahnfrachtsätze, mögen sie noch so niedrig bemessen werden, namentlich bei langen Strecken, gegenüber den Seefrachten unvergleichlich hoch.

Überdies wird die allamerikanische Bahn fast in ihrer ganzen Länge, zum Teil in nächster Nähe, von dem See= wege flankiert und konkurrenziert. Große Gütermassen werden zwischen Nord= und Südamerika niemals auf dieser teuren Bahn befördert werden.

Die allamerikanische Eisenbahn ist ein Prunkstück, eine Reklame für den allamerikanischen Gedanken. In der Theorie nimmt sie sich stattlich aus, für die Praxis ist sie minderwertig.

Allem Anscheine nach betreibt man den Bau mehr aus politischen und strategischen als aus wirtschaftlichen Gründen. Wie eine Riesenklammer soll sie ganz Amerika unter selbstverständlicher Führung der Union zusammen= fassen. Auch ist es möglich, daß etwaige Truppenbe= förderungen durch die Bahn vor den Fährlichkeiten des Seeweges gesichert werden — doch wem zum Nutzen?

Als ein Hilfsmittel für die Förderung ihrer all= amerikanischen Bestrebungen betrachtet die Union auch

den Panamakanal. Im Verkehr mit dem fernen Osten
wird der Suezkanal für Europa stets größere Bedeutung
behalten und schon deshalb von der Schiffahrt bevorzugt
werden, weil der Weg über Suez eine stattliche Reihe
wichtiger Häfen berührt und dort zahllose Frachtgelegen=
heiten bietet, während die Straße über den Panama=
kanal diese großen Vorteile nicht aufzuweisen hat, sondern
nur gewaltige Wasserwüsten kreuzt. Der Panamakanal
vermehrt nachdrücklich den politischen Einfluß der Union
im amerikanischen Mittelmeer und stärkt ihre ganze see=
strategische Stellung.

Immerhin wird auch der Panamakanal europäischen
Interessen wichtige Dienste leisten können, nicht zuletzt
neben dem Suezkanal als ein Konkurrenzweg, der außer=
halb des englischen Machtbereiches steht. Auch im Ver=
kehr mit den amerikanischen Küstenländern des Stillen
Meeres wird der Panamakanal für Europa von Vor=
teil sein. Die Schiffahrt durch die Magellanstraße oder
durch das Kap Horn war schwierig und umständlich. Nach
Vollendung des Panamakanals wird die amerikanische
Westküste auch den Europäern näher gerückt werden.

Ende 1906 hat Mexiko ein Verkehrswerk fertigge=
stellt, das geeignet erscheint, den Güteraustausch zwischen
den Häfen des Atlantischen und Stillen Meeres wesentlich
zu erleichtern und nachhaltig zu vermehren. Mitte 1902
wurde der englische Unternehmer Sir Westman Pearson
von der mexikanischen Regierung beauftragt, die Eisen=
bahn über die Landenge von Tehuantepec zu einer
leistungsfähigen Bahn ersten Ranges auszubauen. Diese
Bahn war schon im Jahre 1882 angelegt, aber von vorn=
herein schlecht ausgeführt und zuletzt unbrauchbar ge
worden. Anfang 1907 in Betrieb gesetzt, führt die neue

Bahn, nur 310 Kilometer lang, von Coatzacoalcos an
der atlantischen Seite nach Salina Cruz am Stillen Meer
und gestattet für wertvollere Güter eine rasche und billige
Versendung zwischen dem Atlantischen und Stillen Meer.
Gleichzeitig wurden die beiden Endpunkte der Bahn,
Coatzacoaclos und Salina Cruz, durch Ausbaggerungen,
Molenbauten und Wellenbrecher mit praktikablen Hafen=
anlagen versehen. Salina Cruz besitzt sogar ein an=
sehnliches Trockendock.

Um dem neuen Überlandweg einen größeren Ver=
kehr zuzuführen, ist auch der Welthafen Veracruz ange=
schlossen worden. Zu diesem Zweck wurde die Veracruz=
Pacificbahn angelegt, die bei der Station Santa Lu=
crecia in die Tehuantepecbahn einmündet.

In seinem Vertrage mit der mexikanischen Regierung
hat sich Sir Westman Pearson anheischig gemacht, die
Tonne Güter von 1000 Kilo mit der Tehuantepecbahn
von einem Hafen zum anderen, also vom Atlantischen
zum Stillen Meer und umgekehrt, einschließlich der Ein=
und Ausladung für 4,20 Mark zu befördern. Dagegen
erhebt die Panamaeisenbahn bei geringerer Leistungs=
fähigkeit 21 Mark für die Tonne auf ihrer kleinen Strecke.
Für die Fahrt durch den Panamakanal ist eine Gebühr
von 4,20 Mark für die Tonne in Aussicht genommen
worden.

Anfang 1907 stellten sich die Frachtsätze nach der
Westküste Südamerikas durch die Magellanstraße etwas
niedriger als über Panama. Von Liverpool nach Callao,
dem Hafen für Lima, wurden befördert Nähmaschinen
und andere Maschinen durch die Magellanstraße um
4,74 Mark und über Panama um 5,00 Mark für
100 Kilogramm, Druckpapier durch die Magellanstraße

um 3,80 und über Panama um 3,74 Mark für 100 Kilo=
gramm, Baumwollwaren und elektrotechnische Gegenstände
durch die Magellanstraße um 5,50 und über Panama
um 5,76 Mark. Auffälligerweise waren die Frachtsätze
von New York nach Callao über Panama um 10 bis
20 Pfennig für 100 Kilogramm höher als auf demselben
Wege von Liverpool nach Callao.

Für den Massenverkehr zwischen den beiden Küsten=
ländern der Union hat die neue Verbindung, soweit es
sich um eilige Güter handelt, großen Wert; denn der
Weg von New York nach San Franzisko über Tehuante=
pec ist mit 7700 Kilometern erheblich kürzer als über
Panama mit 10 030 Kilometern und entsprechend rascher
auch die Fahrt. Trotz eines Zeitaufwandes von zwei
Tagen für den Umschlag lassen sich die Güter über die
Landenge von Tehuantepec um vier Tage schneller be=
fördern, als dereinst durch den Panamakanal. Nord=
amerikanische Dampfer verkehren bereits zwischen Coatza=
coalcos und New York und zwischen Salina Cruz und
San Franzisko. Die Hawai=Dampfergesellschaft hat ihren
Verkehr (hauptsächlich Zucker) von Hawai nach Newyork
über die neue Linie geleitet und verfrachtet in 30 bis
35 Tagen, während früher die Fahrt über das Kap Horn
70 bis 80 Tage in Anspruch nahm. Ohne Zweifel werden
auch die großen deutschen Dampfschiffahrtsgesellschaften
dem neuen Weltverkehrswege die erforderliche Beachtung
zuwenden und nach Bedarf regelmäßige Verbindungen
zwischen den deutschen Häfen und den amerikanischen
Küstenländern des Stillen Meeres über die Tehuantepec=
bahn ins Leben rufen. Denn wenn auch der neue Weg
zunächst die nordamerikanischen Pacificbahnen konkurren=
ziert und den Frachtverkehr zwischen der Ost= und West=

küste Nordamerikas erleichtert, so sind doch die Vorteile, die er dem europäischen und insbesondere dem deutschen Handel namentlich mit den südamerikanischen Küstenländern und selbst mit den Inseln des Stillen Meeres zuwendet, er= heblich größer. Viele Güter werden es vermeiden, den zeitraubenden und gefahrvollen Umweg um das Kap Horn zu machen, da sie trotz des doppelten Umladens auf der Tehuantepecbahn rascher und billiger nach und von der südamerikanischen Küste des Stillen Meeres ge= langen können.

Was aber den weltwirtschaftlichen Wert des neuen Weges noch wesentlich erhöht, ja ihm eine gewisse welt= politische Bedeutung verleiht, ist der wichtige Umstand, daß überhaupt eine Konkurrenz gegen den Panamakanal geschaffen wird. Als Herrin dieses Kanals gedachte die Union ihre Vorherrschaft über Mittelamerika hinaus zu erweitern und Mexiko wie die südamerikanischen Staaten ausschlaggebend zu beeinflussen. Durch den neuen Über= landweg sichert Mexiko sich selbst wie allen anderen Staaten eine verkehrspolitische Unabhängigkeit, die unter Umständen von Bedeutung werden kann.

Die Weltpolitik der Union.

Unvergleichlich ist das Aufsteigen der Union in ver=
hältnismäßig kurzer Zeit aus kleinen Anfängen zu einer
wirtschaftlichen Kraft und politischen Macht allererſten
Ranges.

Mit begreiflichem Stolz blickt die Bevölkerung der
Union auf ihre Entwicklung. H. Edmonds hat Ende 1906
in der „Review of Reviews" ausgerechnet, daß die Union
im Jahre 1916 bereits 105, im Jahre 1926 130, im
Jahre 1936 155 und im Jahre 1950 200 Millionen
Einwohner zählen werde, daß sie mit ihren Bodenschätzen
selbst 570 Millionen Köpfe leicht ernähren könnte usw.
Dieser Optimist übersieht den bedenklichen Rückgang der
Geburten in den altanſäſſigen Kreiſen, der allerdings
durch die Zunahme der Einwanderung reichlich erſetzt
wird. Außerdem überſieht er den Raubbau des land=
wirtſchaftlichen Großbetriebes, der zwar den Reichtum
der Union begründet hat, aber ihren Boden ſchließlich
erſchöpfen muß. Ob dann die bisherige Leiſtungsfähigkeit
noch aufrecht zu erhalten oder gar zu ſteigern ſein wird?

Die Überlegenheit der Union beruht auf der Gunſt
ihrer Lage und ihres Bodens. Präſident Rooſevelt hat
dagegen verſucht, ſie auf die Raſſenmiſchung ihrer An=
gehörigen zurückzuführen.

Von jeder europäischen Nation habe die Unions=
bevölkerung einen Teil ihres Blutes und ihrer Charakter=
züge bezogen. Mit dieser Blutmischung sei eine beispiel=
lose Entwicklung von statten gegangen. Deshalb stünden
die Angehörigen der Union als weiße Mischrasse, die
alle guten Eigenschaften in sich vereinige, auf höchster
Höhe. Man wird darüber noch Erfahrungen abzuwarten
haben. Eine wahllose Mischung verschiedener Rassen führt
zu Rückschritten und nicht zu Fortschritten der Mischrasse.

Erklärlich und berechtigt ist der Stolz der Bevöl=
kerung auf ihr Land. Breit und fruchtbar liegt es zwischen
zwei Meeren, reich an den wichtigsten Rohstoffen, an
Kohlen und Erzen, unerschöpflich in der Erzeugung von
Getreide, Baumwolle, Petroleum usw., zugleich eine für
Europa unentbehrliche Bezugsquelle, endlich industri=
alistisch hoch entwickelt. Sollte dieses Land wirklich ein=
mal, was seine Führer behaupten, zum Mittelpunkt des
wirtschaftlichen Lebens der Menschheit werden?

Der Erweiterungsdrang der Union ist so alt wie
sie selbst. Aus den 13 kleinen Staaten, die sich im Jahre
1774 unabhängig machten, ist im Laufe des 19. Jahr=
hunderts durch Angliederung weiter Nachbargebiete ein
gewaltiges Reich entstanden, und zwar nicht unter Ver=
letzung, sondern im Rahmen der Monroelehre. Von her=
vorragenden Politikern ist ausgesprochen worden, daß die
Monroelehre von Anfang an, wenn auch unter dem Deck=
mantel einer Abwehr europäischer Einmischungen, dem
Erweiterungsdrang der Union Vorschub leisten sollte.
Nicht aus der Monroelehre sei die Ausdehnungspolitik
hervorgegangen, sondern umgekehrt aus der Aus=
dehnungspolitik die Monroelehre.

Nirgends ist die Vaterlandsliebe so lebhaft, wie in

dem Völkergemisch der Union. Bis in das Wolkenzelt
wird das Sternenbanner erhoben. In diesem Völker=
gemisch finden sich aber kosmopolitische Unterströmungen.
Unter dem Sternenbanner erblüht das Heil für alle
Völker. Die Union kann und soll die ganze Erde mit
ihrem Geist erfüllen, alle Völker zu sich heraufziehen,
was sie im Grunde ihres Herzens aufs sehnlichste wünschen.
Dieser Auffassung kann man in der Union oft begegnen.

Wie die Europäer allmählich zum Christentum be=
kehrt wurden, so sollen die zurückgebliebenen Völker=
schaften in Mittel= und Südamerika, aber auch in der
ganzen alten Welt durch die Union mit politischer Freiheit
und wirtschaftlichem Wohlsein beglückt werden.

Schon zu Washingtons Zeiten bestand unter dem
Einfluß des Puritanertums bei den Politikern der Union
ein „providentielles" Gefühl.

„Gott hat uns zu den Meisterorganisatoren der Welt
gemacht, damit wir Ordnung einführen, wo das Chaos
herrscht. Aus allen von unserer Rasse hat er das ameri=
kanische Volk zu der auserwählten Nation bestimmt, um
in der Wiedergeburt der Welt die Führung zu über=
nehmen. Er hat uns den Geist des Fortschritts ver=
liehen, damit wir auf der ganzen Erde die Kräfte der
Finsternis überwältigen. Er hat uns zu Adepten im
Regieren gemacht, damit wir wilde und greisenhafte
Völker beherrschen. Dies ist die göttliche Mission Ameri=
kas   Mit ehrwürdigem Herzen schreitet das ameri=
kanische Volk hoffnungsfroh in die Zukunft und will das
Werk treu ausrichten, das Gott ihm befohlen hat." So
sprach Mitte 1900 im Senat zu Washington der Senator
Beveridge, derselbe, der Ende 1906 auch für die An=
gliederung Kubas die göttliche Vorsehung ins Feld führte.

Auch die allamerikanischen Bestrebungen wurden zuweilen
als ein Ausfluß der göttlichen Mission der Union hin=
gestellt. Manche sprechen auch von einer Schicksalsbe=
stimmung, wenn sie die Heranziehung fremder Gebiete
in den Machtbereich der Union befürworten.

Man betrachtet sich als das auserwählte Volk der
Zukunft.

Oft genug sprach Mac Kinley von der göttlichen
Bestimmung Amerikas, überall die seligmachende ameri=
kanische Kultur und Zivilisation zu verbreiten.

Bei dem Begräbnis des kubanischen Rebellenführers
Garcia Ende 1898 in Washington sagte sogar der katho=
lische Erzbischof Ireland: „Amerika hat die große Mission,
allen Nationen bürgerliche und religiöse Freiheit zu
geben." Der Glaube an die große Mission unseres
Volkes, erklärte Roosevelt im Jahre 1898 als Gou=
verneurskandidat, ist mächtig in unseren Herzen.

Mit solchen Auffassungen ist ernsthaft zu rechnen;
sie zeigen das unerschütterliche Vertrauen der Unions=
politiker auf die Zukunft, auf die Überlegenheit, auf die
Unüberwindlichkeit ihres Reiches, sie können unter Um=
ständen zu einer Gefahr für den Weltfrieden werden.

In ihrem Selbstvertrauen werden die Unionspolitiker
bestärkt durch die Anerkennung ihrer Überlegenheit an
Reichtum und Kapital in den Lobpreisungen europäischer
Schriftsteller, durch den Wettbewerb der Mächte um die
Freundschaft der Union, durch die Uneinigkeit Europas.

Tatsächlich sind nicht nur die europäischen Börsen
von dem Geldmarkt der Union, sondern auch in stark
gestiegenem Grade die ganzen Erwerbsverhältnisse der
europäischen Staaten abhängig von dem Ausfall der

Ernten und von dem Auf und Nieder des Geschäfts=
ganges in der Union.

Ein Gladstone sagte von der Union, sie werde in
der Zukunft den Engländern das Handelsübergewicht ent=
reißen, im großen Haushalt der Erde das Hauptwerk=
zeug bilden und die nützlichsten Dienste leisten.

Hat doch selbst Oskar Peschel den Völkern Europas
die Möglichkeit vor Augen geführt, daß sie aus dem
geschichtlichen Vordergrund zurücktreten müßten, wenn
dermaleinst Amerika sich höhere Aufgaben stellen sollte.

Anfang der 80er Jahre äußerte Sir Charles Dilke:
„Englisches Blut und englische Sprache müssen mit
Gottes Hilfe für immer und ewig auf dem ganzen Erden=
runde herrschend bleiben." Doch knüpfte er an diesen
chauvinistischen Ausspruch die Bemerkung: „Wenn Eng=
land jemals von einer anderen Macht überragt werden
sollte, dann kann dies nur von einer solchen sein, welche
die englische Sprache spricht, also von Englands eigenen
Kindern."

Das Äußerste in Bewunderung der Union leistete
der englische Flottensachverständige T. A. Brassey, als
er Mitte 1904 versicherte, in zehn Jahren werde die
Oberseeherrschaft von England auf die Union überge=
gangen sein, weil die Union bedeutend mehr Linien=
schiffe baue als England.

Wie dem auch sein mag, das alte Europa steht der
jugendfrischen Union uneinig gegenüber. Die Meinung
der Unionspolitiker über Europa ist im Durchschnitt so
gering wie ihre Kenntnis europäischer Verhältnisse. In
ihren Augen ist Europa ein Land des Despotismus, wo
die Völker mit wenigen Ausnahmen in einer Art von
Knechtschaft leben. Für die Tatsache, daß in einer Republik

ebenso große politische und oft weniger wirtschaftliche
Freiheit herrschen kann als in einer Monarchie, hat man
drüben kein Verständnis. Die Überhebung wendet sich
gegen alle Staaten und Völker, die samt und sonders als
mehr oder minder rückständig angesehen werden.

Hand in Hand damit geht eine Geringschätzung der
europäischen Völker. Man sieht auf sie herab wie auf
Spanien, und es gibt in der Union gebildete Leute, die
im Ernste glauben, ein Expeditionskorps der Union ge=
nüge, um Deutschland zu erobern.

Unmittelbar nach den Siegen über Spanien erlaubte
sich das „New York Journal" des Herrn Politzer aus
Ungarn folgende Androhung:

„Es ist nicht unmöglich, daß ein Tag kommen wird,
wo es uns, der großen Republik, geeignet erscheint, unsere
auf unerschöpflichen Reichtum und Kraft gegründete
Autorität zur besseren Wohlfahrt der Menschheit in
Europa geltend zu machen. Unsere Macht wird mit den
Jahren zunehmen und nach einem halben Jahrhundert,
wenn unsere Bevölkerung dreihundert Millionen zählt,
ist Europa auf Gnade und Ungnade zu unseren Füßen.
Denn die Staaten, die unsere Union bilden, sind vereinigt,
die Staaten Europas dagegen sind getrennt, stehen sich
in ihren Interessen, Nationalstolz, Vorurteilen und so
weiter feindselig gegenüber ." Und weiter hieß es:
„die große Republik wird Europa peitschen, auf Ab=
schaffung der stehenden Heere, der Kriegsflotten dringen,
jeden Streit schlichten und den Krieg verbieten ."

Im Senat begründete Anfang 1901 Hawley, Mit=
glied des Heeresausschusses, die Notwendigkeit einer
größeren Heeresstärke mit der Möglichkeit, „daß wir
mit irgend einer europäischen Macht in Krieg verwickelt

werden. Wer kann's wissen. Dort drüben ist alles durch= einander, und man soll dort mit großer Eifersucht unseren Reden lauschen, daß wir den Dänen eine Insel abkaufen und andere Landerwerbungen machen wollen." Damals meinte Lodge, es sei für alle Fälle gut, ein starkes Heer zu besitzen. Daß ein Streit mit Europa zu einem Siege Amerikas führen werde, stand für ihn außer Zweifel.

Trotz der Uneinigkeit Europas geben sich manche Unionspolitiker den Anschein, als ob sie an ein geeinigtes Europa bereits glaubten. Im Senat sprach Lodge, ein Vertrauensmann des Präsidenten Roosevelt, am 27. Fe= bruar 1905, als es galt, Stimmung für die Flotten= vermehrung zu machen, von der Eventualität einer Koalition europäischer Großmächte gegen die Union, um sie in Stücke zu reißen.

Wird von den europäischen Mächten jede feindliche Absicht gegen Amerika bestritten, dann zieht man daraus den Schluß, Europa hege Furcht vor der Union und ihrer Macht.

Auf Grund der Monroelehre entwickelte die Union den Allamerikanismus. Als sie nach den Siegen über Spanien zum Bewußtsein ihrer Macht gelangt war und aus einem binnenländischen Staatswesen durch die An= gliederung Hawais, der Philippinen usw. sich zu einer Weltmacht aufgeschwungen hatte, ging sie zum Imperialis= mus über und steckte sich außer der Oberherrschaft über ganz Amerika noch weitergehende Ziele. Die Ernsthaftig= keit ihrer Politik bekundete sie durch starke Flotten= rüstungen.

Die nächsten Ziele des Imperialismus hat Herr Foß, der Vorsitzende des Marineausschusses im Repräsen= tantenhause, Anfang 1907 angedeutet. Während der

nächsten beiden Menschenalter werde sich die Entwicklung
der Union nach dem Süden, also nach Mittel= und Süd=
amerika, und über das Stille Meer hinaus, also nach
dem fernen Osten, richten. Die Geschichte dieser Ent=
wicklung wird nach der Versicherung des Herrn Foß noch
romantischer werden als die Völkerwanderung quer durch
die Union von 1850 bis 1895.

Auf dem Stillen Meer will die Union als größter
und entwicklungsfähigster Uferstaat mit dem wertvollsten
und eisenbahnreichsten Küstenbesitz die Oberseeherrschaft
erringen und in Ostasien die tonangebende Macht werden.

Schon im Jahre 1900 hatte Senator Beveridge er=
klärt: „Der Stille Ozean ist unser Meer!" Dieser Aus=
spruch erlangte die Billigung der leitenden Kreise. An=
fang Mai 1903 äußerte Präsident Roosevelt: „Im Laufe
des neuen Jahrhunderts muß das Stille Meer unter
den Einfluß der Union kommen, der allein die Herr=
schaft darüber gebührt!"

In einer Rede zu San Franzisko vom Mai 1903
sprach Präsident Roosevelt nicht mehr vom Stillen Meer,
sondern von dem „Amerikanischen Ozean".

Nach Roosevelt haben viele Politiker, wie noch im
Frühjahr 1907 der Vorsitzende des Flottenausschusses im
Repräsentantenhause, die Eroberung des Stillen Meeres
verlangt, zunächst durch den Handel, nicht durch das
Schwert. Zu diesem Zweck müsse die Union eine starke
Flotte auf dem Stillen Meere haben, damit jeder An=
griff auf sie zu einem äußerst gefährlichen Unternehmen
werde.

Und noch weiter gehen die Aspirationen der Unions=
politiker. Die Union soll mehr werden als eine Welt=

macht, sie soll die Weltmacht sein, das weltbeherrschende Reich, zunächst mit ihrem Geist als Schiedsrichter und Friedensstifter wie 1905 in Portsmouth, sie soll die mo= ralische und schließlich auch die politische Obergewalt über die Erde gewinnen.

Schon vor hundert Jahren versicherte Präsident Jefferson, daß die angelsächsische Rasse zur Herrschaft der Welt berufen sei. Roosevelt spricht nicht von der angelsächsischen Rasse, sondern von dem Amerikanertum, dem er die Weltherrschaft zuweist. Die Union von heute will sich nicht mit einer Weltstellung neben oder unter England begnügen, sie will die erste Rolle spielen. Die Union wird keinen Augenblick davor zurückschrecken, sagte W. P. Duffield in der „New Liberal Review" von 1902, gegebenenfalls England zu verdrängen und sich an dessen Stelle zu setzen, so englandfreundlich sie sich auch gebärden mag.

Mitte 1905 konnte man in der gelben Presse lesen, Roosevelt sei der rechte Mann, um den Yankeeboy zum Klassenprimus in der Völkerschule zu machen. Das ameri= kanische Volk erhalte nur die gebührende Stellung, denn es sei allen anderen Nationen weit überlegen.

In seiner Botschaft vom Dezember 1902 wies Roose= velt auf das unbegrenzte Gedeihen der Union hin und sagte: „Wir sind entschlossen, unsere zukünftige Rolle in der Welt zu einer noch größeren zu machen. Wir haben mit großen Problemen im Auslande zu tun."

Ende Oktober 1902 sprach er in Detroit die Hoff= nung aus, das amerikanische Volk zum mächtigsten auf Erden erstehen zu sehen. In Indianapolis sagte er kurz darauf, wir müssen notgedrungen die erste Geige spielen.

Wie die erste französische Republik, so hält sich die
Union für die einzig berufene Trägerin und Beschützerin
der Freiheit in Amerika und darüber hinaus und be=
rauscht sich an dem Gedanken: wir sind dazu bestimmt,
alle Völker zu befreien. Wir sind die Hüter und Beschützer
der Freiheit in der ganzen Welt. Wir werden allen
Völkern freie Regierungen und freie Einrichtungen ver=
mitteln, wir werden diese Welt regulieren in weiser,
freundschaftlicher und selbstloser Weise.

Zunächst dachte man dabei an Amerika. In seiner
letzten Botschaft sagte Mac Kinley: „Das amerikanische
Volk, fest verschanzt hinter der Freiheit, nimmt seine
Freiheitsliebe überall mit hin, wo es auf der Welt er=
scheint, und verstößt als irrig und verächtlich die Lehre,
nach der es heißt: „Wir gehen unserer eigenen Frei=
heiten verlustig, indem wir der Freiheit der anderen
dauerhafte Grundlagen sichern." Unsere Einrichtungen
leiden keinen Schaden, wenn sie sich räumlich ausdehnen.
Weder die großen Entfernungen noch das tropische Klima
vermögen den ihnen innewohnenden Freiheits= und Ge=
rechtigkeitssinn zu schwächen. Unsere Nation wird zeigen,
daß sie fähig ist, jeden neuen Staat zu verwalten, der
ihr zufällt. Von der Furcht Gottes geleitet, werden die
Amerikaner jede Gelegenheit ergreifen, um den Ausspruch
Tennysons zu bewahrheiten: „Er setzte die Grenzen der
Freiheit noch weiter hinaus."

Diesen Äußerungen und Auffassungen fehlt, so scheint
es, durchaus der animus injuriandi, dahinter steckt viel=
mehr ein naives Überselbstbewußtsein. Als Oberwelt=
macht will die Union mit ihrem Geist alle Völker ge=
winnen und keine Mühen und Kosten scheuen, um Kriege
zu verhüten und dem Weltfrieden zu gebieten.

Diese Auffassung brachte Herr Carnegie zum Ausdruck, als er bei der Gründung des Stahlröhrentrusts verkündete:

„Amerika beherrscht die Welt mit seinen Stahlerzeugnissen. Es diktiert heute unmittelbar oder mittelbar die Preise aller Eisen- und Stahlwaren sämtlicher zivilisierten Länder. Die amerikanische Stahlindustrie ist trotz höherer Löhne infolge des Reichtums an Erzen und Kohle sowie durch ihre ausgezeichneten und praktischen Erzeugungsmethoden und die Konzentrierung der ineinander greifenden Betriebe heute nicht nur in der Lage, sich jede fremde Konkurrenz auf dem amerikanischen Festlande vom Halse zu halten, sondern auch mit allen europäischen Ländern, das älteste stahlerzeugende England und das gewaltig fortgeschrittene Deutschland inbegriffen, erfolgreich zu konkurrieren. Ich kenne die Verhältnisse auf beiden Seiten des Ozeans genau und habe sie erst neuerlich wieder gründlich studiert; ich bin fest davon überzeugt, daß die Vereinigten Staaten in fünfundzwanzig Jahren mehr Stahl und Stahlwaren erzeugen werden, als die ganze übrige Welt zusammengenommen. Wir werden die besten und billigsten Gewehre, die besten und billigsten schnellfeuernden Geschütze, die besten, billigsten und schnellsten Dampfer der Welt haben und dadurch früher oder später der Welt den Frieden gebieten. Es wird der Stahl, der die Kriege der Neuzeit so blutig, fürchterlich und entsetzlich machte, dem Kriege den Krieg zu erklären, den Krieg besiegen und aus der Welt schaffen. Das ist der Gruß der Union an das neue Jahrhundert."

Auf Grund ihrer beneidenswert günstigen geographischen Lage zwischen zwei Meeren, im Besitze

weitester Bewegungsfreiheit, ohne eifersüchtige oder ge=
fährliche Nachbarn und als Vormacht Amerikas hat die
Union einen gewissen Anspruch auf eine umspannende
Weltstellung. Das verhältnismäßig schmale Atlantische
Meer, von Humboldt mit einem Tal verglichen, erleichtert
ihr jedweden Verkehr mit Europa, dem sein Schwer=
punkt ohnehin zuneigt. Hier nähern sich die Küsten an=
einander, während sie auf der anderen Seite durch die
gewaltige Breite des Stillen Meeres und noch mehr durch
die Rassengegensätze auseinander gehalten werden. Auf
den beiden größten und wichtigsten Meeren des Erdteils
kann die Union ihre Schiffe entsenden, ihre Interessen
durchsetzen und sich zu einer Weltmacht ersten Ranges
entwickeln, wenn sie sich eine entsprechende Kriegsflotte
schafft.

Die Großsprecherei der Union ist nicht leicht zu
nehmen, so lange sie von einem Mann der Tat, wie
Präsident Roosevelt, geführt wird. Oft hat er gemahnt,
keine Worte zu brauchen, die man nicht bereit sei, mit
Taten zur Geltung zu bringen.

Meisterhaft versteht es Roosevelt, das Volk hinzu=
reißen, das Selbstbewußtsein anzufachen und den Wage=
mut anzuspornen.

Er ist der eifrigste Befürworter der Erhebung der
Union zu einer Seemacht ersten Ranges. Er will die
stärkste und beste Flotte der Welt schaffen. Er betrachtet
die Flottenvermehrung als den Hebel der amerikanischen
Weltpolitik. Mit unermüdlichem Eifer hat er die Be=
deutung der Flotte vorangestellt und ihre Verstärkung
mit der ganzen Kraft seiner Persönlichkeit gefordert.
Zahllose Aussprüche von ihm liegen vor. Nach der Ver=
nichtung der russischen Flotte durch die Japaner erklärte

er: „Eine Flotte erster Klasse, jeder gegnerischen Ver=
bindung gewachsen, ist die sicherste und billigste Bürg=
schaft des Friedens. Die Union muß die Flotte auf dem
höchsten Punkt der Leistungsfähigkeit erhalten oder sie
muß aufhören, danach zu streben, eine große Nation zu
sein. Die Union ist durch ihre Machtstellung dazu ver=
pflichtet, ihre Flotte aktionskräftig zu erhalten, damit
für keinen Feind eine Aussicht besteht, sie zu demütigen.
An der Marine Abstriche zu machen, ist ein Verbrechen
gegen die Nation. Von der Kriegsflotte hängt das Wohl
und Wehe der Union ab. Zu Lande ist sie unbesiegbar.
Nur auf dem Wasser kann sie geschlagen werden."

Marinesekretär Morton sagt am 8. November 1904:
„Im Weißen Hause zu Washington waltet ein Mann,
der für uns den Besitz der besten und stärksten Flotte
der Welt anstrebt."

„Eine starke Kriegsflotte ist notwendig," versicherte
derselbe Marinesekretär im Londoner „Standard" von
1905, „da die modernen Kriege durch Flotten entschieden
wurden und da diejenige Macht die stärkste ist, die auf
der See herrscht."

Längst gehen die Flottenrüstungen der Union über
das Maß dessen hinaus, was zu ihrer Verteidigung er=
forderlich ist. Die Ausgaben der Union für die Kriegs=
flotte stiegen von rund 115 Millionen Mark in 1895/6
auf rund 420 Millionen Mark in 1907/8.

Nach einer oft gehörten Auffassung wird die Flotte
der Union praktisch verdoppelt werden, wenn einmal der
Panamakanal ausgebaut worden ist und einen raschen
Verkehr zwischen den beiden Meeren ermöglicht.

Diese Ansicht ist mehrfach bestritten worden, so im
Mai 1907 von dem Vorsitzenden des Heeresausschusses

im Repräsentantenhause. Nach der Vollendung des Pa=
namakanals werde das amerikanische Mittelmeer ein
internationaler Verkehrsmittelpunkt werden. Vor allem
müßten sich Handel und Schiffahrt der Union entwickeln,
und deshalb sei dort eine verstärkte Flotte erforderlich.

Ende 1901 verlautete, die Union wolle Kohlen=
stationen auch an den südamerikanischen Küsten, ja sogar
rund um die Erde anlegen. Doch hat sie davon Abstand
genommen.

Auf einem Kriegervereinsessen vom Oktober 1906
äußerte ein sonst so einsichtsvoller Mann wie der da=
malige Flottensekretär Bonaparte: „Man gebe uns drei
Monate Zeit und wir brauchen uns vor keinem Bünd=
nis von Mächten zu fürchten, man gebe uns sechs Monate
und jede Gefahr ist vorüber."

Inzwischen hält die gelbe Presse Umschau in der
Welt, ob nicht irgendwo der Union ein Nebenbuhler er=
stehen könnte. In Betracht zieht sie nur England, Ruß=
land, Japan und Deutschland. Frankreich, Italien,
Österreich=Ungarn usw. werden für minderwichtig ange=
sehen. Mit England hofft man unter allen Umständen
auszukommen, wünscht aber keinesfalls dessen Macht=
stärkung. Die Niederlagen Rußlands in Ostasien riefen
in der Union zwar große Freude hervor, aber die Siege
Japans trübten diese Freude.

Deutschland wird von der gelben Presse wegen seiner
angeblichen Kolonisationsgelüste in Südamerika ange=
feindet, außerdem aber auch als ausdehnungslustige, all=
zustark gewordene Vormacht des europäischen Festlandes,
als ein unbequemes Hindernis für das Streben der Union
nach Weltherrschaft. Selbst in hohen politischen und mili=
tärischen Kreisen der Union gab man um die Wende

des Jahrhunderts vor, an einen Krieg gegen Deutschland zu glauben.

Den Anregungen und Bemühungen des Deutschen Kaisers ist es gelungen, die Verstimmungen zurückzudrängen, die eine Zeitlang zwischen Deutschland und der Union bestanden und in der Presse der Union besonders durch englische Einflüsse genährt und verschärft wurden. Interessengegensätze zwischen Deutschland und der Union sind nicht vorhanden und nicht zu besorgen, schon weil Deutschland in Amerika keine Kolonien besitzt.

Seit der Zuspitzung des Verhältnisses zu Japan ist in der Union das Gerede von der europäischen und von der deutschen „Gefahr" vollends in den Hintergrund gerückt worden. Man spricht nur noch von Japan und der gelben Gefahr, und wird zu ihrer Abwehr auf die Dauer eine gänzlich veränderte Frontstellung einnehmen müssen.

Das Verhalten der Unionspolitiker zu der übrigen Erde hat eine gewisse Ähnlichkeit mit der Stellung, die englische Politiker früher und vielleicht noch jetzt zu dem europäischen Festlande einnahmen. Wie diese englischen Politiker, so wünschen die Unionspolitiker in bezug auf die nichtamerikanische Erde ein gewisses Gleichgewicht herbei und nicht etwa das Erstehen einer hervorragend starken Konkurrenzmacht, damit sie selbst die Entscheidung in den Streitigkeiten zwischen mehr oder minder mittelstarken Staaten in der Hand behalten. Immerhin sind die Unionspolitiker harmloser als die englischen. Wie erinnerlich, hat England oft in die Händel der europäischen Festlandsstaaten sich eingemischt, die Gegensätze verschärft und kriegerische Verwicklungen geschürt, aus denen es als tertius gaudens Vorteile zog. Von der-

artigen Einmischungen haben sich die Unionspolitiker,
wenigstens gegenüber Europa, vorläufig fern gehalten
und sich damit begnügt, Hoffnungen und Wünsche
zu hegen, die auf eine allgemeine Schwächung aller nichtamerikanischen Staaten hinausliefen. Insbesondere haben
die Unionspolitiker andere Staaten nicht zu Kriegen gegeneinander angereizt, um sie zu schwächen und dabei zu
erstarken.

Bricht aber einmal ein europäischer Krieg aus, dann
wird die Union sich dazu berufen fühlen, den Schiedsrichter oder, freundlicher gesagt, den Friedensstifter zu
spielen.

Gegen den Imperialismus und den Weltmachtsdrang
der Unionspolitiker sind drüben ernste und gewichtige
Einwände erhoben worden, ohne indessen den Beifall der
Mehrheit oder auch nur stärkeren Anklang zu finden.
Immerhin deuten die erhobenen Bedenken an, welche Gefahren der Imperialismus der Union mit seiner Weltmachtspolitik bei weiterem Fortschreiten zu besorgen hat.

Einzelne politische Doktrinäre beklagten die Ver-
letzung der Monroelehre durch die Besitzergreifung der
Philippinen und durch die Einmischung der Union in
Ostasien.

Darüber hat man sich leicht hinweggesetzt. Die
Monroelehre beziehe sich ausschließlich auf das gegenseitige Verhältnis zwischen Europa und Amerika, lasse
der Union demnach völlige Bewegungsfreiheit, um sich
an den Bestrebungen aller Nationen zur Verbreitung der
Zivilisation auch im fernen Osten zu beteiligen.

Diese Auffassung ist von Kapitän Mahan in Jahre
1903 des näheren begründet worden. Er anerkannte,
daß die Monroelehre die Nichteinmischung der Union in

die Angelegenheiten der europäischen Mächte einschließt,
er räumte ferner ein, daß unter Europa nicht bloß dieser
Erdteil im engeren Sinne zu verstehen sei, er erstreckte
die Pflicht der Nichteinmischung auch auf solche Gebiete,
wo sich durch Nachbarschaft, Geschichte oder Besitz ein
Vorrecht europäischen Einflusses und europäischer In=
teressen begründet hat, d. h. auch in Afrika, in der
Levante und Indien mit den dazwischen liegenden
Ländern. Dagegen nahm er Japan, China und das
Stille Meer von der Rückwirkung der Monroelehre aus.
Dort habe die Union sich einmischen können, ohne aus der
Monroelehre bei ehrlicher Auslegung hinauszugehen.

Läßt man diese Auffassung gelten, obwohl sie will=
kürlich ist und bestritten werden kann, so bleibt noch
immer die Tatsache bestehen, daß die Union Ende der
neunziger Jahre und später durch ihr Einschreiten zu=
gunsten der Armenier in der Türkei, zugunsten der Juden
in Rußland und Rumänien in europäische Angelegen=
heiten eingegriffen und die Grenzen der Monroelehre
überschritten hat.

Nachdem die Union Weltmacht geworden, meinte
Cary Coolidge im Aprilheft der „Revue de Paris" von
1907, sei es zweifelhaft, ob sie sich auf die Dauer der
Einmischung in rein europäische Angelegenheiten ent=
halten könne. In der Tat ist die Union als Weltmacht
über die Monroelehre hinausgewachsen und genötigt, über=
all da einzugreifen, wo ihre Interessen in Frage stehen.

Noch weiter ging der Senator H. Cabot Lodge, der
anläßlich der Algecirask onferenz ausführte, daß es keines=
wegs der Monroelehre widerspräche, „wenn die Ver=
einigten Staaten mit europäischen Mächten Verträge
schlössen, die Handel und Schiffahrt beträfen, oder die

die Bedingungen der Kriegsführung verbesserten oder den Weltfrieden förderten." Dazu bemerkt Dr. Hans Plehn in seinem inhaltvollen Buch „Nach dem englisch=japani= schen Bündnis" (Berlin 1907), das diese und andere weltpolitische Fragen sachkundig erörtert: „Das ist nun schon ein ziemlich weites Programm; denn welche politische Aktion ließe sich schließlich nicht unter dem Gesichtspunkte betrachten, daß sie den Weltfrieden förderte?"

Um für alle Fälle gesichert zu sein, hat George H. Bates, ein Bevollmächtigter der Union auf der Berliner Samoakonferenz, die Grenzen der Monroelehre auf das Ausgiebigste erweitert und ihren Anhängern in seiner Schrift „Einige Streiflichter zur Samoafrage" nachge= wiesen, daß die Monroelehre den europäischen Mächten nicht allein Eroberungen in Amerika verwehrt, sondern überhaupt alles, was den Frieden und die Sicherheit Amerikas gefährden könnte. Nach dieser Auslegung be= hält die Monroelehre der Union das Recht vor, sich überall einzumischen, wo es ihr zweckmäßig erscheint.

Somit wäre der Union jeder Erweiterungsdrang ge= stattet, nötigenfalls auch in der von ihr gegründeten Negerrepublik Liberia in Afrika, während allen übrigen Mächten dieselbe Bewegungsfreiheit zunächst in Amerika, später aber auch in etwaigen anderen Interessengebieten der Union versagt bliebe.

Einen Vorstoß gegen die Monroelehre unternahm im Herbst 1906 Professor Burgeß von der Columbia= Universität in New York, der erste Austauschprofessor in der Union, der an der Berliner Universität Vor= lesungen hielt. Er erklärte die Monroelehre für ver= altet und für unnütz nach der Reorganisation der euro= päischen Völker und angesichts der Großmachtstellung der Union, erweckte aber in seiner Heimat entschiedenen Widerspruch.

In seinem Buche über „Amerikanische Fragen der Diplomatie" beklagte John C. Henderson die Entwicklung der Monroelehre zu einer Art Fetisch für nationale Anbetung. Die Regierung der Union sollte als Wächter und Beschützer ganz Amerikas anerkannt, jede europäische Kolonisation irgendwelcher Art ausgeschlossen werden. Aus einem Recht des Selbstschutzes soll sie zu einem Recht für die Erweiterung der Union erweitert werden, Kuba und andere westindische Inseln zu nehmen und den mittelamerikanischen Kanal als einen Kanal der Union auf fremdem Boden zu bauen. Henderson fürchtete für die Zukunft Gefahren aus der Monroelehre. Je mächtiger die Union und je unersättlicher ihre Eroberungspolitik werde, desto maßlosere Forderungen erhebe sie auf Grund der Monroelehre. Mit der Zeit müsse sie allzuoft zur Rechtfertigung von Handlungen dienen, an die der Urheber der Monroelehre nicht im entferntesten dachte. Kein Kulturstaat werde die Erweiterung der Monroelehre anerkennen oder sie im Interesse der Sicherheit der Union für geboten erachten. Wäre die Union berechtigt, jede fremde Kolonisation in Amerika zu hindern, so hätte sie auch das Recht, Kanada zu nehmen, daß die Union auf einer ununterbrochenen Grenzlinie von 5000 Kilometern bedrohe. Die Monroelehre sei inhaltslos geworden, seitdem keine Macht mehr das Gebiet der Union gefährde. Die Monroelehre übe einen bösen Einfluß auf das amerikanische Urteilsvermögen und setze es außer stand, etwaige Gefahren an den gegenwärtigen Verhältnissen abzumessen.

Auch Henry Watterson vom „Courier Journal" in Louisville, ein demokratischer Führer, wies Ende 1902

darauf hin, daß die Voraussetzung der Monroelehre als
Schutzwehr gegen Europa gar nicht mehr vorhanden sei.
Die Union möge Mittelamerika mit dem Panamakanal
nehmen, dagegen Deutschland und England in Südamerika
gewähren lassen. Durch europäische Siedelungen in Süd=
amerika würde die Union nicht bedroht. Die Union
brauche Märkte und solle ihre auswärtige Politik nach
gerechten Grundsätzen von Geben und Nehmen, Leben
und Lebenlassen umformen.

Roosevelts Gegner bei der Präsidentschaftswahl von
1904, der Richter Parker, bekämpfte in Übereinstimmung
mit einer großen Volksminderheit die neue Lehre, wonach
die Amerikaner eine militärische Nation seien, mit dem
Beruf, auf Eroberungen auszugehen. Nach den Über=
lieferungen der Väter soll Amerika ein Zufluchtsort für
die Bedrückten der ganzen Erde sein. Will die Union
auf andere Länder günstig einwirken, so soll sie nicht
Kriege führen und Annektionen verüben, wie auf den
Philippinen, sondern wie ehedem für die Selbstregierung
eintreten, sie soll sich nicht in die Streitigkeiten anderer
Länder einmischen und als Großmacht überall dabei sein
wollen. Parker wünschte Frieden mit aller Welt, wies
den Chauvinismus zurück und verlangte die peinliche
Achtung der Rechte anderer Nationen. Die „Politik der
Abenteuer" wurde verurteilt. Aber die Volksabstimmung
entschied für Flottenvermehrung und Imperialismus.

Auch die Allamerikanisten im engeren Sinne äußerten
Bedenken. Besser als durch Flottenrüstungen ließe sich
nach ihrer Meinung Allamerika sichern durch die all=
amerikanische Eisenbahn, mit deren Hilfe Truppen nach
allen Richtungen hin, namentlich nach Südamerika, ge=
worfen werden könnten, falls ein feindlicher Angriff von

europäischer Seite zu befürchten wäre. Allein diese All-amerikanisten sind längst überflügelt worden.

Als Karl Schurz sich Ende 1893 gegen den Imperialismus wandte, rechnete er zu seinen Folgen und Gefahren die Angliederung Kubas, San Domingos, Portoricos und der anderen Inseln, weil sie alle eine beherrschende Lage für den Handel der Union haben, weil sie ihr alle bedrohlich erscheinen, wenn sie in fremdem Besitz verbleiben. Segeln wir erst einmal in diesem Fahrwasser, sagte Schurz, so werden wir kaum nördlich des Meerbusens von Darien Halt machen und eine Unmenge von Gründen haben, um selbst dort nicht stehen zu bleiben.

Nachdrücklich bekämpfte Karl Schurz im Jahre 1898 die Besitzergreifung Kubas und der Philippinen. Er be-fürchtete als Folge die Eroberung der mittelamerikani-schen Staaten und Mexikos, weil es auf der schiefen Ebene des Imperialismus kein Halten mehr geben würde. Er riet dazu, sich mit Handelsbegünstigungen zu begnügen, er rief den Stolz der Amerikaner an. Welchen unsterb-lichen Ruhm würde die Nation bei allen Völkern sich erwerben, wenn sie ihre ungeheure Macht nicht miß-brauche und den Inseln die Freiheit geben wollte. Da-durch werde die Macht der Union unwiderstehlicher werden, als eine zehnfache Verstärkung der Flotte. Eine große Flotte ist nach der Auffassung von Schurz ein gefährliches Spielzeug für die Union, da sie dazu verlocke, Meinungs-verschiedenheiten mit auswärtigen Regierungen durch Waffengewalt auszutragen. Schon in der damals vor-handenen Kriegsflotte beklagte Schurz ein Anzeichen der Tendenz zu chauvinistischer Ausdehnungspolitik.

Endlich befürchtete Schurz die Verkümmerung demo-

kratischer Einrichtungen in tropischen Breiten, die Ent-
artung der germanischen Rasse daselbst, die Schwierig-
keit der Einfügung tropischer Länder in den Verband der
Union. Aber er predigte tauben Ohren.

Am bedeutsamsten waren die Warnungen des früheren
Staatssekretärs John Hay. Bei Lebzeiten galt er als
Imperialist. Aber Mitte 1905 veröffentlichte der „Sun"
einen Brief aus seinem Nachlaß. Darin mißbilligte Hay
die Übernahme der Finanzverwaltung San Domingos,
die die Grenzen des Zulässigen weit überschreite, wandte
sich gegen die ganze Erweiterungspolitik der Imperialisten
und erklärte, es sei am besten, wenn sich die Union mit
Mittel- und Südamerika überhaupt nicht mehr befasse!

Alle diese Bedenken fanden bei den Wahlen nur die
Zustimmung von Minderheiten und kamen nicht zum
Durchbruch.

In der öffentlichen Meinung der Union hat sich unzweifelhaft eine einschneidende Wandlung vollzogen.
Deutlich tritt diese Wandlung hervor, wenn man liest,
was Andrew Carnegie in seinem Buch über „Amerika,
ein Triumph der Demokratie" vom Jahre 1886, der
Union nachrühmte: „Kein Land habe eine Lage, die so
sehr die Versuchung einer aggressiven Kriegsführung nahe
lege, wie die Union. Wäre sie von einem Monarchen
geleitet, so würde er den Militarismus hervorrufen,
stehende Heere und zahlreiche Kriegsschiffe schaffen und
das Land in endlose Streitigkeiten verwickeln. Dergleichen hielt damals Carnegie in bezug auf die Union
für ganz undenkbar. Mehrfach sei die Union auf Streitigkeiten eingeschritten, aber an die Besitzergreifung des betreffenden Landes habe sie nie gedacht. Damals (1885)
waren an einem Punkt der Panamaeisenbahn Unruhen

ausgebrochen. Von der Union wurden sie unterdrückt.
Dann zog die Union ihre Streitkräfte zurück. Welch ein
Gegensatz zu dem monarchischen England, das sich kurz
vorher aus ähnlichem Anlaß am Suezkanal eingemischt
und sich dort festgesetzt hatte. So rief damals Herr
Carnegie, der inzwischen Imperialist geworden ist und sich
durchaus befreundet hat mit der Tatsache, daß die Union
sich schließlich am Panamakanal dieselbe Stellung erobert
hat wie England am Suezkanal. Niemals werde die
Union Bahnen betreten, sagte damals Herr Carnegie, die
unvermeidlich zu Kriegen führen müssen, niemals sich in
die Angelegenheiten anderer Länder einmischen. Noch
heute besitzt die Union weder eine Monarchie noch eine
Aristokratie. Es besteht kein Mangel an Landgebiet für
ihren Bevölkerungszuwachs und dennoch ist sie zu jener
Politik des Imperialismus und Militarismus überge=
gangen, die Carnegie damals als eine ausschließliche
Eigentümlichkeit der Monarchien brandmarken zu können
glaubte, heute aber unterstützt und rechtfertigt.

Seit einer Reihe von Jahren beherrscht in der Union
der republikanische Imperialismus die Massen. Wird
diese Herrschaft andauern? Wird der Imperialismus
zu weltpolitischen Wirren führen? Kann die Union jene
Kriegstüchtigkeit entwickeln, die man von ihr vielfach er=
wartet oder befürchtet? Läßt sich ihre Bevölkerung zu
einer disziplinierten, aufopferungsfähigen, kampfgeübten
im Frieden oder im Kriege selbst erziehen? Wird ihre
Abneigung gegen den Militarismus zunächst durch die
Flottenverstärkungen überwunden werden? Oder wird
der Imperialismus von einer Gegenströmung vorüber=
gehend oder dauernd abgelöst werden, wenn die Ausgaben
für Flotte und Heer weiter anschwellen?

In ihren auswärtigen Beziehungen haben Volks-
regierungen fast niemals Mäßigung gezeigt. Für die
Richtigkeit dieses Satzes hat die Union schon manche Belege beigebracht. Weniger als je läßt sich die alte demokratische Lehre aufrecht erhalten, wonach die Völker
von Natur friedliebend sind und nur die Fürsten die
Schuld tragen, wenn ein Krieg ausbricht. Als die Union
sich zu dem Kriege gegen Spanien vorbereitete, bestritt
ein freisinniges Blatt, die Berliner „Nation", die politische
Notwendigkeit dieses Krieges und schrieb in der Annahme,
er werde nicht erklärt werden: „Wir machten damit am
Ende des neunzehnten Jahrhunderts die Erfahrung, daß
der alten Frivolität der Kabinettskriege sich in unseren
Tagen die Frivolität der Kriege der demokratischen
Straßenpolitiker an die Seite stellt."

Die starke Stellung der Union wird wesentlich gehoben
durch die Uneinigkeit der europäischen Mächte. Diese
Uneinigkeit blieb bestehen während aller Vorgänge in
Amerika im Laufe des letzten Jahrhunderts, mochten sie
auch noch so empfindlich auf Europa zurückwirken. Eine
Beseitigung dieser Uneinigkeit ist nicht abzusehen. Das
Aufsteigen der Union wird die europäischen und süd-
amerikanischen Staaten zur Nacheiferung anspornen.
Starke Mächte werden sich neben der Union zu behaupten
wissen. Im fernen Osten ist eine solche Macht bereits
entstanden und hat die Union genötigt, ihre ungestüme
Erweiterungs- und Weltmachtspolitik zu mäßigen.

Inwieweit die vielbeklagte Geldkorruption in Parlament und Verwaltung die Kraftentwicklung der Union
nach außenhin nachteilig beeinflußt, kann erst die Zukunft lehren.

Bei Beurteilung der Menschen und Dinge in der

Union sind die Einflüsse der Parteitaktik nicht außer acht zu lassen. Mit der Politik der Ausdehnung, des Imperialismus, der Weltherrschaft gewinnt man leicht die Massen, und so treten ehrgeizige und tatkräftige Männer für diese Politik ein, darunter viele auch in leitender Stellung, die des nötigen Verantwortlichkeitsgefühls entbehren, wiewohl sie die Überzeugung haben mögen, nicht nur ihrer Partei, sondern auch zugleich dem Vaterlande zu dienen.

Wird der Imperialismus der Union mit seinem Militarismus und Marinismus die Demokratie nicht schädigen, nicht am Ende zerstören? Wird er die Union nicht gerade auf solche Bahnen führen, die nach ihrer Meinung die Rückständigkeit Europas verursachen? Wird er nicht schließlich eine gemeinsame Abwehr aller übrigen Völker herausfordern müssen, obwohl vorläufig dazu keine Aussichten vorhanden sind?

Die Union und England.

Das Verhältnis Englands zu der Union ist eigen
tümlich. So wie England der Union, steht etwa ein
ehrwürdiges Familienoberhaupt seinem Schwiegersohn
gegenüber, der sich selbständig gemacht, noch allerlei An=
sprüche an das Familiengut erhebt und sich gelegentlich
auf die Hinterfüße stellt. Von Zeit zu Zeit kommt es
zu Reibungen. Dann besinnt man sich wieder auf die
Familienverwandtschaft. Ein ernstes Zerwürfnis ist aus=
geschlossen. Aber der Schwiegersohn fühlt sich als der
Stärkere und ist sicher, daß er über kurz oder lang die
Erbschaft übernehmen wird.

Ein Rückblick auf die Beziehungen zwischen England
und der Union zeigt, wie die beiderseitigen Gefühle zu=
einander zwischen feindseliger Kälte und wärmster Ver=
brüderung geschwankt haben, zeigt zugleich, daß bloße
Sprachgemeinschaft und Rassenverwandtschaft zwar großen
Einfluß üben, aber Konkurrenzkämpfe und Eifersüchteleien
nicht zu unterdrücken vermögen.

In der Union kann man noch heute nicht die Haltung
der Engländer während des Bürgerkrieges von 1862 bis
1865 vergessen. Damals stand die ganze öffentliche
Meinung in England auf Seite der Sklavenhalter und
Gladstone glaubte die Unabhängigkeit der Südstaaten
bereits für gesichert annehmen zu können.

Dagegen sind in England die Sympathien für die Union merklich herabgestimmt worden nach dem Erwerb der Philippinen und durch die Überzeugung, daß in der Union die Begeisterung, die der Krieg gegen Spanien anfachte, nur erheuchelt war, um Eroberungszwecke zu verhüllen.

Während des Burenkrieges machte sich wieder in der Union eine stärkere Abneigung gegen England bemerkbar.

Die wirtschaftlichen Gegensätze zwischen England und der Union werden im allgemeinen überschätzt. Die allamerikanischen Zollverbandsbestrebungen mußten in England besonders beunruhigen, weil es von allen europäischen Völkern die größten Handels- und Kapitalsinteressen in Mittel- und Südamerika hat. Eine Rückwirkung der allamerikanischen ist in den später hervorgetretenen größerbritischen Zollverbandsbestrebungen zu erblicken. Sollten die beiden weitausschauenden Zollverbandspläne ihrer Verwirklichung näher geführt werden, so wäre allerdings eine erhebliche Verschärfung der vorhandenen wirtschaftlichen Gegensätze zu erwarten. Sir Charles Dilke erklärte einmal die Union, wenn sie sich mit Südamerika verbinde, für den gefährlichsten Konkurrenten Englands wie Deutschlands, ja ganz Europas und befürwortete eine Koalition gegen die Union.

Eine Quelle vielfacher und ernster Interessengegensätze ist für beide Reiche die Monroelehre. Mit ihren Rückwirkungen berührte sie England am meisten, das auch im Jahre 1827 dagegen Verwahrung einlegte. Schiemann hat einmal von der Geschichte der Monroelehre gesagt, sie sei die Geschichte der politischen Niederlagen Englands.

Tatsächlich hat England seit dem Aufsteigen der Union

eine Politik weitgehender Nachgiebigkeit bekundet, nament=
lich durch seinen Rücktritt von dem Bau des mittel=
amerikanischen Kanals und durch seine Zugeständnisse in
verschiedenen Streitigkeiten zwischen Kanada und der
Union, doch ist es ihm nicht gelungen, den leitenden
Politikern der Union in bezug auf die wichtigsten Fragen
die gleiche Nachgiebigkeit einzuflößen.

„Jeder wahre Patriot muß den Tag herbeisehnen,
wo nicht eine einzige europäische Macht auch nur einen
Fuß breit von unserem amerikanischen Boden inne hat."
Dieses Verlangen stammt aus den „Allamerikanischen
Idealen" Roosevelts und schlummert in den Herzen aller
Politiker der Union. Auch Kapitän Mahan sprach in
der „National Review" vom Februar 1903 die Zuversicht
aus, daß alle Besitzungen der europäischen Mächte auf
dem nordamerikanischen Festlande und in dessen Um=
gebung früher oder später der Union zufallen müssen.
Doch nicht mit Waffengewalt hofft man zum Ziele zu
kommen. Wie man annimmt, werden die europäischen
Besitzungen in Amerika eines Tages wie überreife Früchte
der Union in den Schoß fallen. Nur wenn England seine
amerikanischen Besitzungen hart behandeln sollte, halten
es die Imperialisten für eine Pflicht der Union, sich
ins Mittel zu legen.

Canada als europäische Kolonie erscheint vielen
Unionspolitikern wie ein Zeitverstoß und die Angliederung
dieses großen Gebiets an die Union nur eine Frage ab=
sehbarer Zukunft. Mit Bezug auf Canada äußerte Roose=
velt in seinem Buche über Amerikanismus: „Solange
ein Kanadier ein Kolonist bleibt, befindet er sich in einer
untergeordneten Stellung gegenüber seinem Vetter in
England und in den Vereinigten Staaten. Der Eng=

länder sieht doch eigentlich auf den Kanadier herab als auf einen, der seine untergeordnete Stellung zugibt, wie das auch nur natürlich. Der Amerikaner betrachtet seiner seits den Kanadier mit der gutmütigen Herablassung, die ein freier Mann für einen Mann fühlt, der nicht frei ist."

Zwischen Canada und der Union bestehen vielfach schon innigere Beziehungen als zwischen Canada und dem Mutterlande. Canadas Güteraustausch mit der Union ist umfangreicher als mit England. In den letzten Jahren war auch die Einwanderung von Menschen und Kapitalien aus der Union nach Canada größer als aus England. Gleichwohl ist in Canada die Strömung, die früher für den Anschluß an die Union bestand, zurück= getreten, und man schätzt dort vor allem die eigene Selb= ständigkeit. Canada wird der Union angegliedert werden, sobald es selbst das Verlangen danach äußert.

Als Staatssekretär Root 1907 Canada besuchte, fand er die liebenswürdigsten Worte für das Nachbarland und zugleich für England. Man blicke auf Canada nicht mit Eifersucht, sondern mit Bewunderung und Hoffnungen.

Nach der Vollendung des Panamakanals wird man in der Union unangenehmer als zuvor die englische Nach= barschaft im amerikanischen Mittelmeer verspüren. Eng= land hat sich auf Jamaika in Port Royal, auf den Bahama= und Bermudainseln starke Seefesten geschaffen.

Mahan nennt in seinem Werk über „das Interesse Amerikas an der Seemacht" Jamaika die entscheidende Stellung für die Überwachung der Landenge. Der west= indische Inselbesitz Englands sei ein Trittstein zur Über= wachung des ganzen vorliegenden Erdteils.

Im Frühjahr 1906 verlangte die Newyorker

„World" die Einverleibung Jamaikas wie der übrigen englischen Besitzungen in den Staatenverband der Union. Nach dem Erdbeben auf Jamaika vom Herbst 1906 forderte der Konsul der Union seine Landsleute auf, den günstigen Zeitpunkt zu benützen, um den Handel der Insel in ihre Hände zu bringen und die wirtschaftliche Abhängigkeit der Insel von der Union endgültig zu besiegeln. Damals klagten englische Blätter über den steigenden Einfluß von Angehörigen der Union auf Jamaika und besorgten den Verlust dieser Insel.

Die englischen Kolonien in Amerika bedeuten für die Union eine gewisse Einengung ihres Machtbereichs, Hindernisse in ihrem Streben nach Oberherrschaft über ganz Amerika und vor allem eine auf die Dauer unerträgliche Verneinung der Monroelehre.

Mißlingen mußte der Versuch, die Daseinsberechtigung der englischen Kolonien in Amerika theoretisch zu bestreiten. In einer Drahtmitteilung an den Botschafter der Union in London vom 20. Juli 1895 während des Venezuelastreites meinte Staatssekretär Olney, „daß die Entfernung von 3000 Seemeilen jede dauernde politische Verbindung zwischen einem politischen und einem amerikanischen Staat unnatürlich und unzweckmäßig macht." Diese Auffassung ist später von der Union selbst über den Haufen geworfen worden, als sie die Philippinen nahm, obschon sie von San Francisco 6250 Seemeilen entfernt liegen. Maßgebend für den Besitz von Kolonien sind nicht die Entfernungen, sondern die Verkehrsmittel und die Seegeltung.

Wiederholt wurde von englischer Seite eine Annäherung, ja sogar ein Bündnis mit der Union ange=

regt. In einer Rede vom 9. November 1899 sagte Lord
Salisbury den „lieben Vettern jenseits der Atlantic"
große Liebenswürdigkeiten. Er versicherte, daß die Sym
pathien zwischen ihnen beständig gewachsen seien, er be
grüßte den Eintritt der Union in die Weltpolitik als
eine Erleichterung für England.

Mitte 1905 meinte der damalige englische Premier
minister Balfour auf einem Essen zu Ehren des neuen
Gesandten der Union, die Union solle aus ihrer Isolierung
heraustreten und sich an der europäischen Politik be
teiligen. Er berief sich dabei auf die angelsächsische Soli
darität.

Um dieselbe Zeit hatte Senator Lodge, ein Ver=
trauensmann des Präsidenten Roosevelt, eine Reise nach
England und Frankreich gemacht und war mit großer
Begeisterung für beide Länder zurückgekehrt. Damals
wurde auch in der Union viel von einer Verbrüderung
mit England gesprochen und geschrieben. In Heer und
Flotte der Union, bei den oberen Zehntausend und an
der Börse, vor allem aber in der gelben Presse, nament
lich soweit sie unter englischem Einfluß steht, kamen oft
mehr oder minder lebhafte Sympathien für England zum
Ausdruck.

Allein die englische Annäherung fand in der Union
nicht das genügende Entgegenkommen. Aus alter Über
lieferung erhob man Widerspruch gegen jede Bündnis
politik. Von der demokratischen Presse wurde geltend
gemacht, England und Frankreich seien die ungeeignetsten
Teilhaber, weil beide nur an sich dächten und mit Hilfe
der Union nur ihre Herrschaft in Afrika und Asien weiter
ausdehnen wollten. Die Engländer hätten der Union
immer nur dann Freundschaft erwiesen, wenn sie ihre

Hilfe benötigten, sonst aber stets Unannehmlichkeiten bereitet. Was könne England der Union bieten?

Unmittelbar vor seinem Tode veröffentlichte der
frühere Präsident Harrison in der „North American
Review" (Februar 1901) unter dem Titel „Nachdenkliches
über Tagesfragen" eine Art von politischem Testament
und warnte darin vor dem damals viel erörterten Ge-
danken eines angelsächsischen Bündnisses zur Beherrschung
der Erde, insbesondere vor zu großer Freundschaft mit
England. Wohl hielt er ein Freundschaftsverhältnis mit
England für wünschenswert, schon im Hinblick auf die
Gemeinsamkeit der Sprache, vieler Einrichtungen usw.
Man dürfe aber daraus nicht folgern, daß die Sympathie
Amerikas jeder englischen Regierung gehören müsse.
Amerika schulde den Engländern keine Dankbarkeit.
Wenn man das Fazit der Zeit von 1774 bis 1898 ziehe,
so werde sich wenig Veranlassung zur Dankbarkeit für
Amerika finden, wohl aber vieles, das man lieber ver-
gesse als sich daran erinnere. Der Historiker könne vor
dem spanisch-amerikanischen Kriege von 1898 auch nicht
ein einziges Beispiel finden, wo englische Anmaßung sich
durch Freundschaft zu Amerika oder selbst nur durch
sympathische Haltung für die Union zu Zeiten der Not habe
bewegen lassen.

Harrison erinnerte an die feindselige Haltung Englands im Bürgerkriege. Damals habe sich englische Hab-
sucht über Blutsverwandtschaft, Überlieferung und Menschlichkeit hinweggesetzt, um aus den Baumwollstaaten Vorteile zu ergattern. Fast sei es damals zu einem offenen
Bündnis zwischen England und den Südstaaten gekommen.

Weitaus die stärksten Gegner eines jeden Zusammen-
gehens mit England sind in der Union die Iren, diese

alten erbitterten Feinde der Engländer. Nach ihrer Angabe zählen sie in der Union 18 Millionen Köpfe. Ent-
scheidend ist ihr Einfluß bei den Wahlen. Aus ihren
Kreisen sind zum großen Teil berufsmäßige und die ge-
schicktesten Politiker hervorgegangen. Die Iren üben in
26 der wichtigsten Staaten der Union ein politisches Übergewicht. Im Senat waren sie oft ausschlaggebend. Schon
in dem Unabhängigkeitskriege soll die Hälfte des amerikanischen Heeres aus Iren bestanden haben. Wenn im
April 1898 ein Krieg zwischen der Union und England
anstatt mit Spanien ausgebrochen wäre, dann würden
sich, so schrieb im November 1898 die Newyorker Wochen-
schrift „Colliers Weakly", die irischen Amerikaner am
eifrigsten in Reih und Glied gestellt haben.

So oft in der Union ein Bündnis mit England befürwortet wird, erheben die Iren lebhaften Widerspruch.
Als während des Besuches der britischen Flotte Ende 1905
allerlei Verbrüderungsfestlichkeiten in der Union abge-
halten wurden, veranstalten die Iren laute Gegen-
kundgebungen. Damals war in der Presse zu lesen, daß
es zur Verkündung eines Bündnisses zwischen England
und der Union gekommen wäre, wenn die Iren nicht
so entschiedenen Einspruch dagegen erhoben hätten.

Anfang 1907 wurde sogar von den Iren ein Zusammengehen mit den Deutschen gegen diesen Bündnis-
gedanken angeregt. Stille Verbündete zu diesem Zweck
sollen sie nach irischer Versicherung längst gewesen sein.
Während des Burenkrieges leiteten sie gemeinsam Sammlungen für die Buren ein. England ist gar nicht das
Mutterland der Union, schrieb die „National Hibernian"
Ende 1905: „Ganz Europa hat ein Anrecht auf diese
Bezeichnung, aber Deutschland und Irland haben mehr

Menschen herüber geschickt und haben mehr zum Aufbau
der Vereinigten Staaten beigetragen, als alle anderen
Länder zusammengenommen. Mehr als die Hälfte der
Bewohner dieser Republik haben heute irisches oder
deutsches Blut in ihren Adern, und das amerikanische
Volk sollte, anstatt fälschlich als anglo-sächsisch angesehen,
deutsch-irisch genannt werden." Tatsächlich beruht der
Aufbau des Mischvolkes der Union wesentlich auf der
deutschen und irischen Einwanderung.

Nirgends kennt man besser als in England den großen
Einfluß der Iren in der Union auch auf die äußere
Politik. Alle Bestrebungen der englischen Politiker, sich
die starke Union zum Freunde zu machen, haben keine
Aussicht auf Erfolg, solange die Iren in der Union die
Todfeinde der Engländer bleiben. Nicht zuletzt mit Rücksicht darauf bewilligte man in England die Landbill für
Irland. Man hoffte durch Beseitigung der Gegensätze
zwischen Irland und England auch die Beziehungen mit
der Union zu verbessern. Indessen ist dieses Ziel nicht
erreicht worden und scheint überhaupt unerreichbar zu
sein. Denn die Iren ähneln auch darin den Polen,
daß sie niemals zu befriedigen sind. Je größere Zugeständnisse man ihnen macht, desto weitergehende Forderungen stellen sie. Durch die Landbill sind die Iren
weder in Irland noch in der Union zufriedengestellt
worden. Ende 1904 beschloß der Vereinigte Irenbund
von Nordamerika, das alte Ziel, die nationale Unabhängigkeit Irlands unverrückt im Auge zu behalten und
das Recht Irlands auf ein eigenes, unabhängiges Parlament entweder durch Abstimmung oder durch das
Schwert zu behaupten.

Entschiedene Feinde eines Bündnisses der Union mit

England sind selbstverständlich die Deutsch Amerikaner, weil die Spitze eines solchen Bündnisses sich unmittelbar gegen das alte Vaterland richten würde. Als Anfang 1905 das Bündnis wieder lebhaft erörtert wurde, drohten große deutsch amerikanische Zeitungen mit dem Übergang aller Wähler deutscher Abstammung in das gegnerische demokratische Lager.

Auch unter den Imperialisten der Union besteht keine Neigung, sich brüderlich mit England in die Weltherrschaft zu teilen, weil man sich stark genug fühlt, selbst die Weltherrschaft zu übernehmen.

Ein Stein des Anstoßes sind für England die Flottenrüstungen der Union. England benötigt eine starke Flotte, um seinen ausgedehnten Seehandel, seinen Kolonialbesitz und vor allem die Bevölkerung des Mutter landes vor der Gefahr des Ausgehungertwerdens zu schützen. Zu welchem Zweck will sich die Union eine große, ja noch eine stärkere Flotte als England schaffen? Commander Bradley A. Fiske antwortete auf diese Frage in einem preisgekrönten Aufsatz der „Proceedings of the United States Naval Institute" vom März 1905: „Um eine ebenso hohe Stellung zu erlangen, wie sie sich England mit Hilfe seiner starken Flotte errungen hat, um die ganze, in höherem Maß den Krieg heraus fordernde Politik der Union zugunsten des Volkes zu unterstützen."

Die Flottenrüstungen der Union sind bedeutend um fangreicher und kostspieliger als die deutschen und mit ihren letzten Zielen geeignet, die englische Oberseee herrschaft zu gefährden. Nach englischer Auffassung ver trägt das Meer nur einen Herrn, dieser Herr muß Eng land sein und bleiben. Für die Oberseeherrschaft will

England bis zum äußersten kämpfen und mit ihr stehen oder fallen. England ist deshalb eifersüchtig gegen die Flottenrüstungen anderer Mächte, weil dadurch seine Oberherrschaft beeinträchtigt werden muß. In der ersten Hälfte des neunzehnten Jahrhunderts hat England so= gar das Aufkommen anderer Seemächte zu verhindern gewußt. Nur vor den Flottenverstärkungen der Union verschließt es die Augen und macht gute Miene, ob= wohl man sich in England klar sein muß, daß die Union noch weit selbständiger und rücksichtsloser als bisher vorgehen wird, auch gegenüber England, wenn es ihr gelungen ist, sich eine Kriegsflotte von ausreichender Stärke zu schaffen.

Die Aspirationen der Unionspolitiker sind zunächst auf das Stille Meer gerichtet. Ende April 1902 erklärte Schatzsekretär Shaw in Pittsburg, daß die Union die ganze westliche Halbkugel einschließlich der vom Stillen Meer bespülten Länder und Inseln überwachen wolle. Ameri= kanischer Wohlstand und amerikanische Tatkraft, dazu der Besitz von Hawai, von den Philippinen und vom Isthmus= kanal, sowie die größte Handelsflotte der Welt, die zu verlangen die Vereinigten Staaten bestrebt sein müßten, würden die Herrschaft im Stillen Meer von der britischen auf die amerikanische Flagge übertragen. Nach Voll= endung des Panamakanals kann die Union, die sich be= eilte, das größerbritische Kabel von Canada nach Australien durch ein besonderes Kabel von San Fran= cisco nach Japan zu konkurrenzieren, auf dem Stillen Meer eine verkehrspolitisch günstigere Stellung ein= nehmen, als sie England besitzt.

Präsident Roosevelt weiß, weshalb er immer wieder aufs neue die stärkste Flotte fordert, damit die Union

von keinem Feinde gedemütigt werden kann. Es fragt
sich nur, wer wird in fünfzig Jahren die stärkste Macht
zur See sein, England oder die Union? In Washington
glaubt man mit Bestimmtheit, England trotz seines großen
Vorsprungs zu überholen.

Die Beziehungen zwischen der Union und England
konnte das englisch-japanische Bündnis nicht freundschaftlicher gestalten. Zunächst versteht man es in der Union
nicht vom Standpunkt der weißen Rasse aus und hält
es mit liberalen Politikern Englands wie mit Douglas
Story in dem Buche „Morgen im Orient" von 1907
für einen verhängnisvollen Fehler, durch das Bündnis
die Gleichberechtigung der Japaner mit den weißen
Völkern anerkannt zu haben. Bei Abschluß des Bündnisses mit Japan ließen sich die Engländer keineswegs
von unfreundlichen Absichten gegen die Union leiten,
sondern von dem richtigen Gedanken, diese neue Großmacht, die leicht hätte gefährlich werden können, zum
Freunde zu machen und möglichst zu nützen. Fraglich
ist freilich, ob die ehrgeizigen und rassenbewußten Japaner für die Erhaltung der britischen Kolonien in Asien
gegebenenfalls große Anstrengungen machen würden.
Das Bündnis war das Schwungbrett zu dem Aufsteigen
Japans. Ohne das Bündnis mit England hätte Japan
den Feldzug gegen die Russen nicht unternommen und
mit seinen Siegen die herrschende Stellung auf dem
Stillen Meer nicht erlangt, die japanische Gefahr nicht
hervortreten können. Die Unionspolitiker müssen bezweifeln, ob die Freunde ihrer Feinde wirklich zu ihren
Freunden gezählt werden können.

Im Jahre 1895 schien ein Krieg zwischen England
und der Union möglich. Im Laufe der alten Grenz-

streitigkeiten zwischen Venezuela und Britisch-Guyana hatten die Engländer die Grenzen auf Kosten Venezuelas weiter nach Westen vorgeschoben, um die Goldfelder jenseits des Essequibo an sich zu ziehen. Da vielfach die Besorgnis bestand, daß England nach der Mündung des Orinoco trachte, um das ganze nördliche Südamerika unter seinen Einfluß zu bringen, so schritt die Union ein und beanspruchte für sich das Recht der schiedsgerichtlichen Entscheidung über den Grenzstreit mit der Androhung, andernfalls die Sache Venezuelas zu der eigenen machen zu wollen. Erst nach langem, ernstem Widerstreben fügte sich England.

Damals war es kein Geringerer als Roosevelt, der die Möglichkeit eines Krieges mit England erörterte, falls es seinen Anspruch auf venezolanisches Gebiet nicht aufgeben sollte: „Einen solchen Krieg würden wir bedauern, aber unendlich mehr Englands als unsertwegen. Wie die Kriegsaussichten auch laufen mögen, wie groß der Schaden und der augenblickliche Verlust für die Vereinigten Staaten auch sein mag, schon die Tatsache, daß England schließlich notwendigerweise Canada verlieren wird, macht diesen Krieg für England zu einem Unglück."

In der Tat muß England unter allen Umständen einen Krieg mit der Union vermeiden, nicht nur, um den Verlust Canadas und der Westindischen Inseln zu verhüten, sondern auch deshalb, weil es die großen Zufuhren der Union an Lebensmitteln und Rohstoffen nicht entbehren kann.

Die Union und Japan.

Ernste Gegensätze haben sich zwischen der Union und Japan herangebildet. Zwei grundverschiedene Rassen stehen sich gegenüber, beide selbstbewußt bis zum Chauvinismus. Und zwei Reiche treten gegeneinander hervor, beide erweiterungskräftig und im Konkurrenzkampf um dasselbe große Ziel.

Das unmittelbare Nebeneinander der beiden Rassen in Kalifornien, aber auch auf den Sandwichinseln und auf den Philippinen, hatte die Gegensätze Ende 1906 auf das äußerste verschärft. In der Union war die japanische Einwanderung schon 1900 auf 86 000 Köpfe gestiegen und hatte später trotz des Krieges noch zugenommen. Ende 1906 schätzte man die Zahl der Japaner in der Union auf 170 000, wovon 70 000 auf Hawai, 2000 auf den Philippinen und annähernd 100 000 in der Union selbst, meist in San Francisco und Kalifornien. Als Arbeiter und im Kleingewerbe, auch im Gartenbau verdrängten sie allmählich die Weißen. Viele von ihnen wurden wohlhabend und reich.

Mit großer Besorgnis verfolgte man in der Union die Japanisierung der Hawaischen Inseln, scheute sich aber, Maßregeln dagegen zu ergreifen, da eine Ausweisung der Japaner aus Hawai zu den schärfsten Verwicklungen hätte

führen können. Von Hawai drangen die Japaner nach
Kalifornien vor, wo sie ebenso verhaßt und verrufen
sind wie die Chinesen. Ende 1904 verlangte der nord=
amerikanische Arbeiterbund die Ausschließung der Ja=
paner aus dem Gebiete der Union durch besonderes Ge=
setz, und als die Regierung zögerte, diesem Verlangen zu
entsprechen, um Japan nicht zu brüskieren, beschlossen
die nordamerikanischen Arbeiterverbände Ende 1905, eine
nachhaltige Bewegung gegen die japanische Einwanderung
einzuleiten, damit das „Einfallstor für die gelbe Rasse"
geschlossen wird. Ob infolge dieser Agitation oder auch
noch aus anderen Gründen, genug, die Abneigung der
weißen Bevölkerung in San Francisco gegen die Ja=
paner trat stärker hervor und kam zum Ausdruck durch
den dortigen Schulrat, der den japanischen Kindern Ende
1906 den Besuch der öffentlichen Schulen von San Fran=
cisco verbot.

Japan legte dagegen Verwahrung ein und verlangte
für seine Angehörigen zunächst in Kalifornien volle Gleich=
berechtigung. In Übereinstimmung mit der ganzen Be=
völkerung verweigerte es aber der Gouverneur des Staates
Kalifornien, diese Gleichberechtigung zu bewilligen, auch
auf die Gefahr hin, mit der Bundesregierung und mit
dem Präsidenten Roosevelt in Widerspruch zu geraten.
Bekanntlich stehen die Einzelstaaten der Union gegen=
über der Bundesregierung in Washington weit selb=
ständiger und unabhängiger da als die deutschen Einzel=
staaten gegenüber der deutschen Reichsregierung.

Die Abneigung der Union gegen Japan wurde noch
verschärft, als sich herausstellte, daß die chinesische Ver=
rufserklärung gegen nordamerikanische Waren, die Ende
1905 wegen der Zurückweisung chinesischer Kulis begann,

von japanischen Beratern eingegeben, organisiert und von
japanischen Interessenten benützt wurde, um die Kauf
leute der Union aus Ostasien zu verdrängen und sich selbst
an ihre Stelle zu setzen. Nach einem Bericht des Konsuls
der Union in Hongkong von Anfang 1907 sollen die
Japaner sogar Waren aus der Union angekauft, mit
japanischen Firmenzeichen versehen und als japanische
Erzeugnisse auf den chinesischen Markt gebracht haben.

Nach langwierigen Verhandlungen erfolgte Ende Februar 1907 zwischen der Union und Japan eine Ver
ständigung über die Behandlung der japanischen Staats
angehörigen auf dem Gebiete der Union. Grundsätzlich
wurde die Gleichberechtigung der Japaner anerkannt,
praktisch aber empfindlich zu ihren Ungunsten durch
löchert. Japanische Staatsangehörige müssen fortan zu
den Schulen der Weißen in Kalifornien zugelassen werden,
wenn sie unter 16 Jahren sind und englisch sprechen,
also nur in Ausnahmefällen. Andere Japaner haben sich
mit besonderen Schulen zu begnügen. Wie bemittelte
oder gebildete Chinesen, so dürfen auch japanische Kauf=
leute, Reisende, Studenten usw. auf Gleichberechtigung
in der Union Anspruch erheben. Dagegen hat die
Unionsregierung im Einvernehmen mit Japan die Ein=
wanderung japanischer Kulis verboten, sie also den chine=
sischen Kulis gleichgestellt. Japan verzichtete vorläufig
auf die Ausstellung von Pässen für seine Kulis zur Aus=
wanderung nach den Gebieten der Union.

Ist Japan bestrebt, seine Auswanderung nach der
Union möglichst einzudämmen, dann werden die schroffen
Gegensätze zwischen den Weißen und Gelben, wie sie nun
einmal in Kalifornien bestehen, gemildert werden. Vor=
läufig sind sie zurückgedrängt worden, können aber jeder-

zeit, wie die Ausschreitungen vom 21. Mai 1907 gegen die Japaner in San Francisco gezeigt haben, wieder hervortreten. Die gegenseitige Gereiztheit ist geblieben, das Verlangen der Japaner nach Anerkennung der Gleichberechtigung der gelben Rasse nicht erfüllt worden.

Mit Rücksicht auf die Rassengegensätze und im Interesse der heimischen Arbeiterbevölkerung kann die Unionsregierung eine unbeschränkte Masseneinwanderung der Gelben aus Ostasien nicht zulassen. Verlangt Japan und mit ihm vielleicht auch China für die Gelben unbedingte Einwanderungsfreiheit nach der Union, die eine Überschwemmung, ja eine Eroberung der amerikanischen Westküste durch die Gelben zur Folge haben müßte, dann wird der Kampf ausgekämpft werden.

Inzwischen war der Staat Kalifornien bestrebt, die Japaner weiter zurückzudrängen. Ein Gesetz vom Frühjahr 1907 bestimmt, daß kein Ausländer länger als fünf Jahre kalifornischen Grundbesitz inne haben darf, wenn er nicht Bürger der Union wird. Auch dürfen Ausländer Grundbesitz auf länger als ein Jahr nicht pachten. Dieses Gesetz richtete sich mittelbar gegen die Japaner. Denn um dieselbe Zeit verbot das Handelsdepartement in Washington die Naturalisation von Japanern, die wie die Chinesen als Asiaten behandelt werden sollen, so daß auch bereits eingewanderte Japaner das Bürgerrecht nicht erwerben können.

Von der Union abgedrängt, lenkt Japan seine Auswanderung nach anderen amerikanischen Staaten, zunächst nach Mexiko, von wo Japaner angeblich in großen Scharen über die Landgrenze sich in die Union einschmuggeln, ferner nach Peru, Chile usw., und sucht daselbst zugleich engere Handelsbeziehungen zu knüpfen. So unternimmt

es, ohne feindselige Absichten zu bekunden, einen mittel
baren Vorstoß gegen seinen großen Nebenbuhler auf dem
Stillen Meer, gegen die Union, und untergräbt durch sein
Auftreten die allamerikanischen Bestrebungen.

Erschwert wird die dauernde Verständigung der beiden
Mächte durch ihre Konkurrenz auf dem Stillen Meer.

Als die Union nach der Eroberung von Kalifornien
im Jahre 1853 durch Entsendung eines Geschwaders unter
dem Kommodore Perry Japan zur Öffnung seiner Häfen
zwang, später die japanischen Bestrebungen in Korea
durchkreuzte und trotz des schärfsten Einspruches der Ja
paner Mitte 1897 Hawai besetzte, war sie noch von dem
Gefühl ihrer unbedingten Überlegenheit erfüllt. Japan
und China galten der Union als friedliche, schwächliche,
untergeordnete Staaten. Zeitweilig war die Union be
müht, das europäische Übergewicht aus dem Stillen Meer
durch engere Beziehungen mit Japan und China zurückzudrängen. In diesem Sinne suchte Präsident Grant
auf seiner Weltreise von 1877/8 zu wirken. Zehn Jahre
später schlug der Vertreter der Union in Peking die Ver
kündung der Monroelehre für Ostasien vor, um ein mo-
ralisches Gewicht in den chinesischen Angelegenheiten zu
erlangen. Noch Staatssekretär Hay glaubte, daß sie die
Union als Vormacht willig anerkennen würden. An
Liebenswürdigkeiten ließ man es trotz der Rassengegensätze nicht fehlen.

Nach der Besitzergreifung der Philippinen, vor den
Siegen Japans über Rußland, erhob die Union als
größter Uferstaat Anspruch auf die Vorherrschaft über
das Stille Meer.

Damals vollzog sich die überraschende tiefgreifende
Wandlung in Ostasien.

20*

Japans Hervortreten als Großmacht und zugleich
als Vormacht in Ostasien, mit dem gewaltigen Menschen=
überschuß der gelben Rasse hinter sich, ausdehnungs=
kräftig und ausdehnungslustig, erregte die ernstesten Be=
sorgnisse in der Union. Ein Freund des Präsidenten
Roosevelt, Mr. John Hays Hammond, meinte Ende
April 1905, Japan werde durch die wirtschaftliche
Stellung, die es nach seinen Siegen in Korea und in der
Mandschurei gewonnen, der gefährlichste Nebenbuhler der
Union in Ostasien werden. Japan sei die einzige Nation,
die in jenem Teile der Erde ernstlich mit der Union um
die Vorherrschaft konkurrieren könnte.

Bei der Friedensvermittlung von Portsmouth übte
man von Washington einen Druck auf die japanischen
Forderungen. Japan mußte auf die erhoffte Kriegs=
entschädigung verzichten. Man gedachte, ihm den weiteren
Ausbau seiner ohnehin starken Kriegsflotte zu erschweren.
Dadurch entstand in Japan eine Verstimmung gegen die
Union.

Seither rechnete man in beiden Reichen mit der
Möglichkeit eines kriegerischen Zusammenstoßes und be=
trieb mit überraschendem Eifer die Rüstungen zur See.

Schon Seward, gestorben 1871, prophezeite, daß am
Gestade des Stillen Meeres der große Kampf zwischen
dem Angelsachsentum und der mongolischen Kultur aus=
sochten werden würde.

Anfang 1904, als die gelbe Presse auf Ostasien hin=
wies, wo die Union Eroberungen unternehmen könne,
verkündete der Präsident der Universität von Kalifornien,
daß der Schauplatz des nächsten großen Weltkrieges in
Kalifornien zu suchen sein werde.

Mitte März 1905 äußerte Mr. Hull, der Vorsitzende des militärischen Ausschusses im Senat zu Washington, gegenüber den Absichten der Japaner auf die Philippinen, daß die Regierung der Union die Lage als drohend betrachte und daß innerhalb 15 Jahren ein Krieg mit Japan bevorstehe, falls nicht etwa die Union die Philippinen aufgäbe. Diese Prophezeiung bestätigte ein Jahr später auf einem Festessen der Veteranen des spanisch amerikanischen Krieges in Washington der vielgenannte Kapitän Hobson.

In Japan fanden diese Stimmen lauten Widerhall. Eine Flugschrift des japanischen Professors Jonizu von 1905 stellte die Union als den gefährlichsten Gegner Japans hin. Die gewaltige wirtschaftliche Entwicklung der Union verlange dringend nach den ostasiatischen Märkten. Im Gefühl ihrer Macht würden die Politiker der Union rücksichtslos vorgehen und die Herrschaft auf dem Stillen Meer beanspruchen. Mit der Vollendung des Panamakanals werde ein großer wirtschaftlicher Kampf entbrennen. Japan müsse sich darauf vorbereiten und dürfe sich den Rang auf dem Stillen Meer nicht streitig machen lassen.

Mit Rücksicht auf die Schwierigkeiten, die von der Union der japanischen Einwanderung gemacht wurden, schrieb die japanische Zeitung „Yonodfu Tschoho" im Mai 1905: „Es dürfte die Zeit kommen, da ein japanischer Kommodore Perry (Vergeltung für 1853) an das Goldene Tor von San Francisco klopft!"

Auch andere japanische Politiker haben einen Krieg mit der Union für unabwendbar erklärt. So Anfang 1907 der japanische Dampfschiffahrtsdirektor Tokugoro. In

der Zeitschrift „Taigo" wies er auf das große Hindernis
der japanischen Ausdehnungspolitik im Westen hin, auf
die Union, die weit mächtiger sei als Rußland. Man
dürfe sich durch die Siege nicht einschläfern lassen, sondern
müsse sich auf einen unvermeidlichen Krieg vorbereiten.
Angesichts des Panamakanals müsse man eine der Union
gewachsene Kriegsflotte haben. Tokugoro wünschte sogar den möglichst baldigen Ausbruch des Krieges, da
es vorläufig noch der Unionsflotte an hinreichender Besatzung und der Besatzung noch an der nötigen Disziplin
fehle. Die Verständigung wegen des kalifornischen Schul-
streites erachte er nicht für endgültig, sondern nur für
einstweilig.

Vorläufig kann Japan den Anspruch auf die Vorherrschaft im Stillen Meer mit Erfolg bestreiten. An
Panzern ist die Union überlegen, auch an Kapitalskraft,
um sich neue Panzer zu bauen, aber ihre Flotte schwimmt
mit den größten Schiffen auf dem Atlantischen Meer,
und müßte, um nach Francisco zu gelangen, über 13 000
Seemeilen zurücklegen, fast so viel wie die russische von
Kronstadt nach Japan. Dagegen steht die japanische Flotte
geschlossen da, findet auf den Hawaii-Inseln einen wichtigen
Stützpunkt, ist wohldiszipliniert, in Krieg und Sieg bewährt und hat hinter sich ein unvergleichliches Landheer.
Wie man in der Union berechnet hat, kann die japanische
Flotte in 25 Tagen an der kalifornischen Küste erscheinen,
während die großen Kriegsgeschwader der Union dazu
etwa zwei Monate benötigen. Erst nach der Vollendung
des Panamakanals wird auch die Union rascher und stärker
im Stillen Meer auftreten und die Seeherrschaft der
Japaner aussichtsvoller bestreiten können. Im Früh
jahr 1907 hat sie ihre beiden Geschwader auf dem Stillen

Meer unter einem einheitlichen Kommando mit Honolulu als Stützpunkt zusammengefaßt.

Gegenüber Japan befindet sich die Union, so lange ihr Anspruch auf die Oberherrschaft über das Stille Meer ein theoretischer bleibt, in Verteidigungsstellung. Die fremde Einwanderung lehnt sie ab. Was sie besitzt, will sie behalten. Von einem Siege über Japan hätte sie nichts zu erhoffen, weder Geld noch Land.

Dagegen würde es den Japanern nicht an Siegespreisen fehlen. Auf dem nordamerikanischen Festlande könnten sie sich nicht halten, vielleicht aber in Panama festen Fuß fassen und von den Philippinen und Hawaii Inseln Besitz ergreifen.

Von Anfang an waren die Philippinen ein Schmerzenskind der Union. Ursprünglich hatte man zu Washington geglaubt, in den Philippinen einen Stützpunkt für die Oberherrschaft in Ostasien zu gewinnen. „Wer die Philippinen beherrscht," sagte Senator Beveridge, „wird die Welt beherrschen. Halten wir die Philippinen, so wird die Union diese weltbeherrschende Macht sein." Nach den japanischen Siegen sah man von Washington die Philippinen anders an, erkannte in ihnen einen verwundbaren Punkt, rechnete mit der Möglichkeit, daß sie von Japan aus gefährdet werden könnten, und war bemüht, auf den Philippinen festeren Fuß zu fassen durch die Pazifizierung ihrer Bewohner und durch Befestigungen.

Nach den Berechnungen der Opposition wurden für die Philippinen bis 1906 bereits über 4 Milliarden Mark verausgabt, obschon die geplanten Befestigungen noch nicht hergestellt werden konnten.

Die Zukunft der Philippinen ist ungewiß. Die

Philippinos selbst denken mit einiger Wehmut an die
gute alte Zeit der spanischen Herrschaft zurück, streben
nach möglichster Unabhängigkeit und hoffen diesem Ziele
als Schutzgebiet der Union durch langsame Lockerung
des schmalen Bandes näher zu kommen. Trotz aller vor=
handener und berechtigter Unzufriedenheit erscheint der
Mehrheit die Herrschaft der Union doch als das kleinere
Übel, und sie ist nicht geneigt, die Japaner als Befreier
zu begrüßen. Immerhin klagen die Philippinos darüber,
daß sie von der Union als eine minderwertige Rasse
angesehen und handelspolitisch geschädigt werden.

In der Union hat man angeregt, den Philippinen
eine ziemlich unabhängige Selbstverwaltung einzuräumen,
oder sie an Japan gegen Geld oder andere Zugeständnisse
abzutreten.

Ein anderer Vorschlag will die Neutralisierung der
Philippinen, die aber doch schließlich nur von der Union
selbst verbürgt werden kann, so daß alles beim alten
bleiben würde. Die Union möchte auf die Philippinen
verzichten, obwohl sie davon eine Erschütterung ihrer
Stellung wie ihres Ansehens in Ostasien befürchtet, wenn
sie Bürgschaft dafür erhalten könnte, daß die Insel=
gruppe nicht unter japanischen Einfluß gelangt.

Wie der Flottenkriegsrat der Union beschlossen hat,
sind die Philippinen im Falle eines Krieges mit Japan
vorerst aufzugeben. In der Tat lassen sie sich wegen
der ungenügenden Befestigungen und der weiten Ent=
fernung schwer gegen japanische Angriffe verteidigen.

In Ergänzung seines Friedensvertrages mit Ruß=
land und seines Bündnisvertrages mit England ver=
einbarte Japan im Frühjahr 1907 einen Vertrag mit
Frankreich, wonach beide Reiche gegenseitig sich ihren

Besitzstand in Asien verbürgen. Dieser Vertrag rief in Frankreich große Genugtuung hervor, weil man dort von den japanischen Erweiterungsgelüsten, wie sie von dem japanischen General Kodama geäußert worden waren, den Verlust von Indochina befürchtet hatte. Schon waren in Frankreich Stimmen laut geworden (näheres in meinen „Weltpolitischen Neubildungen" Seite 278 ff., Verlag des Allgemeinen Vereins für Deutsche Literatur), die mit Rücksicht auf die schwierige Verteidigung Indochinas das gänzliche Aufgeben dieser Kolonie befürwortet hatten.

Die Gefahr einer kriegerischen Eroberung Indochinas durch Japan hat Frankreich beseitigt, aber die nicht minder große Gefahr einer friedlichen Eroberung Indochinas durch die japanische Einwanderung hervorgerufen. Bislang hatte Frankreich in Indochina die Japaner wie die übrigen Asiaten behandelt und ihre Einwanderung nicht gestattet. In dem französisch-japanischen Abkommen vom Frühjahr 1907 sicherten sich beide Reiche gegenseitig auch in bezug auf die Behandlung ihrer Angehörigen die Meistbegünstigung zu, insbesondere Frankreich den japanischen Beamten und Untertanen in Französisch-Indochina. Französisch-Indochina hat nahezu achtzehn Millionen Einwohner. Darunter befinden sich nur wenige Tausend Franzosen. Frankreich ist gänzlich außerstande, Indochina zu französieren, schon weil es ihm an dem erforderlichen Menschenmaterial fehlt. Eine Assimilierung der gelben Rasse steht vollends nicht zu erwarten seit den Siegen der Japaner über die Russen. Auch unter den Chinesen entwickelt sich ein gewisses Nationalbewußtsein und wird von den Japanern gefördert. Bisher scheint die japanische Einwanderung nach Indochina noch schwach gewesen zu sein. Von Japan her

wurde sie nicht begünstigt, weil eine Gleichstellung der
Japaner mit den weißen Einwanderern noch nicht ver=
einbart worden war. Nachdem die japanische Regierung
durch das neue Abkommen die meistbegünstigte Behand=
lung ihrer Angehörigen in Indochina erwirkt hat, kann
sie die Auswanderungslustigen, die von der nordameri=
kanischen Union zurückgewiesen werden, nach Indochina
lenken, wo sie keinerlei Beschränkungen zu befürchten
haben.

Unter gleichen Umständen steht der Abschluß eines
Verbürgungsvertrages zwischen Japan und der Union
nicht in Aussicht, da die Union den Japanern die un=
beschränkte Einwanderung nicht gestatten kann.

Maßgebend für die künftige Entwicklung ist die
Haltung der leitenden Kreise in Japan. Bisher haben sich
die japanischen Politiker klug und vorsichtig benommen.
Indessen scheint es, als ob in Japan jüngere Elemente
mit ungestümeren, kriegslustigen, alljapanischen Neigungen
allmählich emporgekommen sind, und das Äußerste würde
in Aussicht stehen, falls es diesen jüngeren Elementen
gelingt, sich durchzusetzen.

In Washington beurteilt man wohl die Lage nicht
ganz richtig, wenn man glaubt, Japan werde sich von
einem Kriege durch Geldmangel abhalten lassen. So
meinte im Frühjahr 1907 Herr Foß, der Vorsitzende
des Flottenausschusses im Repräsentantenhause: „Unser
Ehrgeiz und unser Handel werden aufeinanderstoßen, aber
Japan ist jetzt zu arm zum Kriegführen. Es hat alles,
was es besaß, ausgegeben und wird sich keine neuen
Sorgen aufladen."

Vorläufig hat in beiden Reichen die bessere Einsicht
gesiegt und den offenen Bruch verhütet. Ein Krieg zwi=

schen der Union und Japan steht nicht zu befürchten,
wenn nicht unvorhergesehene Zwischenfälle eintreten, die
von den Japanern als eine Verletzung ihrer Nations-
oder Rassenehre betrachtet werden könnten, oder wenn
nicht etwa Japan nach Beendigung seiner Rüstungen den
Krieg erzwingen will.

Sollte es gleichwohl zu einem Kampfe um die Oberherrschaft über das Stille Meer kommen, so wird dieser
Kampf unentschieden bleiben, da der siegreiche Teil mit
denjenigen Mächten von Seegeltung zu rechnen hat, die
mindestens die Gleichberechtigung und volle Freiheit auf
dem Stillen Meer und die Aufrechterhaltung der be=
stehenden Zustände beanspruchen.

Inwieweit das englisch=japanische Bündnis auf die
Spannung zwischen der Union und Japan eingewirkt
hat oder noch einwirken wird, läßt sich nicht ermessen.

Im Kriegsfalle würde England nur dann zu gunsten
Japans einzuschreiten haben, wenn die Union japanisches
Gebiet besetzen sollte. Von dem liberalen Ministerium
in England ist anzunehmen, daß es im Interesse des
Friedens wirken wird. In seiner Gefolgschaft überwiegen
die Weltfriedensfreunde. Wohl mag es in England Politiker geben, denen zuzumuten ist, was Peez, dieser kritische
Kenner der englischen Geschichte, in begreiflichem Mißtrauen andeutete, daß sie Japan, nachdem es Rußland
niedergeschlagen hat, benützen wollen, um auch die Union zu
demütigen, daß sie also die Taktik des tertius gaudens von
der europäischen auf die Weltpolitik zu übertragen suchen.
Indessen gehören diese Kreise in England gegenwärtig
nicht zu den leitenden. Tatsächlich wurde unter dem liberalen Ministerium die Zurücksendung der chinesischen
Kulis aus Britisch Südafrika beschlossen. In Kanada,

Australien und Neu-Seeland aber bestehen gegenüber der gelben Rasse genau dieselben Anschauungen wie in der Union. Eine Parteinahme Englands zu gunsten Japans würde in diesen Kolonien lebhaften Widerspruch hervorrufen.

In dem hervorgetretenen Gegensatz zwischen der weißen und gelben Rasse und in dem Ringen, das sich daraus zwischen der Union und Japan künftig entwickeln wird, können die Völker der weißen Rasse nicht im Zweifel sein, welchem Reiche sie ihre Sympathien und nötigenfalls ihre Unterstützung zuzuwenden haben. Die Interessensolidarität der weißen christlichen Völker ist stärker als die weltpolitischen Schachzüge, die sich darüber hinwegsetzen, und wird zum Durchbruch kommen, wenn die Völker der gelben Rasse über ihre Grenzen hinaus Vorstöße unternehmen.

Im deutschen Volke kann es nur Befriedigung erregen, daß die befreundete Union die gelbe Gefahr erkannt hat und besonnen auf ihre Abwehr bedacht ist.

Blicke auf das Welttheater.

Bis gegen Ende des vorigen Jahrhunderts lag der
Schwerpunkt der Weltherrschaft in Europa. Auch die
strittigen Fragen außereuropäischer Politik im näheren
Orient, am Kongo usw. wurden, wiewohl zuweilen erst
nach blutigem Ringen, von den europäischen Großmächten
entschieden durch das sogenannte Konzert der Mächte,
das auf einem gewissen Gleichgewichtsverhältnis begrün
det war. Die Anfänge dieses Gleichgewichtsverhältnisses
liegen Jahrhunderte zurück. Nachdem der Gedanke der
Universalmonarchie mit Kaiser Karl V in den Hinter=
grund getreten war, erstanden Frankreich und Österreich,
zwei Mächte von gleicher Stärke, die um die Vorherrschaft
kämpften, bis England mit seinem Aufsteigen als See=,
Handels= und Kolonialmacht unter Cromwell ein Gleich=
gewichtsverhältnis schuf. Es blieb erhalten, als die Zahl
der Großmächte im achtzehnten Jahrhundert sich durch
Preußen und Rußland vermehrte, es überlebte die starken
Erschütterungen durch Napoleon I. und die Störungs=
versuche Napoleons III., es wurde neu gestaltet nach der
nationalen Einigung Deutschlands und Italiens, es be=
stand fort auch nach der Gruppierung der Festlandmächte
in dem Dreibund der achtziger und in dem Zweibund der

neunziger Jahre. Eine starke Verschiebung des über=
lieferten Gleichgewichtsverhältnisses erfolgte erst durch
das Aufkommen großer europäischer Mächte.

Von der europäischen Vorherrschaft befreite sich die
nordamerikanische Union und setzte sich als Weltmacht
ersten Ranges kühn über das alte Europa mit seinem
Gleichgewichtsverhältnis hinweg. Auch Japan wurde eine
Großmacht und. wird als Weltmacht angesehen werden
müssen, wenn es ihm gelingen sollte, China in seine Ge=
folgschaft zu bringen. Gegenüber diesen Neugestaltungen
versagt das alte System des Gleichgewichts der euro
päischen Mächte, und als wirkliche Faktoren der Welt=
politik kommen nur noch in Betracht die nordamerikani=
sche Union, England als erste See= und Kolonialmacht,
nach seiner noch nicht absehbaren Wiederaufrichtung das
Russische Reich, endlich   doch nicht zuletzt   mit wach=
senden überseeischen Interessen und zugleich als Schwer=
punkt des europäischen Festlandes, vielleicht einmal als
dessen Kristallisationspunkt im Falle eines Zusammen=
schlusses der verschiedenen Staaten gegenüber den größeren
Weltmächten, das Deutsche Reich, „nach außen hin be=
grenzt, das Innere unbegrenzt"

*   *   *

Der Landbesitz ist die oberste Vorbedingung, die
Grundlage für jede Betätigung des Volkslebens; er bleibt
nach Peez der letzte und höchste Ausdruck für die politische
Macht. Freilich fallen dabei Lage, Art und Fruchtbarkeit
des Landes ins Gewicht. Nicht das weiteste ist auch das
mächtigste Reich. Auf beschränktem Raume können da=

gegen mit Hilfe von Industrie und Handel nahezu un
beschränkte Werte erzeugt werden. Innerhalb ihres ver
hältnismäßig engen Gebietes haben zuerst England, später
Deutschland, aber auch andere europäische Staaten mit
zunehmender Leistungsfähigkeit eine außerordentliche An
häufung von Kraft und Reichtum geschaffen. Von dem
Ideal des geschlossenen Staates, der tunlichst nur ver
brauchen will, was er erzeugt, und nur erzeugen will,
was er verbraucht, mußten sie freilich immer mehr ab
rücken. Die große Bedeutung überseeischer Interessen er
faßte England unter Cromwell, dem Schöpfer der be
rühmten Schiffahrtsakte, und begründete nach Nieder
werfung der Spanier und Holländer, während die europäischen Festlandsstaaten gegeneinander den Dreißig-
jährigen Krieg, den Spanischen Erbfolgekrieg, den Sieben-
jährigen Krieg, die Napoleonischen Kriege ausfochten,
weite Kolonien in allen Teilen der Erde. Noch im
letzten Drittel des neunzehnten Jahrhunderts wurde das
britische Reichsgebiet von 12,6 auf 27,8 Millionen
Quadratkilometer erweitert. Auch Frankreich erwarb
große Kolonialgebiete, zum Teil unter günstigen Verhältnissen, wie in dem benachbarten Nordafrika, wo nur
noch Marokko fehlt, um ein zukunftsreiches Kolonialreich abzurunden. Noch glücklicher liegen die Verhältnisse
für Rußland und die nordamerikanische Union, die ihre
Interessensphären erweitern konnten und erweitern können
in unmittelbarem Anschluß an das Mutterland, ohne in
überseeische Fernen gehen zu müssen. Zuletzt erschien
Deutschland, als die Erde schon nahezu aufgeteilt war,
und schuf sich trotz der nach allen Richtungen hin un-
günstigen Lage Schutzgebiete, die es zu entwickeln trachtet.
Nach ihrem Landbesitz zeigen die Mächte das Bild:

Britische Kolonien 30,9 Mill. ☐ km

Asiatisches Russland 17,5 Mill. ☐ km

Französische Kolonien
10,9 Mill. ☐ km

Österr.-
Ungarn
0,7 Mill.
☐ km

Kolonien 2,6 Mill. ☐ km

Deutsches Reich
3,1 Mill. ☐ km

Frankreich 11,4 Mill. ☐ km

Britisches Reich 31,9 Mill. ☐ km

Deutschland
0,5 Mill.
☐ km

Italien
0,6 Mill.
☐ km

Frankreich
0,5 Mill. ☐ km

Russland 22,9 Mill.

Europäi-
sches Russ-
land
5,4 Mill.
☐ km

☐ km

Grossbritannien
0,3 Mill. ☐ km

Kolonien
0,3 Mill. ☐ km

Nordamerikanische Union
9,7 Mill. ☐ km

Der Landbesitz.

Ist der Landbesitz die Grundlage der Macht eines Staates, so wird diese Macht betätigt durch die Bevölkerung, durch ihre Zahl und Fruchtbarkeit, durch ihre Eigenart und Tüchtigkeit. Der Zahl nach haben sich im letzten halben Jahrhundert bedeutsame Verschiebungen vollzogen: Um die Mitte des neunzehnten Jahrhunderts zählte Rußland 59,2 Millionen Köpfe. Nächst ihm war Frankreich mit 35,7 Millionen der volkreichste europäische Staat. Erst mit 35,5 Millionen folgte Deutschland in seinen heutigen Grenzen, sodann Österreich Ungarn mit 30,7, Italien mit 23,6 und die Nordamerikanische Union mit 23,2 Millionen Köpfen. Heute ist nächst Rußland Deutschland der volkreichste Staat in Europa, hat Frankreich, das hinter Großbritannien zurückgeblieben ist, weit überholt und wird nur noch von der großen Republik jenseits des Atlantischen Meeres übertroffen. Diese Verschiebungen des Bevölkerungsreichtums sind von Einfluß auch auf die politische Stellung der Mächte, zunächst Deutschlands und Frankreichs. Anfang 1866 hatten die beiden Reiche mit je 38 bis 39 Millionen Seelen eine gleich starke Bevölkerung. Im Beginn des neuen Jahrhunderts war Frankreich mit 39 Millionen von Deutschland mit 60 Millionen Köpfen weit überflügelt worden und kann nicht mehr daran denken, ohne Verbündete gegen den überlegenen Nachbar zu kämpfen.

Zu Beginn des neuen Jahrhunderts hatten die großen Mächte folgendes Bevölkerungsverhältnis aufzuweisen:

Bevölkerung in Millionen:	Mutterland:	Kolonien:
1. Deutschland	60	12
2. Großbritannien	42	346
3. Rußland	106	23
4. Union	76	9
5. Frankreich	39	56
6. Österreich Ungarn	46	
7. Italien	32	

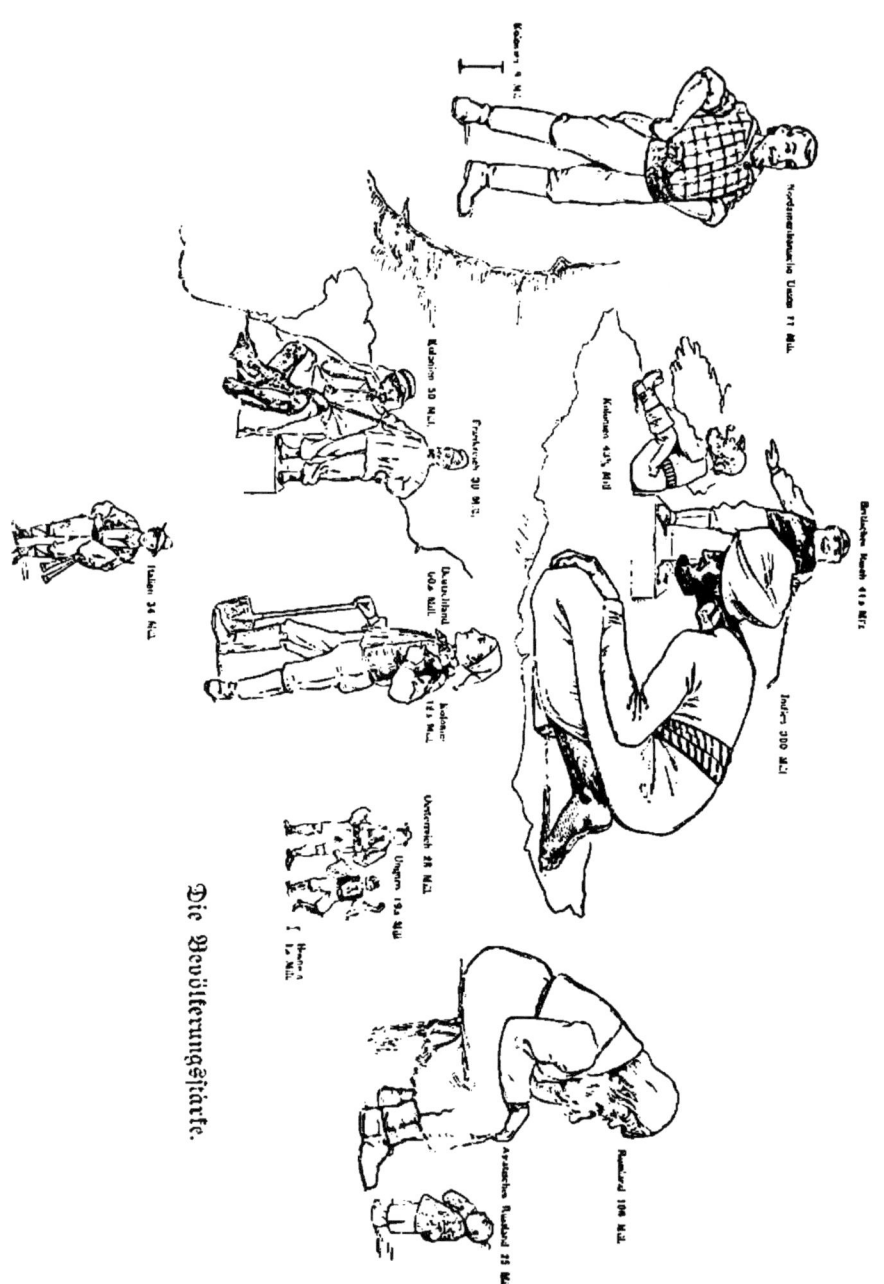

Die Bevölkerungskarte.

In der Hauptsache erfolgt die Vermehrung der Be
völkerung durch den Überschuß der Geborenen über die
Gestorbenen. Deutschland indes verdankt in den letzten
Jahrzehnten das Anwachsen seiner Bevölkerung weniger
der Vermehrung der Geburten als der Verminderung
der Sterbefälle. Seit dem Jahre 1875 ist in Deutschland
die Zahl der Geburten von 42,3 für je 1000 Einwohner auf
33 in 1905, aber auch die Zahl der Sterbefälle von
29,3 auf 19,8 zurückgegangen. In den slavischen Ländern
des Ostens ist die Zahl der Geburten größer; in Rußland
erhebt sie sich auf 48,0 für je 1000 Einwohner. In
den anderen größeren Staaten aber stellt sie sich niedriger
als in Deutschland; sie beträgt in Italien 32,6, in Eng
land 28,0 und sinkt in Frankreich auf 20,5, so daß in
diesem Lande der Geburtenüberschuß nur 0,9 Köpfe aus
macht gegen 13,2 in Deutschland. Die Auswanderung
aus Deutschland war 1906 auf 31 000 Köpfe gesunken,
dagegen in Italien auf 726 000 (vorwiegend Wander
arbeiter auf Zeit), in Österreich-Ungarn auf 294 000
und in Rußland auf 220 000 Köpfe gestiegen, während
in Großbritannien 262 000 Auswanderer im Jahre 1905
ermittelt wurden. Bei den übrigen europäischen Staaten
fällt die Auswanderung nicht ins Gewicht. Mehr als
eine Million geht jährlich nach der nordamerikanischen
Union.

Nach außen hin kommt die Macht eines Staates
am unmittelbarsten durch die Organisation seiner Wehr
haftigkeit, durch Heer und Flotte, zum Ausdruck. Die
Wehrhaftigkeit erwächst aus der Zahl der Bevölkerung,
beruht auf ihren soldatischen Tugenden und wird ge
staltet durch die Organisation. Nach diesen drei Rich
tungen hin nimmt Deutschland unbestritten eine erste

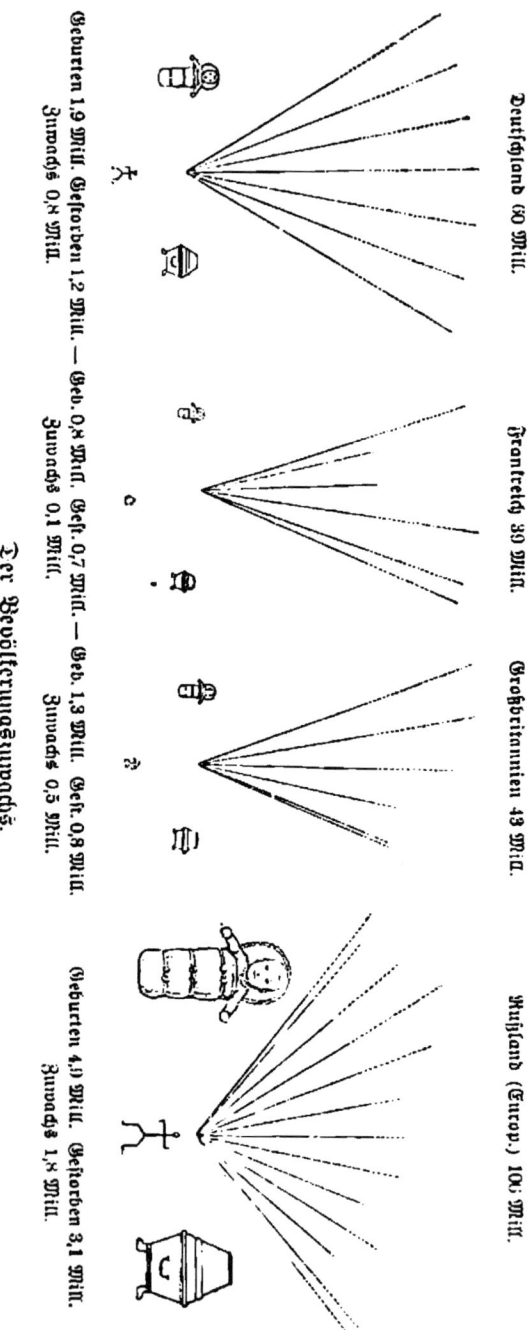

Der Bevölkerungszuwachs.

Stelle ein. Auf Grund der Mitteilungen eines Sach-
verständigen konnte ich über die Kriegsstärke der Landheere Ende 1906 in „Reclams Universum" zwei zuverlässige Angaben veröffentlichen. Die deutsche Feldarmee
wird 1 460 000 Mann, die französische 1 465 000 Mann
stark sein; doch sind von der französischen 200 000 Mann
für Besatzungen in Abzug zu bringen, ferner die Truppen
in Algier und Tunis, die bei Ausbruch eines Krieges
wahrscheinlich noch verstärkt werden müßten. Im übrigen
müssen Schätzungen genügen, die einen sehr weiten
Rahmen ziehen und alle mehr oder minder einexerzierten,
zum Teil vielleicht sogar auch noch die bloß einexerzier-
baren Mannschaften umfassen. Immerhin kommt das
Reservoir der vorhandenen, verfügbaren oder heran-
zuziehenden Kräfte zur Anschauung.

An Reserven scheint Frankreich auf Grund seiner
Heeresorganisation dem Deutschen Reiche ebenbürtig zu
sein. Indessen ist die Zahl der militärisch ausgebildeten
Männer in Deutschland erheblich größer als in Frankreich. Deutschland zählt 8,4 Millionen Männer von
20 bis 40 Jahren, Frankreich dagegen nur 5,8 Millionen
Männer gleichen Alters. Deutschlands Überlegenheit für
diese Gruppe ist genau dieselbe wie bei der Gesamtbe-
völkerung. Deutschland hat zwar mehr Kinder bis zum
fünften Jahre (7,4 Millionen) aufzuweisen als Frankreich (3,3 Millionen), dagegen Frankreich mehr ältere
Leute über 65 Jahre (3,5 Millionen) als Deutschland
(2,7 Millionen.)

Ein ganz anderes Bild ergibt sich, wenn man die
Mächte nach ihren Streitkräften zur See bemißt. Da
erscheint England als die stärkste Seemacht, für sich allein
annähernd ebenso stark wie die Seestreitkräfte aller übrigen

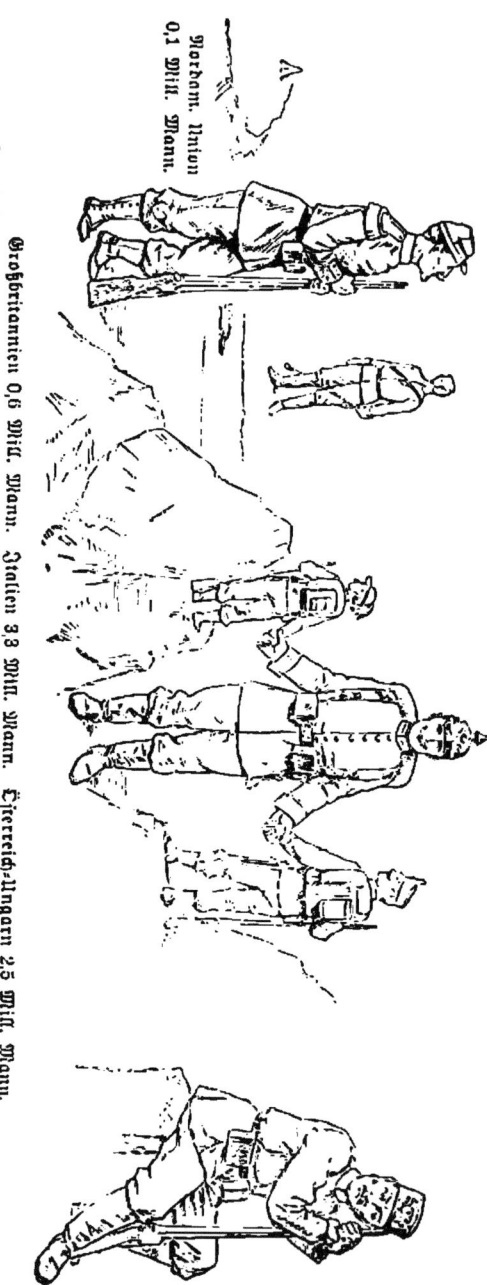

Die Heeresmacht.

Nordam. Union 0,1 Mill. Mann.

Großbritannien 0,6 Mill. Mann. Italien 3,3 Mill. Mann. Österreich-Ungarn 2,5 Mill. Mann.
Frankreich 4 Mill. Mann. Deutschland 4,2 Mill. Mann.

Rußland?

europäischen Mächte zusammengenommen, an Größe der Panzer ihnen sogar überlegen. England verfügte Ende Mai 1907 über moderne Panzerschiffe von 1,6 Millionen Raumtonnen Wasserverdrängung, die übrigen euro päischen Staaten zusammengenommen nur über 1,5 Mil= lionen Tonnen, außerdem besitzen Panzerschiffe die Union mit 0,5 und Japan mit 0,3 Millionen Tonnen Wasser= verdrängung.

Auf Grund seiner übermächtigen Flotte behauptet England die Oberherrschaft zur See, wird aber sichtlich beunruhigt durch das rasche Anwachsen anderer Flotten, da es befürchten muß, daß seine Kräfte an Menschen und Geld nicht genügen werden, um die überlieferte Überlegen heit auf die Dauer erhalten zu können.

Für Heer und Flotte haben alle Staaten erhebliche Aufwendungen zu machen.

Ausgaben 1906	Heer	Flotte	Ins= gesamt	Auf den Kopf der Bevölkerung In Mk.
	In Millionen Mark			
1. Großbritannien	607	650	1257	29
2. Rußland	809	225	1034	7
3. Deutschland	742	252	994	16
4. Frankreich	573	260	833	20
5. Nordamerika	300	418	718	8
6. Österreich=Ungarn	418	96	514	11
7. Italien	235	111	346	10
8. Japan	109	83	192	4

Seit Anfang der neunziger Jahre haben England, die Union und Japan ihre Ausgaben mehr als verdoppelt. Auch in den anderen Staaten sind sie gestiegen. Allein die Erhöhungen der Ausgaben für Heer und Flotte

wurden in den meisten Staaten noch mehr oder minder
weit übertroffen durch das Anwachsen des Volksreich=
tums, durch das Steigen der Einkommen und durch
die Bevölkerungsvermehrung. In Deutschland=Preußen
werden die Lasten für Heer und Flotte verhältnismäßig
am wenigsten empfunden, weil die Staatsschulden ge=
ringer und die Einnahmen aus staatlichen Erwerbs=
anstalten, aus Eisenbahnen, Domänen, Forsten, Berg
werken, größer sind als anderwärts.

Auf der Weltbühne ist die Handlung lebhafter ge=
worden durch den Imperialismus und die Ausdehnungs=
politik der meisten großen Staaten. Deutschland, aber
noch weit mehr Frankreich, die nordamerikanische Union
und England haben ihr Gebiet durch neue Erwerbungen
vergrößert und sind darauf bedacht, das Errungene fest
zuhalten und womöglich noch zu erweitern.

Im Vordergrunde steht England. Als es noch das
Zünglein an der Wage des europäischen Gleichgewichts
in der Hand hielt, war es stolz auf seine glänzende Ver=
einsamung. Vom englischen Standpunkte aus verschob
sich das europäische Gleichgewicht bedenklich durch das
Aufsteigen Deutschlands, vollends seit es im Dreibunde
als stärkste Macht die führende Stellung einnahm. Um
dem Deutschen Reich und seinem vermeintlichen Trachten
nach der europäischen Suprematie das Wasser abzugraben,
glaubte man in England, aus der Vereinzelung heraus=
treten und selbst die Suprematie erringen zu müssen. Vor=
dem hatten die kleineren Staaten Anschluß an den Drei=
bund gesucht, nunmehr war England bemüht, fast alle eu=

ropäischen Staaten mit Einschluß Italiens an sich heran
zu ziehen, selbst Staaten, die es sonst gering schätzte, wie
Portugal und Spanien, ja sogar kleine Staaten wie
Schweden und Norwegen. Zunächst suchte es ein gewisses
Gleichgewicht wiederherzustellen, indem es Frankreich
stärkte, Italien stützte und Rußland finanzierte. Den be
freundeten Staaten verhieß es mit seiner Flotte aus
giebigeren Schutz, als ihn der Dreibund gewähren konnte,
und erschien als überlegener Konkurrent, denn in die
weltpolitischen Fragen kann die Flotte wirksamer ein
greifen als das Landheer, wie denn überhaupt die Welt
politik mehr Seepolitik ist.

Was sich England zum Ziele gesetzt hat, wird schwer
zu erreichen sein. Zweckmäßiger wäre es gewesen, sich
mit der stärksten Macht, mit Deutschland, zu verständigen.
Das konservative Ministerium hat den Weg dazu nicht
gefunden. Das liberale Ministerium wäre eher geneigt,
dem Deutschen Reiche die Hand zu bieten, und verbürgt zu
nächst das Streben nach Anbahnung und Aufrecht
erhaltung freundlicher Beziehungen.

Ein Ringen um die Suprematie in Europa besteht
nicht. Sollte es von England hervorgerufen werden, so
muß es durchaus nicht notwendig zum Kriege führen.
Solange das liberale Ministerium am Ruder bleibt, wird
der Friede gesichert sein. Denn zu seinen getreuesten
Stützen gehören gerade die englischen Weltfriedensfreunde,
die keineswegs von Abneigung gegen Deutschland er
füllt sind.

Die Engländer sind nicht entfernt so impulsiv wie
die Franzosen, und deshalb auch nicht so leicht zum Kriege
geneigt. Nur durch bedenkliche Zwischenfälle könnten sie
dazu gereizt werden. Immerhin ließen sie sich auch nach

dem Zwischenfall an der Doggerbank durch einen Schieds=
spruch beruhigen. Ein ernster Zwischenfall, der zu einem
Kriege Englands gegen Deutschland führen könnte, ist
kaum ersichtlich und würde wahrscheinlich erst dann ein=
treten, wenn in einem Kampfe mit Frankreich Deutschland
wiederum entscheidende Siege erringen sollte.

Mit seiner starken Flotte hat England zwar ein ge=
wichtiges Machtmittel in der Hand, aber mehr ein Macht=
mittel der Drohung als der Tat. Gegen große Landheere
kann auch die stärkste Flotte nichts ausrichten.

England ist an zu vielen Punkten der Erde engagiert
und besorgt, daß gerade da, wo es große Landinteressen
zu verteidigen hat, namentlich in Ägypten und Vorder=
asien, die Flotte nicht genügen könnte. Nachdrücklich
widerstrebt es dem Ausbau von Eisenbahnen in der
Richtung nach Ägypten, wird ihn aber auf die Dauer
nicht verhindern können und muß zusehen, wie dadurch
die Behauptung jener Länder durch bloße Seemacht er=
schwert, seine Stellung daselbst geschwächt wird.

England besitzt die stärkste Flotte. Immerhin drängt
sich die Frage auf, ob sie nicht ebenso überschätzt wird,
wie bis vor wenigen Jahren Rußlands Heer, von dem
einmal ein russischer General sagte: „Wisset ihr nicht,
daß, wenn der Himmel einstürzen wollte, Rußland ihn
mit seinen Bajonetten stützen könnte."

Sonderbar, für eine planmäßige Weltfriedensbe=
wegung womöglich mit Einschränkung der Rüstungen auf
Grund allgemeiner Vereinbarung treten vor allem England, Rußland und die Union ein, dieselben Mächte, die
am eifrigsten ihre Rüstungen betreiben und außerdem in
den letzten Jahren blutige Kriege geführt haben, England
gegen den Mahdi und gegen die Buren, die Union gegen

Spanien und Rußland gegen Japan. Dagegen haben
sich die anderen Mächte, denen man den Vorwurf macht,
daß sie die Weltfriedensbesprechungen nicht für aussichts
voll halten, durch die Tat friedensfreundlicher gezeigt,
sie haben den Frieden aufrechterhalten und ihre Rüstungen
nicht so eifrig betrieben wie England, Rußland und die
Union. Den leitenden Staatsmännern dieser Mächte wird
es nicht leicht werden, den auffälligen Widerspruch zwischen
ihren Worten und Taten zu erklären.

Vielleicht findet die Friedensbewegung eine gewisse
Verwirklichung, wenn eines der großen Reiche so über
mächtig geworden ist, daß es den Weltfrieden gebieten
kann. Allem Anschein nach hoffen die ehrgeizigen Po
litiker in Washington, die Union zur ersten Macht als
Schiedsrichter und Friedensstifter für alle Staaten der
Erde erheben zu können.

Rasch und leicht ist die Union aufgestiegen, ungestört
von feindlichen oder starken Nachbarvölkern. Nach Er
ringung ihrer Unabhängigkeit hatte sie weder schwere
Kämpfe zu führen, noch starke Widerstände zu überwinden.
Eine ernste Probe ihrer inneren Kraft wird sie noch zu
bestehen haben. Auch die Engländer konnten sich auf
ihrer Insel ungestört von feindlichen Nachbarn ent
wickeln. Aber sie haben doch wiederholt ernstlich um
den Sieg kämpfen müssen, während der Union alles nahe
zu ohne Kampf zufiel.

Unter ungleich schwierigeren Verhältnissen hatte
Deutschland um seine Unabhängigkeit zu streiten. Jahr
hunderte hindurch waren seine weiten offenen Grenzen
durch feindliche oder überlegene Nachbarreiche gefährdet.
Zahlloser Angriffe hatte es sich zu wehren, und lange

Zeit war es ein Herd fremder Ränke und Interessen, bevor es sich zu konsolidieren vermochte.

Diesem herben und harten Kampf uns Dasein verdankt Deutschland seine Größe, seine Stärke, seine Heeresorganisation, die allgemeine Wehrpflicht.

Was die allgemeine Wehrpflicht bedeutet, weiß man auch in Ländern, wo sie nicht besteht. In seinem Aufruf von Anfang 1905 sagte der Nationalverband zur Einführung der allgemeinen Wehrpflicht in England, daß Berufsheere oft Werkzeuge des Angriffs seien, Nationalmilizen aber niemals. Und zutreffend war, was er ferner hervorhob: In Ländern mit allgemeiner Wehrpflicht ist die Friedenspartei unvergleichlich stärker als in England. Es gibt keine bessere Bürgschaft des Friedens als die allgemeine Wehrpflicht, weil sie jedem Bürger die Teilnahme und zugleich die Verantwortlichkeit für den Krieg mit auferlegt. Im Hinblick auf die Weltfriedensbestrebungen äußerte der preußische Kriegsminister von Einem im Frühjahr 1907: „Allgemeine Wehrpflicht von ganz Europa angenommen, ist eine Bürgschaft für den Frieden. Eine Nation, die in ihrer ganzen männlichen Bevölkerung verteidigt wird, wird sich niemals leichtfertig in einen Krieg stürzen. Ein Volk in Waffen wird heutzutage stets danach trachten, den Frieden zu halten."

Das möge man da beherzigen, wo man, statt die allgemeine Wehrpflicht zu erfüllen, eine mehr oder minder gefährliche Soldatenspielerei betreibt, wo man es vorzieht, Kriege durch Söldnerheere führen zu lassen. Weder in England noch in der Union wagt man es, die allgemeine Wehrpflicht einzuführen.

England darf schon deshalb nicht dazu schreiten, weil eine Massenauswanderung nach der Union eintreten

könnte, wenn dort nicht ebenfalls die allgemeine Wehr
pflicht eingeführt wird. Im tiefsten Grunde seines
Herzens ist sicher Präsident Roosevelt ein Freund der
allgemeinen Wehrpflicht, kann sie aber mit Rücksicht auf
die Volksstimmung unmöglich in Vorschlag bringen, ob
wohl er mit seinen Beratern die Schaffung eines ange
messenen Landheeres in die Wege leitet.

Für die anderen Staaten hat es einen gewissen Vor
teil, daß England und die Union keine allgemeine Wehr
pflicht kennen. Denn mit der Waffe der allgemeinen
Wehrpflicht würden diese beiden Reiche militärisch weit
stärker sein und politisch noch anspruchsvoller auftreten.
So müssen sie sich damit begnügen, im Kriegsfalle die
Werbetrommel zu rühren. Die Mobilisierung sinkt für
sie zu einer bloßen Geldfrage herab.

Noch zu Ende des vorigen Jahrhunderts war Frank
reich angriffslustig und der Hauptpunkt der Beun
ruhigung, weil es sich mit dem Frankfurter Frieden noch
nicht abgefunden hatte. Damals galt England als der
stille Teilhaber des Dreibundes. Heute ist Frankreich
nicht mehr angriffslustig. Die Hauptreibungsflächen
haben sich verschoben, sie sind überseeisch, weltpolitisch
geworden und mehr kolonialer Natur. Solche Reibungs
flächen bestehen keineswegs nur in Afrika, sondern auch
im fernen Osten und im Stillen Meer.

Gegensätze sind vorhanden, doch müssen sie nicht not
wendig zu kriegerischen Verwicklungen führen. Mit Rück
sicht auf die unabsehbaren Folgen scheuen große Welt
mächte die Austragung von Interessengegensätzen durch

Waffengewalt und schreiten nur da zum Äußersten, wo sie von vornherein überlegen zu sein glauben.

Weltpolitische Gefahren von unabsehbarer Tragweite würde ein Krieg zwischen europäischen Völkern hervor rufen. Denn an einem solchen Kriege müßte die Union bis zur Übermacht heranwachsen und könnte schließlich sich zum Amt des Weltschiedsrichters emporschwingen. Gibt es in England Politiker, die darauf hinarbeiten, Deutschland einzukreisen, durch eine Kette von Bündnissen niederzuhalten und schließlich niederzuwerfen, dann würde unter den Rückwirkungen eines europäischen Krieges, wie er auch ausfallen möge, die englische Weltmacht die schwerste Beeinträchtigung zu besorgen haben.

Auch ein Krieg zwischen Weißen und Gelben, etwa zwischen der Union und Japan, würde unter allen Umständen äußerst unfriedlich auf die Weltlage einwirken. Als Siegerin würde die Union noch mehr wie bisher in ein militärisches Fahrwasser gedrängt werden, mit ihren Rüstungen aber erst recht fortfahren, falls das Kriegsglück gegen sie entscheidet. Ein jeder Krieg schlägt Wunden, die erst ein langer Friede zu lindern und nicht immer zu heilen vermag.

Vielfacher Anfeindung begegnet seit seinem Wiedererstehen das neue Deutsche Reich. Das alte politisch ohn mächtige Deutschland war überall beliebt, das neue politisch mächtige Deutsche Reich ist unbeliebt. Einst rühmte man und liebte man allerwärts das Land der Dichter und Denker und nun klagt man, daß dieses schöne Land nicht mehr vorhanden, daß es in ein Land der

Kasernen umgewandelt worden sei. Der nordamerikani
sche Kapitän Mahan hat in seinem Werk über „Das In
teresse Amerikas an der Seemacht in Gegenwart und
Zukunft" vom Jahre 1897 diese Klagen formuliert. Er
beanstandet den deutschen Imperialismus. Durch das
Vordringen seiner Handels- und Kolonialinteressen gerate
Deutschland überall auf der Erde mit anderen Mächten
in Reibungen. Er erwähnt die Zwistigkeiten mit Spa
nien wegen der Karolinen, mit England wegen der Tei
lung Neuguineas, ferner wegen der Samoainseln, endlich
den Gegensatz zwischen deutschen und nordamerikanischen
Interessen im westlichen und Stillen Meer wie in Mittel
und Südamerika. Mahan behauptet, daß dieses Vor
dringen Deutschlands mehr dem nationalen Tempera
ment als einer zielbewußten Politik der Reichsregierung
entspringe, erachtet diese Erscheinung für gefährlich und
hebt den „aggressiven militärischen Geist" hervor, der
für das Deutsche Reich charakteristisch sei. Was Mahan
damals dem Deutschen Reiche mit Unrecht zum Vor
wurf machte, trifft heute in erhöhtem Maße für die
nordamerikanische Union zu, die durch das Übergreifen
ihrer Handels- und Kolonialinteressen, vor allem aber
durch ihre imperialistischen Bestrebungen und Ziele überall
auf der Erde mit anderen Mächten zusammenstößt, wie
wohl diese Mächte, mit alleiniger Ausnahme Japans,
vorläufig in rücksichtsvoller Reserve verharren und güt
liche Verständigung herbeizuführen suchen.

Mahan übersieht, was Treitschke richtig erkannt und
ausgesprochen hat, daß große und kraftvolle Völker über
haupt nicht geliebt werden und immer mit Mißtrauen,
Eifersucht und Feindseligkeit zu rechnen haben. Große
Völker betrachten sich gegenseitig wirtschaftlich und po

litisch als Konkurrenten und zwar schärfer als je, seit=
dem sie die Notwendigkeit erkannt haben, durch Kolonien
oder Interessensphären sich größeren Spielraum für die
eigene Ausdehnungskraft zu schaffen. Wohlwollen wird
immer nur gegenüber solchen Völkern bestehen, die schwach
oder konkurrenzunfähig sind. Reibungen zwischen Groß=
mächten liegen in der Natur der Dinge.

Die Abneigung gegen Deutschland, wie sie nament=
lich das konservative Ministerium Balfour-Chamberlain-
Lansdowne mit der imperialistischen Presse bekundete, ent=
sprang verschiedenen, zum Teil sogar persönlichen Ursachen
und wurde verschärft durch die deutschen Flottenrüstungen.
Im Frühjahr 1905 verlangte der englische Admiral a. D.
Fitzgerald, Deutschland solle seine Kriegsflotte nicht nach
seinem Ermessen und nach seinen Bedürfnissen ver=
stärken, sondern nur in gewissen Grenzen und mit Rück=
sicht auf England und seine Oberseeherrschaft. Dieses
Verlangen erschien selbst dem konservativen Ministerium
zu weitgehend, denn es hätte schließlich auch auf andere
Reiche, auf die nordamerikanische Union und Frankreich,
angewendet werden können, die eine stärkere Kriegsflotte
als Deutschland besitzen und daher die englische Obersee=
herrschaft mehr gefährden könnten. Von jenem sonder=
baren Verlangen war seither nichts mehr zu hören, bis
es von einem früheren deutschen Diplomaten wieder her=
vorgezogen wurde. Ende 1906 meinte in einem frei=
sinnigen Berliner Blatt Herr von Brandt, der frühere
deutsche Gesandte in Peking, daß Deutschland „mit jener
Flottenvermehrung über ein gewisses Maß hinaus Eng=
land immer mehr in die Arme unserer wahrscheinlichen
und möglichen Gegner treibe." In England glaube man
nun einmal, Deutschland wolle die Oberherrschaft zur

See an sich reißen. Es sei ein verhängnisvoller Fehler
gewesen, diese Möglichkeit, diesen Gedanken aufkommen zu
lassen. Herr v. Brandt verlangte schließlich, daß dieser
Fehler möglichst schnell wieder gut gemacht werde.

Sollte Herrn v. Brandt wirklich unbekannt geblieben
sein, was von deutscher Seite wiederholt versichert worden
ist, was Fürst Bülow selbst unzweideutig ausgesprochen hat,
was die Tatsachen und Verhältnisse zur Genüge bestätigen,
daß Deutschland weit entfernt davon ist, die Oberherrschaft
zur See anzustreben? Zum Schutze seiner hochentwickelten
Seeschiffahrt, seiner vielfachen überseeischen Interessen
und nicht zuletzt seiner Staatsangehörigen und Nations-
genossen im Auslande ist das Deutsche Reich genötigt,
sich eine starke Flotte zu schaffen. Dieser Notwendigkeit
kommt es durch entsprechende Rüstungen nach. Deutschlands Flottenrüstungen entspringen einem Bedürfnis des
Deutschen Reiches und Volkes, sie sind keineswegs gegen
England gerichtet, und sie würden nicht minder notwendig
sein, auch wenn es auf der Erde kein England gäbe.

Denkt man sich in England die Einschränkung der
Seerüstungen etwa in Gestalt eines Abkommens zur Aufrechterhaltung der bestehenden Machtverhältnisse, dann
dürfte dieser Vorschlag bei keiner Nation von Seegeltung
auf Annahme zu rechnen haben, denn er würde einzig
und allein den Engländern zugute kommen und ihre Oberseeherrschaft festlegen.

Nachdem das alte europäische Gleichgewichtsverhältnis inmitten der weltpolitischen Neubildungen erschüttert
worden ist, muß es das Ziel aller friedliebenden Mächte
sein, an Stelle des alten europäischen ein neues weltpoli-
tisches Gleichgewichtsverhältnis zu schaffen, das im wesent-

lichen den Charakter eines Gleichgewichtsverhältnisses zur
See tragen wird. Dieses Ziel liegt in der Logik der
ganzen Entwicklung. Die heutige Lage der Seemächte
läßt sich mit einer Kinderstube vergleichen. England ist
der Vater. Aber die Jungen wachsen heran, werden
stark und stämmig, wollen selbständig sein und die Obergewalt des Vaters nicht mehr anerkennen. Wird der
Vater auf die Dauer und für alle Zeit seine Obergewalt
behaupten? Nach der Natur der Dinge und ihrer Entwicklung wird man diese Frage verneinen müssen. England wird seine Obergewalt zur See nicht behaupten.
Fraglich ist nur, ob das künftige Gleichgewicht zur See
im blutigen Ringen oder im friedlichen Wettbewerb durchgesetzt werden wird.

Von der internationalen Lage Deutschlands äußerte
Fürst Bülow am 14. November 1906, sie würde leichter
und gesicherter sein, wenn Deutschland nicht inzwischen die
überseeische Politik eingeleitet hätte: „Was heutzutage
unsere Situation kompliziert und erschwert, das sind unsere
überseeischen Beziehungen und Interessen. Wären wir in
dieser Richtung nicht engagiert, wenn wir nicht in dieser
Beziehung verwundbar wären, würden wir auf dem Kon-
tinent nicht allzuviel zu fürchten haben. Dann wäre es
auch leichter, als es heute ist, Reibungen und Friktionen
mit England zu vermeiden."

In die Bahnen einer überseeischen Politik, zur Kolo
nialpolitik wurde Deutschland auch noch gedrängt durch
die Zunahme seiner Bevölkerung, durch den Aufschwung
seiner Industrie, durch die ganze innere Kraft seines
Volkes. Zur Kolonial- und Weltpolitik sind die Deut
schen berufen, auch als das zahlreichste Volk, als die ein
heitlichste Nation.

Unter deutscher Weltpolitik ist selbstverständlich nicht zu verstehen, daß Deutschland überall dabei sein, sich in alle Streitigkeiten einmischen muß. Aufgabe deutscher Weltpolitik kann es nur sein, deutsche Interessen allerwärts auf der Erde zu verteidigen, zu schützen, zu fördern, die Deutschen im Auslande, den deutschen Welthandel und die deutschen Kolonien, damit sich das deutsche Volk nach allen Richtungen hin zur Geltung bringen und seine Stellung unter den Völkern behaupten kann. Und die Deutschen werden vorwärts kommen, wenn sie auf ihre nationale Kraft vertrauen, wenn sie sich den Optimismus bewahren, der allein zu ruhmreichen Taten anspornt, und wenn sie mutig in die Zukunft blicken, was sie auch bringen mag an Gefahren, aber auch an neuen großen Aufgaben und Hoffnungen.